Brasil nos Arquivos
Britânicos e Irlandeses

Brasil
nos Arquivos Britânicos e Irlandeses: Guia de Fontes

Oliver Marshall

Tradução: Esther Caldas Bertoletti
(com contribuição adicional de
Maria das Graças de Santana Salgado)

Oliver Marshall é pesquisador associado do Centre for Brazilian Studies, University of Oxford. Autor, entre outros publicações, de English, Irish and Irish-American Pioneer Settlers in Nineteenth-Century Brazil *(Oxford, 2005)*.

Revisão: Katia Jane de Souza Machado e Maria das Graças de Santana Salgado

Revisão final e atualização: Oliver Marshall

ISBN 0-9544070-7-5

© Centre for Brazilian Studies 2007

First edition, 2002
Second edition, 2007

www.brazil.ox.ac.uk

MINISTÉRIO
DA CULTURA

PROJETO
RESGATE

Sumário

Apresentação Esther Caldas Bertoletti	ix
Prefácio Leslie Bethell	xi
Introdução e agradecimentos Oliver Marshall	xiii
Mapa com a localização dos arquivos	xxi

Aberdeen — 1
   University of Aberdeen Library — 1

Aberystwyth — 2
   National Library of Wales / Llyfrgell Genedlaethol Cymru — 2

Aylesbury — 5
   Centre for Buckinghamshire Studies — 5

Belfast — 6
   Public Record Office of Northern Ireland — 6

Birmingham — 9
   Birmingham Archdiocesan Archives — 9
   University of Birmingham Library — 10

Bolton — 12
   Bolton Archive and Local Studies Service — 12

Bradford — 14
   Bradford District Archive — 14

Caernarfon — 16
   Caernarfon Record Office / Archifdy Caernarfon — 16

Cambridge — 18
   Cambridge University Library — 18
   Churchill Archives Centre — 22

Cardiff — 25
   Glamorgan Record Office / Archifdy Morgannwg — 25

Chelmsford — 27
   Essex Record Office — 27

Chichester — 29
   West Sussex Record Office — 29

Chippenham _____ 31
    Wiltshire and Swindon Record Office _____ 31
Coventry _____ 33
    University of Warwick Library: Modern Records Centre ___ 33
Dorchester _____ 36
    Dorset Record Office _____ 36
Dublin _____ 37
    National Archives of Ireland / An Chartlann Náisiúnta ___ 37
    National Library of Ireland / Leabharlann Náisiúnta an hÉireann _ 39
        Trinity College Library _____ 41
Dudley _____ 43
    Black Country Living Museum _____ 43
Dundee _____ 45
    Dundee City Archive and Record Centre _____ 45
    University of Dundee Archives _____ 46
Durham _____ 48
    Durham University Library _____ 48
Edimburgo _____ 51
    Centre for the Study of Christianity in the Non-Western
        World Library _____ 51
    National Archives of Scotland _____ 52
    National Library of Scotland _____ 56
Exeter _____ 60
    Devon Record Office _____ 60
Glasgow _____ 62
    Glasgow University Archive _____ 62
Gloucester _____ 65
    Gloucestershire Archives _____ 65
Guernsey _____ 67
    The Island Archives _____ 67
    Priaulx Library _____ 70
Hatfield _____ 72
    Hatfield House _____ 72
Hull _____ 75
    Reckitt's Heritage _____ 75
    University of Hull _____ 76

Leeds	78
Leeds District Archive	78
Leigh	81
Wigan Archives Service	81
Lerwick	82
Shetland Archives	82
Liverpool	83
Liverpool Record Office	83
Merseyside Maritime Museum	86
University of Liverpool Library	88
Londres	92
Bank of England	92
Baring Archive	97
British Library	100
British Postal Museum & Archive	115
Guildhall Library	117
Imperial War Museum	122
India Office Library	124
Institution of Mechanical Engineers	129
Lloyds TSB Group Archives	130
Mission to Seafarers	134
National Archives (Public Record Office)	135
National Maritime Museum	179
Natural History Museum	185
Polish Institute and Sikorski Museum	187
Rothschild Archive	189
Royal Botanic Gardens, Kew	194
Royal Geographic Society Archives	198
School of Oriental and African Studies Library	203
University College London Library	204
The Wiener Library	209
Manchester	212
John Rylands University Library of Manchester	212
Labour History Archives and Study Centre	213
Northallerton	215
North Yorkshire County Record Office	215
Norwich	216
Norfolk Record Office	216

Nottingham — 217
   University of Nottingham, Manuscripts and Special Collections — 217

Oxford — 219
   All Souls College — 219
   Bodleian Library — 220
   Oxfam Archive — 224
   Rhodes House Library — 226

Porthcurno — 230
   Cable & Wireless Archive — 230

Portsmouth — 233
   Royal Naval Museum — 233

Preston — 235
   Lancashire Record Office — 235

Southampton — 237
   Southampton Archives Office — 237
   University of Southampton, Hartley Library — 238

Stafford — 245
   Staffordshire Record Office — 245

Truro — 247
   Cornwall Record Office — 247

Warwick — 249
   Warwickshire County Record Office — 249

Wolverhampton — 250
   Wolverhampton Archives — 250

Anexos — 251
   1. Ministros de Estado das Relações Exteriores (dos anos de 1782 a 1945) — 251
   2. Diplomatas Britânicos e o Brasil — 256
   3. Ferrovias financiadas ou de propriedade dos britânicos no Brasil — 258
   4. História natural — 260

Fontes adicionais — 261

Índices — 265

Apresentação

Quando o Projeto Resgate deu início aos seus trabalhos no começo dos anos 90, muito esforço já tinha sido empreendido pelo Itamaraty, o Ministério das Relações Exteriores, que nunca deixou de perseguir o sonho de tantos encarregados de negócios e pesquisadores incumbidos no século XIX de identificar e copiar à mão centenas de documentos em arquivos europeus. Uma simples leitura do livro de José Honório Rodrigues *A pesquisa histórica no Brasil* (1978), nos leva a nomes e projetos inacabados. A retomada dos trabalhos no início do século XX, feita principalmente por diplomatas, não chegou a satisfazer aos pesquisadores, e o sonho de resgatar os documentos, agora através das modernas tecnologias da microfilmagem e digitalização, toma forma no Itamaraty sob a coordenação do Embaixador Wladimir Murtinho.

Tanto se tentou que se conseguiu empreender o início dos trabalhos em Lisboa e em diversos outros países, principalmente os mais ligados à história colonial, como Espanha, França e Holanda, mas sem descuidar da Grã-Bretanha, Itália e, mais recentemente, Bélgica e Áustria. O mesmo ocorreu nos Estados Unidos, em função da sempre referenciada Biblioteca de Oliveira Lima, em Washington. Em todos esses países, os trabalhos de levantamento de documentos sobre o Brasil trouxeram inúmeras e agradáveis surpresas. Os guias da Holanda, França e Espanha, já publicados, têm estimulado muito os pesquisadores. O Centro de Estudos Brasileiros da Universidade de Oxford em boa hora se integra ao esforço, e o resultado estimula e orgulha a todos os que direta ou indiretamente já tomaram contato com a edição original, publicada em 2002 com o apoio da fundação Vitae. E foi também graças à Vitae, e à sensibilidade de Gina Machado, que fizemos a tradução para o português que agora se publica, com a revisão final e achegas de Oliver Marshall. A utilidade das informações com relação a documentos, endereços e orientações práticas, facilitará doravante o acesso aos caminhos e escaninhos da memória guardada durante tantos anos nas instituições das Ilhas Britânicas. Agradecer a Leslie Bethell e a Oliver Marshall nunca será demais, e o faço aqui em nome de todos os brasileiros que terão em mãos um guia da maior utilidade. O mundo moderno, com a Internet e a captação digital, tornou tudo mais rápido e facilitado. Mas lembremo-nos sempre do esforço anterior e do trabalho realizado pela equipe que organizou o presente guia. A ela, todos os méritos e agradecimentos do Ministério da Cultura do Brasil, através do Secretário de Articulação Institucional, Dr. Márcio Augusto Freitas de Meira, ele próprio um pesquisador das coisas do Pará.

Os guias para a história das nações publicados na Europa sob a égide da UNESCO/Conselho Internacional de Arquivos muito nos ajudaram a buscar os documentos relativos ao Brasil. Muito se avançou em matéria de arquivística internacional desde as referidas publicações, e agora podemos apresentar guias dentro das mais recentes normas, facilitando enormemente o avanço das pesquisas multidisciplinares sobre o passado colonial e imperial brasileiro. Ainda mais agora com a aproximação dos duzentos anos da Chegada de D. João VI e da corte portuguesa ao Brasil, em 1808, onde a presença inglesa foi tão marcante.

Por outro lado, estamos ultimando o profícuo trabalho realizado em Lisboa no Arquivo Histórico Ultramarino, onde foram reunidos os documentos do período colonial do Império português. Lá estavam, em caixas, na Sala do Brasil, mais de trezentos mil documentos (cerca de três milhões de páginas manuscritas) para serem relidas, verbetadas em resumos padronizados e reordenadas em dossiês. Um trabalho que paulatinamente foi tomando forma, e que hoje, com toda a documentação microfilmada, pode-se ter acesso em todo o Brasil e nos diversos centros de estudos brasileiros e latino-americanos espalhados pelos continentes, já transportados para os modernos CD-ROMs. E está acessível também na Internet, graças à cooperação da Universidade de Brasília, no site www.resgate.unb.br.

A pesquisa e a memória nacional muito agradecem a todos que ao longo dos últimos vinte anos dedicaram o melhor de seu "engenho e arte" a desvelar os documentos que falam do passado do Brasil. Viva o documento!

Esther Caldas Bertoletti
Coordenadora Técnica do Projeto Resgate "Barão do Rio Branco"
Técnica Consultora em Documentação da Fundação Biblioteca Nacional
Sócia titular do Instituto Histórico e Geográfico Brasileiro/IHGB

Prefácio

O Centro de Estudos Brasileiros, fundado em 1997, é um centro de pesquisa e estudos avançados da Universidade de Oxford. Um dos seus principais objetivos é promover o conhecimento do Brasil – a cultura, a sociedade, a política, a economia, o meio-ambiente, as relações internacionais e *not least* sua história – através de um programa de projetos de pesquisa, seminários, *workshops* e conferências, e publicações. O Centro publica trabalhos de pesquisa, monografias e livros de referência. *Brasil nos arquivos britânicos e irlandeses: Guia de fontes* é um guia das ricas e diversificadas coleções de manuscritos, públicas e privadas, relativas ao Brasil nos arquivos, bibliotecas e museus do Reino Unido e da Irlanda. É uma edição em português do livro *Brasil in British and Irish Archives* publicado pelo Centro em 2002, revisada e ampliada. O *Guia* abrange desde o século XVI até o século XX mas, não surpreendentemente, é particularmente concentrado no século XIX e início do século XX, quando a Grã-Bretanha não só exerceu poder político e econômico proeminente, como também uma significativa influência social, cultural e intelectual no Brasil. A publicação de um guia dos arquivos do Reino Unido contendo documentos sobre o Brasil enquadra-se nos objetivos e responsabilidades do Oxford Centre no campo dos estudos sobre o país.

Agradeço muito a Regina Weinberg, diretora executiva, e a outros membros do Conselho da Vitae – Apoio à Cultura, Educação e Promoção Social, em São Paulo, por concordar, generosamente, em financiar tanto a pesquisa como a publicação do original em inglês deste importante guia. Agradeço também ao Departamento Cultural do Itamaraty e ao Ministério da Cultura pelo financiamento da edição brasileira e, em particular, Dra. Esther Caldas Bertoletti, coordenadora técnica do Projeto Resgate "Barão do Rio Branco", pela tradução do livro original e pela dedicação e apoio entusiasmado.

A pesquisa para o livro original, bem como a revisão e ampliação para a publicação em português, foi conduzida com talento e persistência por Oliver Marshall, um dos pesquisadores associados do Centro de Estudos Brasileiros.

Leslie Bethell
Diretor
Centro de Estudos Brasileiros
Universidade de Oxford

Introdução

Em 1807–8, a família real portuguesa e sua corte foram transferidas com escolta naval britânica para o Rio de Janeiro, em antecipação ao avanço do exército de Napoleão a Lisboa. Esse evento mudou drasticamente o modo pelo qual o Brasil se relacionava com o resto do mundo. De repente, o Brasil encontrou-se aberto para o comércio e os investimentos exteriores, e o Reino Unido imediatamente estabeleceu-se como um de seus principais parceiros no comércio, exercendo enorme influência tanto econômica como política.

Uma das mais duradouras heranças dessa estreita ligação que se desenvolveu entre o Reino Unido e o Brasil é a existência, nas Ilhas Britânicas, de uma riqueza de documentos históricos relativos ao Brasil. Este é o primeiro guia dedicado a essas ricas fontes. *Brasil nos arquivos britânicos e irlandeses* não é um inventário de manuscritos de interesse para o Brasil – uma tarefa impossível devido ao tamanho das numerosas coleções – mas, em vez disso, serve como auxílio aos pesquisadores na identificação de fontes potenciais, nas instituições individualmente indicadas com sua localização e endereços, inclusive eletrônico.

As coleções que estão indicadas e descritas no guia são extremamente variadas, oferecendo-se algumas indicações entre os muitos assuntos de importância para a história do Brasil. A transferência da família real portuguesa para o Brasil, fato que possibilitou a independência do Brasil, as revoltas regionais e os conflitos com os países vizinhos, a abolição da escravatura, a construção das ferrovias e o desenvolvimento da lavoura cafeeira, como também os negócios bancários, são exatamente alguns exemplos dos assuntos tratados nas importantes fontes manuscritas que existem na Grã-Bretanha e na Irlanda. Outros materiais arquivísticos ilustrativos do Brasil, do assim chamado "século britânico" – o século XIX – naturalmente representa uma proporção substancial das entradas no *Guia*, existindo muito mais além disso. Espalhados entre muitos arquivos, por exemplo, encontram-se importantes documentos ingleses e irlandeses relativos ao século XVII para o estabelecimento de colonização ou postos de troca ao longo da Amazônia – a parte da América do Sul que foi também atraente para os interesses dos exploradores britânicos, missionários, investidores, naturalistas e antropólogos no século XIX. Também de grande significação são as cartas e os relatórios datados dos séculos XVII e XVIII apresentando pontos de vistas de interesses comerciais europeus tanto no nordeste como no sul, enfim, por todo o Brasil.

Os arquivos também não estão carentes de materiais relativos ao Brasil do século XX. Embora a Grã-Bretanha tenha perdido para os Estados Unidos sua posição econômica privilegiada no Brasil, com ênfase maior no interesse financeiro – como as ferrovias – e as companhias de utilidade pública, indústrias manufatureiras e bancos que foram criados dentro do próprio país. Apesar de existirem arquivos relacionados a esses temas, muitas vezes, eles podem desapontar, embora, freqüentemente, possa ser encontrado material de grande utilidade nas coleções. Os arquivos britânicos em relação ao século XX também testemunham o grande interesse do Ministério das Relações Exteriores e outros departamentos governamentais no desenvolvimento da política interna brasileira e nas relações externas. Nos anos de 1930 e 1940, por exemplo, as atitudes brasileiras diante do fascismo na Itália e do nacional socialismo na Alemanha foram, cuidadosamente, observadas por diplomatas britânicos.

Existiram negociações relativas ao Brasil como um possível local para refugiados provenientes da Europa, durante e após a Segunda Guerra Mundial.

Por muitos dos séculos cobertos pelo material arquivístico descrito no *Guia*, a Grã-Bretanha teve um poder global com o vasto império. Essa dimensão é identificada pelos muitos conjuntos de manuscritos, com documentos criados sobre uma grande variedade de temas, desde um desconhecido pirata brasileiro em fuga das Ilhas Maldivas, até a bolsa de negócios da Newfoundland no nordeste do Brasil, e a permanente disputa do limite da fronteira envolvendo a Guiana Britânica, bem como a supressão do trafico de escravos no Atlântico, como já mencionado antes. Todos esses assuntos – e muitos outros – podem ser pesquisados nos arquivos britânicos.

O repositório arquivístico descrito no *Guia* varia enormemente. Algumas das maiores coleções nacionais contêm uma grande quantidade de material de interesse para o Brasil em diferentes tipos de assuntos, muitas vezes abrangendo séculos. Nestes casos, o *Guia* apresenta descrições gerais do que existe relacionado ao Brasil, com exemplos representativos ou excepcionalmente, revelando documentos ou séries mais notáveis ou uma simples indicação como ilustração. As referências para a pesquisa no Public Record Office [o National Archives – (NA/PRO)], é o caso mais óbvio e nesse sentido, refere-se ao conjunto mais vasto e que representa, sem dúvida, o mais rico fundo de material arquivístico relativo ao Brasil existente no Reino Unido.

A importância da coleção do NA/PRO está refletida no número de páginas que o *Guia* a ele dedica ao descrever o variado fundo arquivístico que alí está depositado – numa proporção maior do a que foi dada a qualquer outro repositório. No outro extremo, a referência documental relativa aos arquivos de outras cidades do país pode esgotar toda a lista do material existente sobre o Brasil nessas instituições. Para esses arquivos, o material de interesse para o Brasil compreende uma proporção muito pequena de documentos pessoais de um determinado diplomata, político, oficial da marinha ou homem de negócio, muitas vezes guardado com outros poucos documentos isolados. Enquanto tal disparidade entre coleções pode muitas vezes parecer estranho, consideramos importante incluir todo esse conjunto de manuscritos relativos ao Brasil, caso tivessem que ser identificados, com o propósito de capacitar o usuário a inferir sobre apenas um registro ou a uma série de documentos no arquivo, para que ele não perdesse a esperança e/ou a expectativa pelo fato de não encontrar o material desejado.

Embora consideráveis esforços tenham sido feitos para garantir que a mais ampla gama de documentos históricos seja descrita no *Guia* – registros públicos, registros comerciais, documentos privados pertencentes a políticos, oficiais de marinha, exploradores e viajantes – existe, claramente, uma lacuna. Isto ocorre, sobretudo, onde os registros não foram conservados, foram destruídos, ou desapareceram por alguma outra razão. Por exemplo, pesquisas mostram uma surpreendente falta de correspondência e de outros documentos relacionados às sociedades religiosas irlandesas que mandaram missionários para o Brasil. E, enquanto os registros dos comerciantes que fizeram negócios com o Brasil – tanto importadores de produtos brasileiros, como exportadores de produtos manufaturados britânicos ou investidores diretos ou indiretos – fornecem as bases de muitas listas de arquivos, essas coleções podem ser frustrantes ou, para muitos negócios essenciais até inexistentes. Os registros de documentos sobre as ferrovias, por exemplo, representam talvez a melhor "colcha de retalhos" com referências a muitas companhias virtuais ou totalmente inexistentes. O mesmo pode ocorrer com a construção de indústrias, cuja herança ainda permanece em muitas partes do Brasil. Por exemplo, o designer e produtor de projetos de ferro escocês Walter MacFarlane & Co., também conhecido como Saracen Foundry, exportava para o Brasil muitos prédios pré-fabricados. Embora apenas alguns desses prédios estejam intactos, como o mercado público de Belém e, mais notadamente, o Teatro José de Alencar, em Fortaleza, os registros comerciais e os desenhos arquitetônicos originais não tiveram a mesma sorte. Catálogos e publicações de venda foi tudo o que restou.¹ Até os arquivos comerciais, que acreditava-se estarem bem mantidos em âmbito privado no Reino Unido, não estão necessariamente seguros. É frustrante, por exemplo, que se possa mencionar o aparente desaparecimento dos documentos da Rio de Janeiro Flour Mills and Granaries Ltd (comumente referida como Rio Flour) e sua empresa coligada, Frumentum Shipping Company, depois que foram consultados por historiadores.² Para algumas coleções a situação é ainda pior, já que os documentos relacionados ao Brasil desapareceram antes que tivessem sido explorados por historiadores. Os registros da antiga Churchill & Sim Ltd, negociantes de madeira em Croydon, incluem alguns intrigantes registros e correspondências datadas de 1811–14 referentes à consignação de madeira brasileira que foi enviada do Brasil para a Inglaterra e o envio de mercadorias em geral que saíram da Inglaterra destinadas a comerciantes no Rio de Janeiro. Com o fechamento e a liquidação da Churchill & Sim Ltd., em 1990, os registros desapareceram, ao menos até o momento, com possibilidade de terem sido perdidos, embora se tenha a esperança que eles estejam guardados em algum cofre de advogados ou em qualquer outro lugar seguro, para serem "descobertos" daqui a alguns anos.³

Felizmente, muitos registros comerciais – e outras coleções mantidas privadamente – foram depositados em locais seguros, como nas bibliotecas da Guildhall e da University College London (para registros comerciais) ou na British Library ou em arquivos públicos locais (para documentos políticos). Em alguns casos, importantes coleções relativas ao Brasil foram transferidas para bibliotecas de universidades nos Estados Unidos, ou outro lugar qualquer no exterior. Por exemplo, os registros reunidos na sede da St John d'El Rey Mining Company em Londres (uma coleção de historia comercial excepcionalmente bem organizada e completa) são mantidos pela Benson Library da University

---

1 Estes são mantidos pelo *Heritage Engineering* [www.heritageengineering.com] que comprou o nome *MacFarlane* e especializa-se na reprodução e renovação de estruturas arquitetônicas em ferro.
2 Peter Walne, ed. (1973), *A Guide to Manuscript Sources for the History of Latin America and the Caribbean in the British Isles* (London), pp. 473 and 489; e Richard Graham (1966), "A British industry in Brazil: Rio Flour Mills, 1886–1920", *Business History*, 8/1, p. 13–38. Felizmente, alguns dos documentos sobre o *Rio Flour* foram microfilmados e as cópias encontram-se na Benson Library na University of Texas em Austin.
3 Walne, pp. 457–58. O National Register of Archives (ver p. 264) possui um catálogo de documentos (*NRA 22594 Churchill*) que, apesar de sua intrigante descrição, não apresenta nenhuma pista de sua atual localização.

of Texas em Austin, suplementando os registros que permanecem nos escritórios da companhia, em Nova Lima, Minas Gerais.[4] Similarmente para os documentos diplomáticos, a importante correspondência relativa ao Brasil, de Sir Charles Stuart, Barão de Rothsay (1779–1845), encontra-se na Lilly Library da University of Indiana, Bloomington. Entre os mais de 1.500 documentos encontra-se a correspondência de influentes políticos e militares britânicos, brasileiros e portugueses, em especial no que concerne ao esforço de mediação de Stuart, que levou Portugal a reconhecer a Independência do Brasil em 1825.[5] A mais recente criação da Amnesty International, o Internacional Secretariat, transferiu seus arquivos para o International Institute of Social History em Amsterdam. Cobrindo o período de 1961–97, os registros incluem amplo material relativo ao Brasil, mais notadamente arquivos sobre prisioneiros políticos durante o período militar.[6]

Apesar de muitas omissões, não resta duvida que os manuscritos mantidos na Grã-Bretanha e na Irlanda são uma rica fonte para o estudo da história do Brasil. A produção deste guia confirma esse fato e espera-se que possa transmitir a todos sua riqueza e diversidade.

Outubro de 2002

A publicação do guia *Brazil in British and Irish Archives* em língua portuguesa ofereceu uma oportunidade para revisões significativas. No nível mais elementar, foram atualizados os nomes de algumas instituições que sofreram mudança nos últimos cinco anos (nenhum mais importante do que o antigo Public Record Office, agora National Archives) e adicionados os novos endereços e horários de funcionamento. Muito mais importante, contudo, é o fato de que esta edição inclui novas instituições arquivísticas, bem como novas coleções de documentos em instituições que foram listadas anteriormente. Repositórios inteiramente novos para o *Guia* são o British Postal Museum & Archive (sobre história postal), a Wiener Library (sobre o Holocausto e refugiados alemães judeus), o Birmingham Archdiocesan Archives e o Cornwall Record Office (sobre emigração), o Gloucestershire Archives (sobre

---

4 William Callaghan (1979), "Gold mining on the Brazilian frontier: the Archives of the St John d'El Rey Mining Company", *The Library Chronicle of the University of Texas*, 11, pp. 27–32. A mina pertence atualmente à Mineração Morro Velho, uma subsidiária integrada à *Anglo Gold Company* na África do Sul.
5 Para uma descrição completa dos documentos ver, sob o titulo 'Stuart MSS', o site www.indiana.edu/-liblilly/.
6 Para mais informações sobre os arquivos da *Amnesty International* ver www.iisg.nl/archives.

história naval), o Caernarfon Record Office, o Island Archives Service e a Priaulx Library no Guernsey (sobre frota mercante e comércio) e, finalmente, o Bolton Archive and Local Studies Service (sobre indústria textil). Embora os documentos dessas coleções possam variar consideravelmente em importância, todos oferecem valiosos *insights* sobre a história do Brasil em geral e, em particular, sobre as relações Brasil–Grã-Bretanha.

Além dessas coleções inteiramente novas, foram incluídas também descrições de novos documentos "descobertos" em instituições arquivísticas já tratados na edição original do *Guia*. De particular importância, neste sentido, é o acervo da Cambridge University Library acrescidos dos arquivos da British and Foreign Bible Society e, em completo contraste, da Vickers, um dos mais importantes fabricantes de armamento da Grã-Bretanha.

Outros importantes acréscimos ao *Guia* incluem os arquivos consulares brasileiros e documentos relativos à exportação de carvão mineral para o Brasil, mantidos pelo Glamorgan Record Office; documentos de empresas britânicas mantidos pelo Dundee City Archive and Record Centre relacionados com a venda de juta para São Paulo e com a fabricação de cordame naquela cidade; documentos do National Archives of Scotland relacionados aos emigrantes e comerciantes escoceses no Brasil; documentos navais na National Library of Scotland; papéis adicionais de um comerciante de café na Guildhall Library, em Londres; e documentos mantidos pelo Lancashire Record Office de um fabricante de tear e equipamentos do ramo textil.

Apesar da expansão do *Guia*, omissões naturalmente permanecem, algumas já discutidas na introdução anterior do *Guia* (ver pp. xv–xvi). Misteriosamente, por exemplo, não foram encontrados quaisquer itens arquivísticos sobre o Vestey Group, uma corporação britânica que, desde o final do século XIX, teve presença significativa na administração de fazendas e agricultura comercial no Rio Grande do Sul, São Paulo e outras partes do Brasil. Apesar de todos os esforços feitos no sentido de identificar e incluir material do Vestey Group nesta edição, nenhuma coleção foi encontrada. Se a empresa criou e manteve um arquivo, esse acervo está aparentemente fora do alcance dos pesquisadores.

Esforços consideráveis também foram feitos para localizar arquivos relacionados aos missionários irlandeses no Brasil, o ponto de contato mais significativo entre os dois países. Embora ainda hoje as ordens religiosas enviem padres e freiras para o Brasil, esses documentos ou não existem, ou encontram-se inacessíveis aos pesquisadores, ainda não-catalogados, perdidos no meio de um acervo diocesano mais amplo.

Mesmo que esses e outros arquivos "perdidos" nunca apareçam, muitas outras coleções relevantes poderão ser encontradas. Graças aos constantes avanços da Internet e dos catálogos de bibliotecas, museus e arquivos, muitos dos quais ligados à rede de computadores (ver pp. 262–64), a localização de importantes acervos está se tornando cada vez mais frequente. Podemos ter esperança, portanto, de que novas e importantes fontes relativas ao Brasil continuarão a surgir pelos anos vindouros.

Outubro de 2007

* * *

AGRADECIMENTOS

Gostaria de expressar meus agradecimentos ao Professor Leslie Bethell, Diretor do Centro de Estudos Brasileiros, Oxford, cuja idéia foi a de produzir um guia de fontes relativas ao Brasil existentes nos arquivos, bibliotecas e em outras instituições britânicas. Depois de alguns meses, o objetivo do projeto mudou, uma vez que se tornou evidente que seria mais útil um guia focado, exclusivamente, nos manuscritos e em outros documentos relativos ao Brasil. O projeto original foi generosamente financiado pela fundação Vitae, sem o que não teria sido possível realizar as pesquisas nos arquivos e produzir o *Brasil nos Arquivos Britânicos e Irlandeses*. Esta edição revista foi possível graças ao Ministério da Cultura através do Projeto Resgate "Barão do Rio Branco". Em grande medida, graças aos esforços da coordenadora do projeto, Esther Caldas Bertoletti (que traduziu o texto original deste guia), existe uma crescente coleção de guias arquivísticos europeus relativos ao Brasil. É uma honra para o *Brasil nos arquivos britânicos e irlandeses* ser incorporado a essa primorosa série.

Na pesquisa para a elaboração deste guia, arquivistas e bibliotecários de todo Grã-Bretanha e Irlanda colaboraram muito, respondendo aos diversos pedidos para descobrirem materiais relativos ao Brasil e respondendo às perguntas por telefone ou por escrito. Tentei visitar pessoalmente tantas instituições arquivísticas quanto me foi possível e sou muito grato pela assistência que recebi dos bibliotecários e arquivistas que me facilitaram o acesso às caixas e aos documentos, em pedidos aparentemente sem fim, que eu requisitava e que, muito freqüentemente, me sugeriam outras coleções que mereceriam ser investigadas.

Além do Professor Bethell, que me ofereceu muitas sugestões e comentários, eu devo também agradecer aos historiadores Malcolm Deas, Marshall C. Eakin, Richard Graham, Colin Lewis e João Roberto Martins, pois todos responderam às perguntas referentes à localização de uma ou mais coleções ou a documentos específicos, ou forneceram-me diversas informações gerais relativas aos materiais arquivísticos existentes no Grã-Bretanha e na Irlanda. Da mesma maneira, Alan Biggins, bibliotecário do Hispanic and Luso Brazilian Council (Canning House), que prestou um excepcional apoio e forneceu muitas sugestões úteis.

Em Oxford, agradeço a Julie Smith, Kate Candy e Ailsa Thom, administradoras do Centro de Estudos Brasileiros, o apoio dado durante cada fase do trabalho, incluindo a produção do guia. Agradeço também a Meg Palmer, desenhista gráfica, que apresentou muitas soluções relativas a apresentação do texto. Finalmente, quero agradecer de modo especial a Maria das Graças de Santana Salgado pela tradução das novas entradas do guia e pela diligente revisão das provas do texto completo.

Oliver Marshall
Londres
Outubro de 2002 e Outubro de 2007

ABERDEEN

UNIVERSITY OF ABERDEEN LIBRARY
Special Collections & Archives www.abdn.ac.uk/diss/historic/
King's College
Aberdeen AB24 3SW

Tel.: (01224) 272 598 • **Fax:** (01224) 273 891
E-mail: speclib@abdn.ac.uk

Funcionamento: Segunda-Sexta 9:30hs–16:30hs, fechado nos feriados e entre o Natal e o Ano Novo.
Admissão: É aconselhável o agendamento prévio.

Introdução:

A seção Special Collections & Archives da University of Aberdeen Library mantém os arquivos pertencentes à própria universidade, registros de famílias locais, espólios, instituições e empresas, bem como uma série de coleções de manuscritos que cobre a grande Escócia e os interesses internacionais e britânicos.

Coleções:

Apenas uma coleção de manuscritos relativos ao Brasil foi identificada na University of Aberdeen Library.

AU MS 851 to 853; AU MS 2988/1 to 3 – **James W.H.Trail**
Docs. em inglês
Na importante coleção de documentos de James William Helenus Trail (1851-1919), professor de botânica da University of Aberdeen, os documentos relacionados ao Brasil encontram-se em três diários referentes à expedição para a Amazônia brasileira. Esses documentos cobrem a viagem pelo Atlântico até o Pará (Belém) e as muitas viagens pelos extensos caminhos da Amazônia entre setembro de 1873 e março de 1875, e comentam sobre a topografia, flora e fauna ali encontradas. Outros materiais incluem o catálogo de plantas coletadas durante a expedição e uma cópia de um texto que foi lido por Trail em vários congressos, intitulado "Notes by a naturalist in the valley of the Amazon".

ABERYSTWYTH

**NATIONAL LIBRARY OF WALES /
LLYFRGELL GENEDLAETHOL CYMRU**
Department of Manuscripts
Aberystwyth SY23 3BU

www.llgc.org.uk

Tel.: (01970) 632 800 • **Fax:** (01970) 632 983
E-mail: holi@llgc.org.uk

Funcionamento: Segunda–Sexta 9:30hs–18:00hs,
Sábado 9:30hs–17:00hs, fechado nos feriados
e na primeira semana de outubro.
Admissão: É necessário apresentar identidade.

Introdução:

A National Library of Wales é a maior biblioteca de pesquisa do País de Gales e depósito legal das publicações britânicas e irlandesas. Os manuscritos mantidos pela National Library referem-se principalmente à história e à cultura de Gales. Quando um documento referente a países estrangeiros é mantido, o criador ou detentor do documento possui, em regra, uma ligação com Gales.

Coleções:

Os manuscritos relativos ao Brasil guardados na National Library of Wales que foram identificados, são quase sempre em pequeno número e encontram-se dispersos dentro de coleções maiores. A maior parte dos manuscritos mantidos pela biblioteca estão listados no site www.llgc. org.uk:81/index.htm (selecione o título "manuscripts: schedules"), embora muitas das entradas dos catálogos, em relação ao Brasil, não sejam detalhadas o bastante para serem úteis na busca da palavra-chave.

Bute Papers: Frederick Grigg
Docs. em inglês
Cartas relativas ao Brasil aparecem na correspondência pessoal de John, segundo Marquês de Bute (1804–55). A maior parte dos itens mais relevantes refere-se à nomeação de Frederick Grigg, em 1830, como comissário de arbitragem no Rio de Janeiro, sob a direção da United Commission, fundada com base nos tratados para prevenção

do tráfico de escravos. [*April–Aug 1830–L11/26, 33, 42 et seq.*].
Outras correspondências de Grigg incluem um relatório datado de
março de 1838, sobre o Estado do Brasil, incluindo a eleição do
novo regente (e as hostilidades dos governos do Rio Grande do Sul
e da Bahia), e a continua importação de escravos africanos
[*L15/40*]. Existem também cartas e documentos pertencentes a
Grigg sobre o seu trabalho no Rio de Janeiro, incluindo alegações
apresentadas perante o parlamento britânico, em 1838, negando
que a Mixed Commission tinha recebido escravos alugados pelo
governo brasileiro [*L16/136*].

Penralley Papers: George Augustus Bowring
Docs. em inglês
Os documentos reunidos pelas famílias James e Williams de
Penralley, Rhaeadr, Radonshire incluem muitas cartas do final do
século XVIII e inicio do século XIX, enviadas, em geral, enquanto
seus autores prestavam serviço à Marinha, com breves menções ao
Brasil. Apenas as cartas de George Augustus Bowring (1825–55)
incluem detalhadas descrições sobre o Brasil. Nascido na
Inglaterra, Bowring passou a maior parte de sua infância em Porto,
Portugal (1833–44) e, em 1844, se mudou para o Brasil, vivendo
sobretudo em Aracati (na província do Ceará), como também na
cidade de Belém (Pará). Em 1849, Bowring retornou à Inglaterra.
As oito cartas brasileiras [*L1244–L1251*] descrevem Aracati e
Belém, a discussão dos tratados comerciais (incluindo as
deliberações de Bowring de se tornar um católico por motivos
pessoais) e as perspectivas de casamento na Grã-Bretanha.

Powis Papers: Robert Clive
Docs. em inglês
Em março de 1743, Robert Clive (1725–74) – o futuro Robert,
Lord Clive, pró-cônsul da Índia – partiu da Índia, com 17 anos,
como clérigo da East India Company. O navio de Clive,
Winchester, seguiu a sua rota normal, velejando entre o oeste da
África e o Brasil, com a intenção de pegar os ventos sudestes para
passar pelo Cabo da Boa Esperança. Em setembro de 1743, o navio
Winchester ancorou em Pernambuco (Recife) para reparos, ali
permanecendo até fevereiro de 1744. Documentos [na caixa VII da
coleção] incluem o caderno de bordo do *Winchester* e diversas
cartas de Clive para o seu pai, descrevendo a travessia do Atlântico
e fornecendo algumas impressões detalhadas da capital de
Pernambuco e seu interior.

ABERYSTWYTH

Dr. Joan Richards Letters
Docs. em inglês
Um volume [*Misc. Vol. 333*] com extratos de cartas (1965–66) de Joan Richards para seu pai em Aberystwyth, recontando experiências como missionária na tribo Waurá do Xingu, no Mato Grosso. O trabalho de Richards inclue a preparação de uma tradução do Novo Testamento para a língua Waurá.

Welsh in South America
Docs. em Galês (alguns em inglês e em espanhol)
Em 1850, foi criado um projeto de uma colônia agrícola galesa no Rio Grande do Sul, uma iniciativa que gradualmente, desapareceu. Alguns dos sobreviventes mudaram-se para o sul da Patagônia, onde se juntaram a outros imigrantes de Gales que tinham ali chegado em 1865, com quem eles dividiram as experiências dos pioneiros no Brasil. Embora a National Library of Wales mantenha manuscritos importantes relativos à emigração dos galeses, incluindo bastante material sobre a Patagônia, muito pouco material existe sobre a tentativa de instalação da colônia no Rio Grande do Sul. Alem dos relatórios, diários, cartas, artigos, poesias, etc., referentes às experiências na Patagônia, poucos documentos – incluindo os seguintes – apresentam ao menos alguma menção, de passagem, sobre a tentativa de colonização brasileira:

- MS. 6242E – Carta (em inglês) descrevendo brevemente a história da emigração de Gales (c. 1851) para o Rio Grande do Sul, outubro 1895

- MS. 16827C – Caderno (em galês) de Edward Thomas de Foel, Llangadfan, sobre suas viagens à Patagônia e ao Brasil, 1886–93.

- MS. 18175B – Extratos (em galês) dos diários e cartas de T. Benbow Phillips, uma importante fonte sobre a história do estabelecimento da colônia de Gales no Brasil.

Nota: Algums manuscritos relativos a Gales na América do Sul são mantidos pela Biblioteca da University of Wales, Bangor (www.bangor. ac.uk/archives), embora não tenha sido identificado nenhum documento relacionado ao Brasil.

AYLESBURY

CENTRE FOR BUCKINGHAMSHIRE STUDIES
County Hall
Walton Street
Aylesbury HP2O 1UU

www.buckscc.gov.uk/archives

Tel.: (01296) 382 587 • **Fax:** (01296) 382 771
E-mail: archives@buckscc.gov.uk

Funcionamento: Terça-Quinta 9:00hs–17:15hs,
Sexta 9:00hs–15:45hs, fechado nos feriados.
Admissão: É aconselhável o agendamento.

Introdução:

O Centre for Buckinghamshire Studies documenta a história da comarca e do condado de Buckinghamshire. Documentos relativos a países estrangeiros somente são mantidos se o autor do manuscrito tiver uma ligação com Buckinghamshire.

Coleções:

Aparentemente, uma única coleção mantida pela Centre for Buckinghamshire Studies possui documentos relativos ao Brasil.

D 22/40/7 – Reed Family Papers: Personal papers of Rev. G.V. Reed (1816–86)
Docs. em inglês
Este diário, de 1852, conta a viagem de Liverpool para Valparaiso via Madeira e Brasil, no navio *Quito*, da Pacific Steam Navigation Company. O diário foi escrito por alguém identificado somente como "uma senhora" da casa do Rev. Reed. Estão incluídas descrições de Pernambuco e Rio de Janeiro.

BELFAST

PUBLIC RECORD OFFICE OF NORTHERN IRELAND
66 Balmoral Avenue
Belfast BT9 6NY

www.proni.nics.gov.uk

Tel.: (028) 9025 5905 • **Fax:** (028) 9025 5999
E-mail: proni@dcalni.gov.uk

Funcionamento: Segunda–Sexta 9:15hs–16:45hs (Quinta 9:15hs–20:45hs), fechado nos feriados e nas duas semanas do final de novembro e início de dezembro.
Admissão: É necessário a apresentação de identidade.

Introdução:

O Public Record Office of Northern Ireland (PRONI) é o depósito oficial para os registros públicos na Irlanda do Norte. Embora tenha sido fundado em 1923, os documentos mais antigos mantidos pela PRONI datam de 1219. O arquivo dos documentos históricos inclui não somente registros dos departamentos do governo e dos tribunais de justiça, como também itens mantidos privadamente por indivíduos, igrejas e instituições sociais e esportivas. Os documentos comerciais são de particular importância, e acredita-se que sejam a maior coleção deste tipo no Reino Unido.

Coleções:

Os poucos itens relativos ao Brasil identificados pelo PRONI estão dispersos dentre várias e grandes coleções. Além de poucos itens isolados, as fontes prováveis de documentos relativos ao Brasil são os arquivos comerciais. Exemplos de itens isolados incluem um indicado como de 1835 relativo ao Pará [*D669*]; algumas correspondências datadas de 1809–14 da Staples, McNeile & Co., comerciantes de mantimentos, couro e sebo, do Rio de Janeiro [*D1567*]; um diário do Lieut datado de 1817–21; A.C. Dawson a bordo do HMS *Tigris* e do HMS *Spartan* descrevendo as visitas às Índias Ocidentais e ao Brasil; e textos dentre os documentos do Visconde Castlereagh (ver abaixo).

BELFAST

Robert Stewart, Viscount Castlereagh, 2nd Marquess of Londonderry Papers
Docs. em inglês

Os documentos privados de Robert Stewart, Visconde de Castlereagh (1769–1822) compreendem principalmente cartas de figuras políticas britânicas, embora muitas refiram-se às relações exteriores da Inglaterra. Embora o Visconde de Castlereagh tenha servido como Ministro das Relações Exteriores, entre 1812 e 1822, parece existir pouca correspondência relacionada diretamente ao Brasil nesse período (apesar de que muitas cartas refiram-se aos negócios de Portugal nos anos de 1807–9, e que algumas delas referem-se ao Brasil). Embora exista um catálogo desses documentos, mesmo não está indexado, sendo a data e o autor a única informação fornecida para a maior parte dos documentos. Exemplos dos poucos documentos relativos ao Brasil na coleção são:

- *D3030/2598* – Minuta de memorando sobre a transferência do governo português para o Brasil, fevereiro 1808.

- *D3030/3377* – Carta discutindo sobre a possibilidade de colocação da princesa do Brasil assumir a Regência da Espanha, 30 de agosto de 1812.

- *D3030/5330* – Carta se referindo aos alarmantes eventos de insurreição no Brasil, 14 de maio de 1817.

Textile Industry Records
Docs. em inglês

O PRONI mantém muitos arquivos de companhias associados a uma importante industria têxtil (de excelente linho) da Irlanda do Norte. Embora as exportações fossem vitais para o setor, poucos documentos relativos às exportações para o Brasil foram identificados até agora. Deve-se fazer referência às seguintes coleções:

BELFAST

- *DII 93/OF/3 – Broadway Damask Co. Ltd* – Livro de encomendas do estrangeiro registrando a venda e envio do tecido damasco branco, etc., para o Brasil, 1919–29.

- *MIC/142 – R &J Workman* – A coleção inclui, nas margens, a descrição de vendas para o Brasil de musselina e o trabalho de costura que a companhia produziu, fornecendo detalhes das viagens para o Rio de Janeiro, 1825–45.

BIRMINGHAM

BIRMINGHAM ARCHDIOCESAN ARCHIVES
Cathedral House   www.birminghamdiocese.org.uk
St Chad's Queensway
Birmingham B4 6EU

Tel.: (0121) 230 6252 • **Fax**: (0121) 230 6279
E-mail: archives@rc-birmingham.org

Funcionamento: Quarta–Sexta 11:00hs–18:00hs, fechado nos feriados.
Admissão: É necessário agendamento.

Introdução

O Birmingham Archdiocesan Archives é o depósito para os registros criados pela arquidiocese central e por paróquias individuais da Igreja Católica Romana nas West Midlands.

Coleções:

Além de um volume pequeno de correspondência relativa a investimentos em empresas com interesses no Brasil, acredita-se que apenas uma coleção contenha material relacionado a esse país.

*P303/6/2 – The Rev. G. Montgomery's Register
(31Aug. 1867–4 July 1868)*
Docs. em inglês
Em 1868, mais de trezentos católicos irlandeses partiram de Wednesbury, uma cidade na industrial "Black Country", norte de Birmingham, para viver numa colônia agrícola em Santa Catarina. O grupo foi organizado por George Montgomery, padre da paróquia de Wednesbury, que acreditava que o Brasil, sendo o maior país católico agrícola, ofereceria aos católicos ingleses e irlandeses um futuro material e espiritual melhor do que aquele que lhes era oferecido tanto pela Inglaterra como pelos Estados Unidos. *The Rev. G. Montgomery's Register* era um boletim informativo ocasional no qual Montgomery discutia as condições econômicas locais e descrevia seus planos e esperanças na criação de colônias agrícolas no Brasil, para os católicos ingleses e irlandeses pobres.

BIRMINGHAM

UNIVERSITY OF BIRMINGHAM LIBRARY
Special Collections www.is.bham.ac.uk/specialcoll
Edgbaston
Birmingham B15 2TT

Tel.: (0121) 414 5838 • **Fax:** (0121) 471 4691
E-mail: special-collections@bham.ac.uk

Funcionamento: Segunda–Sexta 9:00hs–17:00hs, fechado nos feriados, entre o Natal e o Ano Novo e uma semana em julho.
Admissão: É necessário uma carta de recomendação de um colega ou supervisor na primeira visita. Para consultas à coleção *Eden Papers*, é necessário o envio de uma carta descrevendo precisamente a natureza e o objetivo da pesquisa a ser conduzida e os documentos que serão consultados. O arquivista irá então solicitar permissão da família Eden para que os documentos sejam consultados.

Introdução:

As Special Collections da University of Birmingham Library são baseadas na fusão ocorrida no século XIX entre trabalhos impressos de medicina e ciências. As coleções agora compreendem cerca de 60.000 livros raros e impressos publicados desde 1471 e cerca de dois milhões de manuscritos. Merecem destaque, entre esses, os arquivos do Young Men's Christian Association (YMCA), a Church Missionary Society (CMS) e os documentos privados e semi-privados de Neville Chamberlain (mais conhecido como Primeiro-Ministro nos anos de 1937–40) e Anthony Eden (ver abaixo).

Coleções:

Aparentemente existe muito pouco material relativo ao Brasil na biblioteca da University of Birmingham. Nota-se a falta de conteúdo sobre o Brasil entre os registros dos negócios baseadas em Birmingham, quanto ao poder de exportação de instrumentos, máquinas ou outros itens metalúrgicos para a América do Sul. Mesmo o arquivo de coleções políticas e missionárias, no qual existem documentos relativos ao Brasil, produz muito pouca expectativa.

    Embora exista um catálogo dos arquivos *online*, nem todas as coleções estão incluídas: enquanto os documentos da CMS e da

Chamberlaine estão listados no catálogo *online*, apenas uma versão impressa está disponível dos documentos de Eden.

Nota: Apesar de até o momento não terem sido identificados documentos relativos ao Brasil entre as coleções da história comercial dos arquivos da cidade de Birmingham [www.birmingham.gov.uk], existem pelo menos alguns documentos relativos a exportações locais para o Brasil, que são mantidos perto dali, em Dudley, no Black Country Living Museum (ver p. 43).

Church Missionary Society
Docs. em inglês
A Church Missionary Society (CMS) foi fundada em 1799, com a intenção de divulgar o Evangelho em várias partes do mundo. Atuando paralelamente à estabelecida Igreja Anglicana, os missionários da CMS atuaram em diversos lugares, incluindo leste e sul da Ásia, África e Índias Ocidentais. A coleção consiste em registros detalhados de cada missão, incluindo cartas e diários de missionários. Documentos relativos ao Brasil parecem ter sido encontrados exclusivamente entre os registros das missões na Guiana Britânica, uma área onde a CMS realizou consideráveis atividades na metade do século XIX. A coleção inclui registros de 1830 a 1840 das missões da CMS no Brasil – na fronteira da Guiana Britânica perto do Pará tais como as cartas referentes a incursões nas fronteiras pelos brasileiros (1843) e vários diários, notadamente um descrevendo uma expedição, em 1838, às fronteiras do sul, com Sir Robert H. Schomburgk (ver também em British Library, p. 109 e Royal Geographic Society, p. 201).

Eden Papers
Docs. em inglês
Dentre os extensos depósitos de documentos particulares de Anthony Eden (1899–1977), cuja carreira política culminou no cargo de primeiro-ministro (1955–57), também estão reunidos seus documentos enquanto Ministro das Relações Exteriores (1936–38, 1940–45 e 1951–55). Pouquíssimos itens de sua correspondência referem-se ao Brasil – limitados a pequenas cartas discutindo a visão do Brasil na situação política da Franca e Itália em 1943 e breves menções às operações militares brasileiras no norte da África e Itália. Copias microfilmadas dos documentos relacionados ao Ministério das Relações Exteriores são mantidas pelo National Archives, Londres (ver p. 157).

BOLTON

BOLTON ARCHIVE AND LOCAL STUDIES SERVICE
Bolton Central Library   www.bolton.gov.uk
Le Mans Crescent
Bolton BL1 1SE

Tel.: (01204) 332 185 • **Fax:** (01204) 332 225
E-mail: archives.library@bolton.gov.uk

Funcionamento: Terça 9:00hs–19:30hs, Quarta–Sexta 9:00hs–17:30hs, Sábado 9:00hs–17:00hs, fechado nos feriados.
Admissão: Não é necessário agendamento.

Introdução:

O Bolton Archive and Local Studies Service registra a história do Bolton Metropolitan Borough. Material relativo a outros países também é mantido pelo arquivo, quando há ligação com Bolton.

Coleções:

Durante o século XIX, Bolton surgiu como uma das mais importantes cidades produtoras de tecido de algodão e linha da Inglaterra. O comércio exterior era vital para a economia de Bolton, tanto para a importação de matéria prima como para a exportação de tecidos. Embora o Bolton Archive tenha registros de vários tipos de negócios locais, somente em uma coleção foram identificados documentos relativos ao Brasil.

ZHD – Richard Harwood & Son, Ltd
Docs. em inglês
Richard Harwood começou como fiandeiro por volta de 1850, com fiação em larga escala sendo desenvolvida nos próximos cinqüenta anos. A maior parte dos registros é relativa ao século XX, acompanhando o estabelecimento da Richard Harwood & Son em 1898. Há registros financeiros completos cobrindo o período dos anos 1920 e 1930, incluindo:

- *ZHD/248 & 249* – Caderno de encomendas com lista de clientes no Brasil, 1923–33.

- *ZHD/251* – Caderno de encomendas com lista de clientes no Brasil e em outros países da América do Sul, 1937–42.

- *ZHD/280* – Cartas de J.P. Cardim, São Paulo, relacionadas a representantes no Brasil, 1932.

BRADFORD

BRADFORD DISTRICT ARCHIVE
(West Yorkshire Archive Service)
Bradford Central Library
15 Canal Road
Bradford BD1 4AT

www.archives.wyjs.org.uk

Tel.: (01274) 731 931 • **Fax:** (01274) 734 013
E-mail: bradford@wyjs.org.uk

Funcionamento: Segunda, Terça, Quinta, Sexta 9:30hs–13:00hs e 14:00hs–17:00hs, fechado nos feriados.
Admissão: É necessário agendamento.

Introdução:

O Bradford District Archive, arquivo membro do West Yorkshire Archive Service (ver também Leeds District Archive, p. 78), é o órgão oficial do arquivo local e seu principal objetivo é colecionar, preservar, catalogar e tornar disponível ao público os registros locais do distrito que serve. Estes registros incluem arquivos de autoridades locais, escolas, igrejas, comércios, advogados, famílias, espólios e indivíduos, bem como mapas, fotografias e documentos efêmeros.

Coleções:

Apenas uma coleção relativa ao Brasil foi identificada como existente no Bradford District Archive. A coleção fornece uma visão local única de um dos esquemas mais desastrosos de emigração para a América do Sul, freqüentemente promovidos pela Inglaterra durante o século XIX.

BBD 1/1/115 – 1 box – *Bradford Borough Council Town Clerk: Papers of the Brazilian Emigrants Relief Committee*
Docs. em inglês
Em 1891, centenas de pessoas foram recrutadas em Bradford para trabalhar em São Paulo. Alguns dos emigrantes eram nativos de Yorkshire, mas muitos eram recentes imigrantes de Bradford, sobretudo judeus do leste Europeu. Não está totalmente evidente o que atraiu esses imigrantes ao Brasil – seja porque acreditavam que estavam indo como trabalhadores para as plantações de café,

seja para estabelecer em as suas próprias pequenas fazendas ou para trabalhar em na industria têxtil, como a maioria deles se ocupava em Bradford. A coleção de documentos (1891–92) inclui registros do comitê de dispensa, lista dos membros do comitê, relatórios sobre as tristes condições dos emigrantes do Brasil e correspondência entre autoridades da emigração britânica e os diplomatas em Londres e no Brasil.

CAERNARFON

**CAERNARFON RECORD OFFICE /
ARCHIFDY CAERNARFON**
Swyddfa'r Cyngor
CAERNARFON
LL55 1SH

www.gwynedd.gov.uk

Tel: (01286) 679 095 • **Fax:** (01286) 679 637
E-mail: archives.caernarfon@gwynedd.gov.uk

Funcionamento: Terça–Sexta 9:30hs–12:30hs e 13:30hs–17:00hs (Quarta 13:30hs–19:00hs); fechado nos feriados e Segundas

Introdução:

O Caernarfon Record Office documenta a história da cidade galesa de Caernarfon e de povoados no antigo condado de Caernarfonshire. Os documentos relativos a outros países somente são mantidos se o autor do manuscrito tiver relação com a região.

Coleções:

A costa de Caernarfon tem significativa tradição marítima, com marinheiros aprendizes do porto de Porthmadog movimentando-se, até meados do século XIX, para encontrar trabalho em navios maiores baseados em Liverpool, Swansea ou Cardiff. Os novos documentos relativos ao Brasil identificados como material mantido pela Caernarfon Record Office tratam de frota mercante.

XM 2460 – Papers of Captain Robert Griffiths
Docs. em inglês
Robert Griffiths (nascido em 1855/6) foi um capitão de navio mercante da aldeia pesqueira de Aberdaron, na Península de Lleyn. Em 1893, tornou-se capitão do *Beeswing*, um barco de aço grande, continuando com ele até cerca de 1910. O *Beeswing* era o único navio da Beeswing Sailing Ship Co. Ltd, uma empresa de expedição de mercadorias estabelecida em Porthmadog em 1892, que permaneceu ativa até 1910. Aparentemente, durante esses anos o *Beeswing* fez várias viagens à América Latina, transportando

CAERNARFON

carvão do País de Gales para o Brasil e Argentina.

Os documentos a seguir incluem informações sobre a viagem do *Beeswing* para a América do Sul:

- *XM 2460 / 8 – Statements of Accounts 1893–1907.* Contabilidade financeira relacionada à segunda viagem do Beeswing, de Eastham via Cardiff para o Rio de Janeiro, voltando de La Plata (Argentina) em 22 de novembro de 1893, chegando a Hull em 3 de novembro de 1894.

- *XM 2460 /3 2: Miscellaneous – Public Protest.* Documentos referentes ao protesto oficial feito por W.G.Abbot, consul britânico no Rio de Janeiro e pelo Capitão Griffiths, contra a Brazilian Coaling Co. Ltd., o governo brasileiro e outros, por causa dos atrasos e das despesas contraídas entre 28 de dezembro de 1893 e 13 de março de 1894, quando o *Beeswing* foi incendiado por navios de guerra comandados por rebeldes anti-governistas.

XM 3137 – **Captain John Owen and the voyage of the Republic to Brazil**
Docs. em inglês
Miscelânea de documentos relativos à viagem marítima do Republic, barco de propriedade da Republic Ship Co., para o Brasil em 1893–94. John Owen, o capitão do Republic, contraiu febre amarela e "congestão cerebral" enquanto estava no Rio de Janeiro. Documentos liberados pelos médicos descrevem seu estado de saúde e o tratamento que lhe foi aplicado. Esta coleção inclui um detalhado livro de relatos da viagem.

CAMBRIDGE

CAMBRIDGE UNIVERSITY LIBRARY
Department of Manuscripts
West Road
Cambridge CB3 9DR

www.lib.cam.ac.uk/MSS

Tel.: (01223) 333 143 • **Fax:** (01223) 333 160
E-mail: mss@lib.cam.ac.uk

Funcionamento: Segunda–Sexta 9:00hs–19:00hs, Sábado 9:00hs–17:00hs, fechado nos feriados e uma semana em setembro.
Admissão: Carta de apresentação (preferencialmente acadêmica) e apresentação de identidade. Para ter acesso à coleção, é necessário contatar o Admission's Office (Serviço de Admissão) pelo telefone (01223 333 084) ou o e-mail (admissions@ula.cam.ac.uk) para fazer um agendamento e solicitar um *Reader's Ticket*.

Introdução:

A primeira biblioteca oficial da University of Cambridge foi criada na segunda década do século XV. A biblioteca tem sido usada como uma biblioteca de depósito legal dos direitos autorais para a Grã-Bretanha e Irlanda desde 1709. A biblioteca desenvolveu uma das mais extensas coleções de publicações relativas ao Brasil de toda a Grã-Bretanha. As aquisições de documentos relativos ao Brasil somente começaram a ser feitas, de maneira sistemática, a partir de 1966, mas existe considerável material anterior a essa data.

Coleções:

Nunca houve uma pesquisa sistemática dos documentos relativos ao Brasil, tais como livros, mapas e manuscritos, existentes na biblioteca, devido, em parte, às limitações da catalogação. Parece que os manuscritos relativos ao Brasil são extremamente limitados, particularmente se comparados ao material relativo aos antigos territórios hispânicos nas Américas. Manuscritos relevantes identificados em catálogos impressos e listas manuscritas, são quase sempre em pequeno número e abrangência, e foram encontrados espalhados dentre coleções maiores. O catálogo eletrônico "Janus" [http://janus.lib.cam.ac.uk] fornece acesso a catálogos de um crescente número de arquivos mantidos pela Cambridge University Library e pelas bibliotecas das faculdades que pertencem a esta universidade. O trabalho está em andamento e novos catálogos são adicionados regularmente.

BSAX – British and Foreign Bible Society
Docs. em inglês (alguns em alemão)
A British and Foreign Bible Society foi fundada em Londres em 1804 com o objetivo de fornecer, em escala mundial e a preços acessíveis, bíblias e escrituras sem comentários adicionais, em diferentes línguas locais. As atas dos comitês, a correspondência, os registros e documentos financeiros, formam a principal série arquivística. Além disso, há os relatórios anuais e revistas da Sociedade, que oferecem uma riqueza de informações. Pesquisas básicas aos arquivos da Sociedade e nomes de correspondentes individuais, lugares e datas, podem ser feitas através do catálogo Janus (ver acima), e através de busca pelo termo "Brazil".

O material relativo ao Brasil e a correspondência estrangeira, que é especialmente valiosa, encontram-se no Agents Books. Nos documentos brasileiros mais antigos, datados aparentemente a partir de 1818, o conteúdo é extremamente variado em termos de datalhes, assunto e local. Algumas cartas e relatórios apenas apresentam descrições de tópicos básicos, mas as descrições detalhadas das comunidades protestantes brasileiras, britânicas e alemãs, entre outras, e o tratamento que lhes foi dado pelas autoridades locais e nacionais, são muito importantes. A maioria dos autores dos relatórios e cartas é de missionários britânicos e alemães, mas havia também comerciantes e colonos agricultores que se sentiam na obrigação de difundir o evangelho num Brasil "papista". Uma correspondência particularmente significativa é a do missionário presbiteriano Robert Reid Kalley (1809–88), com pelo menos 38 cartas enviadas de Madeira e do Rio de Janeiro.

DAR 1 to 265 – Charles Darwin Papers
Docs. em inglês
Embora exista um vasto material de cartas, cadernos e outros documentos do naturalista Charles Darwin (1809–82), poucos exemplos de documentos relativos ao Brasil existem nesta coleção. Depois de graduar-se na University of Cambridge em 1832, Darwin foi recomendado a Robert FitzRoy (ver abaixo),

comandante do HMS *Beagle*, para velejar como naturalista na viagem planejada por FitzRoy. A viagem durou de 1832 a 1836. Em seu retorno à Inglaterra, Darwin publicou, com grande sucesso, o livro *Journal of Researches [....] during the Voyage of HMS Beagle*, e prosseguiu produzindo seu importante livro, *On the Origin of Species by Means of Natural Selection* (1859).

A coleção *Darwin* é considerável, incluindo a biblioteca (com anotações pessoais em muitos volumes), correspondência e cadernos relacionados à viagem no *Beagle* e à publicação do trabalho de Darwin. Alem dos manuscritos altamente especializados referentes à paleontologia, os documentos relativos ao Brasil são extremamente limitados. Existem poucas referências ao Brasil mesmo nas listas das espécies e nos diários de observação de zoologia e geologia dos locais visitados a bordo do *Beagle*.

Catálogos concisos regularmente atualizados encontram-se disponíveis. Para pesquisar as correspondências de e para Darwin (detalhando cartas públicas e privadas), deve-se acessar o *Online Calendar of the Correspondence of Charles Darwin* [www.lib.cam.ac.uk/Departments/Darwin/]. Muitas cartas, datadas de 1832, que apresentam descrições do Rio de Janeiro e das florestas brasileiras encontram-se listadas.

Add. 8853 – Robert FitzRoy Papers
Docs. em inglês

Robert FitzRoy (1805–65) era um hidrógrafo e meteorologista que serviu a Marinha Britânica, tendo chegado ao posto de vice-almirante. Em 1827, FitzRoy velejou até a América do Sul a bordo do HMS *Thetis* e, em 1828, recebeu seu primeiro comando no HMS *Beagle*, para pesquisar a costa da Patagônia. Entre 1832 e 1836, FitzRoy continuou seu trabalho de pesquisa na Patagônia, bem como em outras partes da América do Sul, navegando pelo mundo. A bordo do *Beagle*, durante a sua segunda viagem, estava o jovem naturalista Charles Darwin (ver acima).

A coleção consiste em cartas (1816–52) de FitzRoy, incluindo muitas escritas durante sua primeira missão à América do Sul (1827–28). Existem descrições detalhadas da passagem de FitzRoy pelo Brasil, incluindo descrições de sua viagem por terra e por mar, do Rio de Janeiro para a cidade de São Paulo, Santos, e a ilha de Santa Catarina. Em cartas de Montevidéu, FitzRoy também discorre sobre a guerra entre as forças dos recentes países independentes Brasil e Argentina, descrevendo como "um processo preguiçoso bem ao modo dos portugueses". Não há nenhuma carta descrevendo as viagens de FitzRoy com Darwin pelo Brasil no navio *Beagle*.

Add. 7348 and 7450 – Ludlow Papers: Charles B. Mansfield
Docs. em inglês
Charles B. Mansfield (1819–55) era químico e autor de *Paraguay, Brazil and the Plate* (Cambridge, 1856). Essa coleção consiste de seis cartas datadas de 1852, escritas durante a sua viagem pela América do Sul e relativas às suas impressões de diversos lugares, dentre eles, o Brasil

Add. 9303/17 to 21 – Sir Graham Moore
Docs. em inglês
Como comandante da Marinha Britânica, Sir Graham Moore (1764–1843) comandou o HMS *Marlborough*, um dos navios britânicos que escoltou a família real portuguesa ao Brasil em 1807–8, em antecipação à invasão de Portugal pelos exércitos de Napoleão. Três volumes dos diários de Moore (1784–1843) incluem uma importante e detalhada descrição da transferência da família Real da Bahia para o Rio de Janeiro.

MS 9278 – George Ramsay, 12th Earl of Dalhousie
Docs. em inglês
George Ramsay (1806–80) entrou para a Marinha Britânica em 1820, chegando ao posto de contra-almirante em 1862 e vice-almirante em 1869. Ramsay foi o comandante chefe da unidade da América do Sul entre 1866 e 1869, e pessoalmente comandou o HMS *Narcissus*. Existem dois diários pessoais cobrindo o seu comando da unidade da América do Sul: o Volume I cobre o período de 8 de junho de 1866 até 3 de maio de 1868, e o Volume II cobre o período de 4 de maio de 1868 até 31 de maio de 1869. As anotações nos diários sobre os aspectos militares ou políticos da Guerra do Paraguai (a Guerra da Aliança Tríplice) e as descrições de líderes militares e políticos têm especial valor em função das observações de Ramsay, mas tais anotações descrevem também outras unidades navais da América do Sul e outras questões. Anotações diárias compreendem tanto os portos brasileiros (em especial o do Rio de Janeiro) como o de Buenos Aires e os ao longo do Rio Paraná. Embora existam importantes documentos e em excelentes condições, a escrita é extremamente difícil de ser decifrada.

CAMBRIDGE

Vickers Archive
Docs. em inglês
Esta coleção de documentos, filmes e negativos fotográficos mapeia a metamorfose provocada pelo pós-guerra daquela que foi um dia uma das maiores empresas de armamento do mundo. A maior parte da coleção cobre o período 1870-1970, e junto com os documentos da Vickers também encontram-se documentos dos antigos rivais da empresa, a Armstrong Whitworth of Newcastle, adquiridos em 1928 (ver também como "National Maritime Museum", p. 180). Os arquivos são descritos no livro de L.A. Ritchie, *The Shipbuilding Industry: A Guide to Historical Records* (Manchester, 1992).

Embora as coleções apresentem algum material relacionado à marinha brasileira, a catalogação é imprecisa. O material relativo ao Brazil é disperso, mas inclui alguns itens sobre sua marinha, como fotografias impressas de navios fornecidos, ou originalmente encomendados para o Brasil, e listas de navios construídos nos estaleiros da Vickers e da Armstrong Whitworth, geralmente com breves especificações dos navios, incluindo os fornecidos para o Brasil [*Vickers Documents 589, 811, 818*]. Existem também referências a negócios com o governo brasileiro nos livros de minuta das várias empresas Vickers. Há poucos arquivos de correspondência relacionados especificamente a negócios com o Brasil, embora haja um arquivo listando informações relativas a contratos de armamentos com o Brasil cobrindo o período de 1925-37 [*Vickers Document 533*].

◆

CHURCHILL ARCHIVES CENTRE
Churchill College
Cambridge CB3 ODS

www.chu.cam.ac.uk/archives/

Tel.: (01223) 336 087 • **Fax:** (01223) 336 135
E-mail: archives@chu.cam.ac.uk

Funcionamento: Segunda–Sexta 9:00hs–17:00hs, fechado nos feriados.
Admissão: Apenas com agendamento. É necessário entrar em contato previamente e, de preferência, por escrito, especificando os detalhes do assunto da pesquisa. Dois tipos de documentos são necessários: a carteira de identidade e um documento que comprove o endereço do pesquisador.

Introdução:

O Churchill Archives Centre é o principal repositório dos documentos da coleção pessoal de Sir Winston Churchill e de mais de 570 outras coleções de documentos pessoais e arquivos que documentam a história da era Churchill e a posterior. O centro mantém documentos de políticos, cientistas, funcionários públicos, diplomatas, soldados, navegadores, pilotos, que junto com os *Churchill Papers* formam a base da coleção. Recente aquisição é a da coleção dos documentos pessoais e políticos de Margaret Thatcher. Deve-se ainda pesquisar para saber se existem documentos relativos ao Brasil nesta recente aquisição.

Coleções:

Os catálogos de grande parte das coleções já estão *online*. Os *Churchill Papers* são particularmente bem catalogados, e a pesquisa *online* é possível através do *site* do *website* do arquivo. Pesquisas *online* dos catálogos são possíveis via http://janus.lib.cam.ac.uk. Além dos *Churchill Papers* (ver abaixo), transcrições de entrevistas orais com ex-diplomatas britânicos revelam algumas referências e discussões relacionadas ao Brasil.

Churchill Papers
Docs. em inglês

A coleção intitulada *Churchill Papers* é formada por documentos originais enviados, recebidos ou escritos por Sir Winston Churchill (1874–1965) durante a sua longa e ativa vida. Mais conhecido como Primeiro-Ministro e Ministro da Defesa durante a Segunda Guerra Mundial (1940–45), Churchill serviu também como Primeiro-Ministro entre 1951 e 1955. Ele ocupou diversos cargos ministeriais, incluindo Ministro do Interior (1910–11), Ministro da Marinha (1911–15 e 1939–40), Ministro da Guerra e Ar (1919–21) e Ministro da Fazenda (1924–29).

Os documentos contêm, desde cartas da infância de Churchill e boletins escolares, até seus últimos trabalhos. Estão presentes, sua correspondência pessoal com amigos e familiares e sua correspondência oficial com reis, presidentes, líderes políticos e militares. Algumas das frases mais memoráveis do século XX estão preservadas em suas minutas e notas para seus discursos feitos nos tempos da guerra. Os *Churchill Papers* compreendem cerca de um milhão de documentos pessoais.

A maior parte dos documentos relativos ao Brasil são notas respondendo a convites, cartões de aniversário e semelhantes e outros breves documentos. A correspondência refere-se a muitos assuntos, desde discursos referentes à participação do Brasil na Segunda Guerra Mundial até o envio de charutos brasileiros. Exemplos de documentos relativos ao Brasil são:

- *CHAR 13/29/216* – Minuta (1914) de Churchill, Ministro da Marinha, sobre o envio de rifles para o Brasil.

- *CHAR 20/112/102* – Telegrama (11 de junho de 1943) do Presidente Roosevelt para Churchill informando que ele concordava com a sua proposta de aproximar-se do Primeiro-Ministro Salazar, de Portugal, conforme ele havia sugerido e explicando sua idéia de substituir as tropas portuguesas nos Açores pelas brasileiras.

- *CHAR 20/140A/71-2* – Relatório (14 de julho de 1944) do Dr. Leslie Burgin [Liberal Nationalist MP] para Anthony Eden sobre sua visita ao Brasil, discorrendo sobre: as condições políticas e econômicas, seu sucesso em informar ao Brasil sobre as experiências britânicas na linha de frente, e as relações entre Grã-Bretanha e Brasil.

- *CHAR 20/I 70/80* – Telegrama (24 de agosto de 1944) de Churchill para o Presidente do Brasil [Getúlio Vargas] expressando sua admiração pelo caráter e comportamento dos soldados brasileiros da Força Expedicionária Brasileira, que havia recentemente inspecionado a Itália.

CARDIFF

GLAMORGAN RECORD OFFICE / ARCHIFDY MORGANNWG
Glamorgan Building
King Edward VII Avenue
Cathays Park
Cardiff CF1O 3NE

www.glamro.gov.uk

Tel.: (029) 2078 0282 • **Fax:** (029) 2078 0284
E-mail: Glamro@cardiff.ac.uk

Funcionamento: Terça-Quinta 9:30hs–17:00hs, Sexta 9:30hs–16:30hs, Quarta até às 19:00hs apenas com agendamento, fechado nas Segundas e feriados (e em geral o dia seguinte também).
Admissão: Visitantes são aconselhados a reservar um lugar na sala de pesquisa.

Introdução:

O Glamorgan Record Office documenta a história do condado e do povo de Glamorgan no sul do País de Gales. Documentos relacionados a países estrangeiros são mantidos, em regra, somente se o autor do manuscrito tem uma ligação com Glamorgan.

Coleções:

Apesar da importância do porto de Cardiff e do significativo vínculo comercial com a América do Sul no século XIX e começo do XX, muito poucos itens com conteúdo brasileiro foram identificados no acervo do Glamorgan Record Office. Material adicional relativo às ligações comerciais do País de Gales com o Brasil pode ser encontrado em Caernarfon Record Office, pp. 16–17 e em National Archives, pp. 135–79.

> *DFBO – Sir Brooke Boothby Papers*
> *Docs. em inglês*
> Brooke Boothby (1856–1913) foi um diplomata britânico de carreira que serviu como Secretário na embaixada do Rio de Janeiro, entre 1898 a 1901. Embora a coleção seja extensa, não se encontram registros relativos ao tempo em que Boothby esteve no Brasil.

CARDIFF

D175 – Brazilian Consulate, Cardiff
Docs. em português
O consulado brasileiro em Cardiff foi criado na década de 1870, principalmente devido ao porto da cidade e ao significativo comércio de carvão entre o sul do País de Gales e o Brasil. Esta coleção consiste de dois volumes de documentos financeiros e administrativos do consulado cobrindo os anos 1939–45 e 1959–61.

DER – Evans and Reid Coal Company Ltd
Docs. em inglês
A Evans and Reid Coal Company foi criada em 1890, sendo seu principal negócio a exportação de carvão e importação de estacas de madeira para as minas. A empresa desenvolveu tanto uma rede de agentes estrangeiros como filiais na Inglaterra. Material relativo à América do Sul inclui cadernos com a contabilidade detalhando as exportações para o Brasil, e documentos gerais apresentando as dívidas da Seixas Brothers & Co., uma empresa brasileira falida.

D/D MW – George Benvenuto Buckley Mathew Papers
Docs. em inglês
George Benvenuto Buckley Mathew (1807–79) era um diplomata britânico de carreira que serviu em muitas partes da América Latina, tendo o posto de Ministro Britânico no Rio de Janeiro entre 1867 e 1879. Apesar da sua longa estada no Rio de Janeiro, documentos relativos ao Brasil nesta coleção limitam-se a referências em um diário de um volume [*D/D MW 181*] que cobre a sua viagem em 1866 para a América Central e América do Sul. (Ver também em Liverpool Record Office, p. 85.)

CHELMSFORD

CHELMSFORD

ESSEX RECORD OFFICE
Wharf Road
Chelmsford CM2 6YT

www.essexcc.gov.uk

Tel.: (01245) 244 644 • **Fax:** (01245) 244 655
E-mail: ero.reception@essexcc.gov.uk

Funcionamento: Segunda 9:00hs–20:30hs, Terça-Quinta 9:00hs–17:00hs, Sexta–Sábado 9:00hs–16:00hs, fechado nos feriados.

Admissão: É aconselhável a consulta prévia para certificar-se que o material a ser consultado encontra-se disponível no local. Exige-se documento de identidade e comprovante de residência.

Introdução:

O Essex Record Office documenta a história do condado e do povo de Essex. As coleções mantidas incluem registros do governo local e documentos de igrejas, escolas, comércio, clubes e sociedades, e famílias. Documentos relativos a países estrangeiros somente são mantidos se o autor do manuscrito tiver alguma ligação com Essex.

Coleções:

Apenas duas coleções que incluem referências ao Brasil foram identificadas no Essex Record Office. O catálogo eletrônico pode ser pesquisado via internet [seax.essexcc.gov.uk].

Barnard Letters
Docs. em inglês
Na extensa correspondência do século XX entre os membros da família Barnard encontra-se uma única carta [*D/DQ14/95*] datada de 1817, de G.W.Barnard, do Rio de Janeiro para seu irmão Charles. A carta inclui detalhes da sua viagem ao Brasil e uma descrição do Rio de Janeiro, cidade que Barnard não gostava.

Paroissien Papers
Docs. em inglês
Nascido em Braintree, Essex, James Paroissien (1785–1827) foi um

dos milhares de homens que viajou até a Banda Oriental (Uruguai), procurando emprego durante o período da ocupação britânica (1806-7). Com o fim da ocupação, Paroissien foi para o Brasil, permanecendo várias semanas na ilha de Santa Catarina, a partir de setembro de 1807, até ir para o Rio de Janeiro, em janeiro de 1808. No final de 1808, Paroissien deixou o Brasil e foi para Buenos Aires e depois passou o resto de sua vida como mercenário no Chile, Peru e Bolívia.

A coleção consiste em inúmeros fragmentos de um diário mantido por Paroissien durante grande parte de sua vida, cartas para sua família em Essex e livros de contabilidade. Existem muitas referências ao Brasil nos diários e cartas. Dentre elas, existem detalhadas descrições da ilha de Santa Catarina e sua pequena capital, Desterro, para onde Paroissien pensou em mudar-se em 1808, para estabelecer-se como negociante. De especial interesse, são as observações de Paroissien sobre a sociedade do Rio de Janeiro, a súbita explosão da população devido à recente chegada da família real portuguesa e dos milhares de pessoas que compunham sua corte. Também no Brasil, Paroissien respondeu ao aparente apreço do Príncipe Regente por manteiga, aceitando a tarefa de criar uma fábrica de laticínios no estado real de Santa Cruz, no sudoeste do Rio de Janeiro. Incluem-se muitas descrições das experiências de Paroissien no Rio de Janeiro.

Depois que Paroissien mudou-se para a América Hispânica, ele retornou somente uma vez ao Brasil. Referências em seu diário cobrem sua visita em 1822 ao Rio de Janeiro e referem-se às mudanças que ocorreram na edificação da cidade durante os anos posteriores.

CHICHESTER

WEST SUSSEX RECORD OFFICE

Sherburne House
3 Orchard Street
Chichester

www.westsussex.gov.uk/cs/ro/Home.htm

Correspondence address:
West Sussex Record Office
do County Hall
Chichester P019 1RN

Tel.: (01243) 753 600 • **Fax:** (01243) 533 959
E-mail: records.office@westsussex.gov.uk

Funcionamento: Segunda-Sexta 9:00hs–16:45hs, Sábado 9:15hs–12:30hs e 13:30hs–16:30hs, fechado nos feriados e uma semana no início de dezembro.
Admissão: É aconselhável agendamento.

Introdução:

O West Sussex Record Office documenta a história do condado e do povo de West Sussex. As coleções mantidas incluem registros do governo local e documentos das igrejas, escolas, comércio, clubes e sociedades, e famílias. Documentos relativos a países estrangeiros somente são mantidos se o autor do manuscrito tiver alguma ligação com West Sussex.

Coleções:

Apenas uma coleção que inclui referências ao Brasil foi identificada no West Sussex Record Office.

Papers of Claude Henry Mason Buckle
Docs. em inglês
Tendo ingressado na Marinha Britânica em 1817, Claude Buckle (1803–94) chegou ao posto de almirante. Na coleção dos diários mantidos por Buckle existem itens relacionados ao Brasil enquanto servia na costa oeste da África, engajado na supressão do tráfico de escravos pelo Atlântico. De particular interesse são os seguintes documentos:

- *BUCKLE/474* – Fevereiro–Agosto 1849. Diário mantido a bordo do HMS *Centaur* enquanto servia como capitão do navio. Buckle registrou a trajetória do navio na procura de navios negreiros. Entre as descrições, encontram-se a captura do navio brasileiro de tráfico escravo *Sirena*, as excursões até o continente africano queimando cidades, pois se acreditava que assim desencorajava-se o tráfico de escravos, e a rotina a bordo do navio *Centaur*.

- *BUCKLE/475* – Agosto 1849–Janeiro 1850 – continuação do diário anterior (ver acima). Descreve a captura do navio negreiro brasileiro *Veloz* e os ataques às cidades da costa para recapturar uma escuna pertencente à frota mercantil britânica capturada por piratas brasileiros ou portugueses.

- *BUCKLE/477* – Novembro 1850–Janeiro 1851 – Diário mantido a bordo do navio a vapor HMS *Cyclops*, retornando à Inglaterra da Ascension Island onde Buckle ficou doente. Há referências à captura de um brigue brasileiro pelo *Cyclops* e contém extratos das Ordens dos Almirantes relativos à trajetória para capturar navios negreiros.

CHIPPENHAM

WILTSHIRE AND SWINDON RECORD OFFICE
Wiltshire and Swindon History Centre
Cocklebury Road
Chippenham
Wiltshire
SN15 3QN

Tel.: 01249 705500 • **Fax**: 01249 705527
E-mail: wsro@wiltshire.gov.uk

Funcionamento: Segunda–Sexta 9:15hs–19:00hs; fechado nos feriados e nas duas últimas semanas de janeiro.
Admissão: Aconselha-se fazer agendamento e exige-se apresentação de documento de identidade.

Introdução:

O Wiltshire and Swindon Record Office documenta a história do condado de Wiltshire e da cidade de Swindon. Outros documentos são mantidos pelo arquivo somente se existir alguma ligação com Wiltshire.

Coleção:

Aparentemente, apenas duas coleções do Wiltshire and Swindon Record Office contêm alguns documentos relativos ao Brasil.

2667 – Papers of Sir Richard Burton
Docs. em inglês
Depois de sua morte, a maior parte dos papéis do explorador, tradutor e diplomata britânico Sir Richard Burton (1821–90) foi destruída por sua esposa. Esta coleção inclui rascunhos de cartas e um relatório (1880–81) sobre a mina Littari em Minas Gerais [*2667/26/2/xiv*], um caderno c.1865 sobre o período de Burton como cônsul em Santos [*2667/26/4/1*], e álbuns de fotografias com amigos e conhecidos no Brasil [*2667/26/5/1–4* e *2667/26/6/1–4*].

WRO 540/275 – Charles Phipps Diary and Letters, 1867–68
Docs. em inglês
Esta coleção inclui um diário de mais de cem páginas de Charles

CHIPPENHAM

Phipps (1845–1913), um "nobre fazendeiro" de Westbury, Wiltshire, relatando a viagem entre outubro de 1867 a fevereiro de 1868, para o Rio de Janeiro e pela América Latina até o Panamá, e ainda para a Jamaica. Embora o Brasil seja mencionado em pequenas passagens do diário, existem descrições detalhadas sobre a viagem pelo Atlântico e a cidade do Rio de Janeiro. Além disso, existem várias cartas escritas por Phipps durante a viagem e enviadas ao seu pai.

PR/Steeple Ashtun St Mary/730/342 – **Rio Doce Company**
Docs. em inglês
Este arquivo contém relatórios (c. 1838) da Rio Doce Company e declarações dos diretores respondendo às críticas relativas à companhia de mineração da Bahia por seus auditores.

COVENTRY

UNIVERSITY OF WARWICK LIBRARY
Modern Records Centre   ww2.warwick.ac.uk/services/
Coventry CV4 7AL   Library/mrc/
Tel.: (024) 7652 4219 • **Fax:** (024) 7652 4211
E-mail: archives@warwick.ac.uk

Funcionamento: Segunda-Quinta 9:00hs–13:00hs e 13:30hs–17:00hs, Sexta 9:00hs–13:00hs e 13:30hs–16:00hs, fechado nos feriados e na semana da Páscoa.
Admissão: É necessário agendamento.

Introdução:
O Modern Records Centre coleciona e coloca disponível para pesquisa fontes originais da história política, social e econômica britânica, com particular referência à história do trabalho, relações industriais e política industrial. Os arquivos de centenas de organizações – em particular de sindicatos, associações de empregadores e do comércio, negócios e grupos de pressão política – têm sido depositados neste Centro.

Coleções:
Manuscritos relativos ao Brasil são mantidos pelo Modern Records Centre, sobretudo os referentes à indústria britânica de motores automotivos, uma vez concentrada em Coventry e seus arredores. A maior parte das coleções do Modern Records Centre pode ser pesquisada usando o catálogo *online A2A: Access to Archives* (ver p. 262).

Mss. 313/AS – **Association of Brazil Nut Importers**
Docs. em inglês
A coleção se limita a transcrições de contas e sumários das atas das assembléias gerais anuais durante a existência da Associação (1952–71). É possível obter nesses documentos informações sobre as quantidades de castanhas brasileiras importadas para a Grã-Bretanha, embora não seja possível conhecer-se a origem. Esses documentos fazem parte de uma grande coleção proveniente de Associações de produtores de castanhas e frutas secas que é mantida pelo Modern Records Centre; os documentos datados de 1941–71 da Edible

Nuts in Shell Association [*Mss. 313.EN*] podem conter mais detalhes sobre as castanhas (em particular, as castanhas do Pará e as castanhas de cajú).

BP Archive
Docs. em inglês
Embora administrados separadamente (tel.: 024 7652 4521), o BP Archive divide a sala de pesquisa com o Modern Records Centre. A coleção documenta a história e as atividades pelo mundo do BP (British Petroleum) com documentos cobrindo todos os aspectos da indústria do petróleo. Registros criados em 1954 estão disponíveis para consulta. Existe um catálogo eletrônico separado do BP. Aproximadamente dezessete registros são mantidos relativos ao Brasil, dez dos quais referem-se a certificados de registro de patentes, enquanto os outros são documentos de maior importância, relativos aos interesses do BP no mercado brasileiro e as possibilidades de prospeção. Maiores informações estão disponíveis no site do BP [www.bp.com/company/history/bp/archive_asp].

Mss.226 – British Motor Industry Heritage Trust
Docs. em inglês
Quase todos os documentos históricos do British Motor Industry Heritage Trust [www.heritage.org.uk/archive/archive.htm] relativos ao Brasil encontram-se depositados no Modem Records Centre. Todos os arquivos são da década de 50 e referem-se às exportações de veículos e peças automotivas britânicas para o Brasil, discussões a cerca da possibilidade de manufaturar ou montar os veículos britânicos (Standard-Triumph e Land Rover) e o registro no Brasil de patentes britânicas. Dentre os arquivos relativos ao Brasil encontram-se:

- *Mss.226/ST/3/O/BR/3 – Standard Motor Co.* – referente à visita ao Brasil, em 1951, do diretor da companhia a respeito da possibilidade de ali criar uma linha de montagem, baseada no êxito das exportações de veículos da Inglaterra. Trata também sobre regulamentos de câmbio e da disponibilidade de maquinária. Em 1953, o projeto foi adiado.

- *Mss.226/ST/3/O/BR/18/5 – Standard Motor Co.* – Pesquisa de mercado futuro para veículos automotores no Brasil, 1956.

- *Mss.226/RO/I/1/8 – Rover Co. Ltd* – Ata detalhada do Conselho de Administração (1952–59) na qual é discutida a possibilidade de produção e montagem de Land Rover em outros países (incluindo o Brasil).

DORCHESTER

DORSET RECORD OFFICE
Bridport Road
Dorchester DT1 1RP

www.dorset-cc.gov.uk/archives

Tel.: (01305) 250 550 • **Fax:** (01305) 257 184
E-mail: archives@dorset-cc.gov.uk

Funcionamento: Segunda-Sexta 9:00hs–17:00hs
(Quarta 10:00hs–17:00hs), Sábado 9:30hs–12:30hs, fechado nos feriados.
Admissão: Exige-se apresentação de documento de identidade.

Introdução:

O Dorset Record Office documenta a história do condado e do povo de Dorset. Documentos relativos a países estrangeiros somente são mantidos se o autor do manuscrito tiver alguma ligação com Dorset.

Coleções:

Apenas uma pequena coleção relativa ao Brasil foi encontrada no Dorset Record Office.

D/COL: C5 – Colfox Manuscripts
Docs. em inglês
Entre a correspondência de Thomas Collins Colfox (1755–1835) de Bridport, Dorset, encontram-se quatro cartas (variando de três a quinze páginas) de Thomas e Charles Carter na América do Sul. Escritas em 1809 e 1810, as cartas dos irmãos descrevem as mudanças políticas e mercantis (referidas como "o imenso e diário influxo de mercadorias britânicas") e fornecem detalhadas impressões de Buenos Aires e Rio de Janeiro pelos dois britânicos residentes nessas cidades.

DUBLIN

NATIONAL ARCHIVES OF IRELAND / AN CHARTLANN NÁISIÚNTA
www.nationalarchives.ie
Bishop Street
Dublin 8

Tel.: (+353 1) 407 2300 • **Fax:** (+353 1) 407 2333
E-mail: mail@nationalarchives.ie

Funcionamento: Segunda-Sexta 10:00hs–17:00hs, fechado nos feriados.
Admissão: Exige-se apresentação de documento de identidade.

Introdução:

O National Archives of Ireland (NAI) mantém arquivos dos órgãos do governo irlandês, com documentos desde 1922 até a presente data (embora um sigilo de trinta anos seja observado). Antes desta data, os documentos eram mantidos pelo Public Record Office da Irlanda, mas o edifício que guardava a coleção foi destruído pela guerra civil para o estabelecimento do Irish Free State (Estado Livre Irlandês) em 1921, perdendo-se todos os arquivos. Os documentos podem ser pesquisados usando o catálogo eletrônico e os catálogos de arquivos dos órgãos que são acessíveis através do *website* do NAI. Apenas uma pequena parte dos documentos estão listadas no catálogo eletrônico, enquanto muitos dos registros que se encontram nos catálogos de arquivos dos órgãos são de limitado valor para identificar o material relativo ao Brasil.

Coleções:

Aparentemente, existe pouco material relativo ao Brasil dentre as coleções do NAI. Alguns documentos relevantes anteriores e posteriores a 1922 (tais como aqueles relativos à emigração irlandesa e ligações comerciais com o Brasil) são mantidos no National Archives em Londres (ver pp. 135–79), especialmente entre os documentos históricos do Foreign Office and Dominions Office. O Public Record Office of Northern Ireland (ver pp. 6–8) também mantém alguns documentos do comércio relativos ao Brasil dentre as suas coleções da história comercial.

DUBLIN

Department of the Taoiseach
Docs. em inglês

O Department of the Taoiseach presta assistência à Secretaria de Taoiseach (o primeiro-ministro irlandês) e é o canal de comunicação entre os órgãos do governo e o presidente. Os arquivos do departamento são variados e incluem documentos relativos às relações internacionais da Irlanda.

Apenas dez conjuntos documentais têm como assunto principal o Brasil, embora alguns deles consistam basicamente em cópias de documentos do Dominions Office (que oficialmente era responsável pelas relações exteriores da Irlanda entre a década de 1920 e 1930) com pouca, ou quase nenhuma, relação com a Irlanda. Exemplos dos arquivos relativos ao Brasil com forte conexão com a Irlanda (seja em termos do conteúdo ou do autor) incluem-se:

- *S 6257* – Relações comerciais entre a Irlanda e o Brasil, 16 de outubro de 1931–7 de janeiro de 1957.

- *S4844 A* – Cônsules brasileiros no Estado Livre Irlandês, década de 1930.

- *S 15768* – Presidente do Brasil – Eleição e Morte, 24 de agosto–11 de novembro de 1954.

Department of Foreign Affairs
Docs. em inglês

Antes da década de 1990 eram mínimos os contatos diplomáticos entre a Irlanda e Brasil. Esses contatos inicialmente eram de responsabilidade do Dominions Office em Londres, a partir da independência irlandesa, seguida das missões dos dois países respectivamente em Lisboa e Londres. Além de um conjunto documental sobre a questão de vistos de cidadãos do Brasil e da Irlanda entre 1946 e 1968 [*DFA 99/3/5*], não foi possível identificar nenhum outro conjunto relativo ao Brasil. Embora existam muitos relatórios da década de 1950 e 1960 da embaixada irlandesa em Lisboa, não existe, contudo, nenhum registro de viagem de funcionários ao Brasil. Existem muitos arquivos relativos às dificuldades dos homens e mulheres irlandeses no estrangeiro (sobretudo nos Estados Unidos e incluindo-se alguns lugares brasileiros não identificados), mas na maioria dos casos é impossível identificar a qual país o registro do catálogo se refere.

◆

NATIONAL LIBRARY OF IRELAND / LEABHARLANN NÁISIÚNTA NA HÉIREANN   www.nli.ie
2–3 Kildare Street
Dublin 2

Tel.: (+353 1) 603 0200 • **Fax:** (+353 1) 676 6690
E-mail: info@nli.ie

Funcionamento: Segunda-Quarta 9:30hs–20:30hs, Quinta-Sexta 9:30hs–16:30hs, Sábado 9:30hs–12:30hs, fechado nos feriados.
Admissão: Exige-se apresentação de documento de identidade e duas fotos para passaporte.

Introdução:

A National Library of Ireland (NLI) foi fundada em 1877 como resultado da fusão das coleções do Dublin Society e do Joly Library. A NLI coleciona livros e manuscritos relativos à Irlanda e, de acordo com a legislação de direitos autorais, tem o direito de receber uma cópia de todos os itens impressos publicados na República da Irlanda. Não é, no entanto, uma das bibliotecas britânicas ou irlandesas de depósito legal (com direito sobre as publicações das ilhas britânicas) – esse direito é exercido pela Trinity College Library de Dublin (ver p. 41).

Coleções:

As coleções na NLI são mantidas apenas quando o autor do documento é de origem irlandesa ou caso exista outra relação com a Irlanda. São muito escassos os manuscritos relativos ao Brasil. As aquisições de manuscritos posteriores à década de 1990 estão listadas no catálogo de acesso público "online", juntamente com o material mais antigo (até 1975), e estão indicadas em 14 volumes do *Manuscript Sources for the History of Irish Civilisation* (Boston, 1965–79) e em fichas catalográficas na Sala de Leitura de Manuscritos do NLI do período de 1976–90.

DUBLIN

Ms. 18,762 – John J.Byrne-Newell Papers
Docs. em inglês
A coleção consiste em quatro conjuntos documentais formados por artigos – recortados de jornais locais das cidades de Buenos Aires, Dublin e províncias irlandesas, bem como manuscritos não publicados – que o jornalista John J. Byrne-Newell escreveu na década de 1930 e 1940 sobre assuntos relacionados aos irlandeses na América do Sul. Grande parte dos artigos se referem às condições históricas e contemporâneas dos irlandeses na Argentina, mas existem alguns sobre a Bolívia, Brasil e outros lugares.
 Os rascunhos dos artigos relativos ao Brasil tratam, principalmente, da colonização de irlandeses na Amazônia (1612–23) e dos mercenários ou fazendeiros irlandeses no Rio de Janeiro 1827–28. Este último assunto é descrito num manuscrito de 27 páginas (datado de 9 de dezembro de 1943) no qual o recrutamento em Cork, a rebelião no Rio de Janeiro e a subsequente repatriação de irlandeses e a dispersão para a Bahia são descritas em consideráveis detalhes. Infelizmente, não se pode perceber em quais fontes este texto se baseou.

Mss. 13,073 to 13,092 – Casement Papers
Docs. em inglês
Roger Casement (1864–1916) era oficial consular britânico e rebelde irlandês. Em 1906, foi nomeado cônsul em Santos e em 1908 tornou-se cônsul em Belém (Pará). Foi promovido a cônsul-geral no Rio de Janeiro em 1909, cargo que manteve até 1913. Em 1910, Casement foi recolocado no Foreign Office para dirigir a Comissão de Investigação enviada para a região da borracha – Putumayo no oeste da Amazônia (a área que se extende da fronteira do Peru até a Colômbia) para investigar o tratamento da população indígena local pela Peruvian Amazon Company. Em 1911, Casement foi condecorado por isso e por trabalhos semelhantes na África. Durante a Primeira Guerra Mundial, Casement se aliou à Alemanha como tática para obter a independência irlandesa e, em 1916, foi enforcado na Grã-Bretanha por traição. Para prejudicar sua reputação, a Grã-Bretanha publicou a documentação existente nos diários de Casement, que incluem numerosos gráficos e anotações codificadas sobre suas atividades homossexuais no Brasil e em outras lugares (ver ainda em National Archives em Londres, pp. 171–72).
 Existem cerca de 4.000 documentos nesta coleção (a maioria cobrindo os anos de 1889–1916), e estão listados em um catálogo

separado (no. A15). Muitos dos documentos relativos à América do Sul, referem-se às investigações de Casement sobre Putumayo e incluem rascunhos de cartas e relatórios de viagens às regiões de fronteira. Existem também cópias de documentos oficiais do consulado no Brasil, assim como alguns rascunhos de cartas e relatórios feitos nos vários postos em que atuou. Os arquivos de 1908-9 relativos ao Pará, por exemplo, incluem descrições da vida na cidade de Belém (Pará) e detalhes do custo de aquisição de pedaços de madeira e outros materiais para a Estrada de Ferro Madeira-Mamoré, entre outras questões.

*Ms. 17,805 – **Cornelius J. Cramm***
Docs. em inglês
Este arquivo contém cartas enviadas para Cornelius J. Cramm, de Londres, incluindo uma datada de 20 de abril de 1908 descrevendo o Rio de Janeiro em termos glamorosos. O autor, aparentemente um trabalhador contratado pela companhia de bondes, fazia referência a uma comunidade irlandesa na cidade e escreve que "longe dos inimigos [os britânicos] nós continuamos nossos estudos gaélicos".

◆

TRINITY COLLEGE LIBRARY
College Street
Dublin 2

www.tcd.ie/Library/

Tel.: (+353 1) 677 2941 • **Fax:** (+353 1) 671 9003
E-mail: mscripts@tcd.ie

Funcionamento: Segunda–Sexta 10:00hs–17:00hs, Sábado 10:00hs–13:00hs, fechado nos feriados.
Admissão: Permissão para a consulta dos manuscritos deve ser feita, por escrito e previamente, para o Keeper of Manuscripts. Os usuários devem obter um ingresso de leitor da Berkeley Library antes de dirigir-se ao Manuscripts Room na Old Library.

Introdução:

A Trinity College Library (TCL) – a maior biblioteca de pesquisa da Irlanda e uma das mais diversas das ilhas britânicas – data do início da fundação da faculdade, em 1591. Desde 1801 a TCL tem sido a biblioteca de depósito legal para publicações britânicas e irlandesas, embora na prática não tenha recebido todos os itens a que tem direito.

Coleções:

Apenas dois manuscritos das coleções da Trinity College Library parecem conter itens relativos ao Brasil, cujo conteúdo é, infelizmente, de pouca relevância.

MS 10355–56, 10404 – **O'Sullivan-Beare Papers**
Docs. em inglês
Daniel Robert O'Sullivan (1865–1921) era um médico, oficial do exército e diplomata, que passou grande parte de sua carreira no leste da África e no Brasil. Serviu como cônsul ou cônsul-geral em Salvador-Bahia (1907), São Paulo (1910) e Rio de Janeiro (1907–8, 1913–15 e 1919–21). A coleção inclui alguns itens relacionados ao Brasil (a maior parte sem relevância). Os documentos localizados são cartões postais e fotografias do Brasil. As fotografias são principalmente de famílias e grupos tiradas em estúdio. Outras fotografias incluem várias imagens de armazéns no Rio de Janeiro (1917–21), minas de diamantes, cenas de índios, de rua (1912) e de paisagens (datas diversas).

MS 959 – **Papers relating to proceedings in South America**
Docs. em português e espanhol
Estes documentos referem-se a assuntos eclesiásticos, civis e militares em português e espanhol durante a primeira metade do século XVII. O único documento referente ao Brasil é um texto sem autoria de 1625, descrevendo uma cidade da Bahia (Salvador) e suas novas fortificações.

DUDLEY

BLACK COUNTRY LIVING MUSEUM
Tipton Road
Dudley DY1 4SQ
www.bclm.co.uk
Tel.: (0121)5579643 • **Fax**: (0121)5574242
E-mail: info@bclm.co.uk

Funcionamento: Segunda–Sexta 9:00hs–17:00hs, fechado nos feriados.
Admissão: É aconselhável agendamento.

Introdução:

Localizada em "Black Country" na pequena cidade de Dudley – agora um subúrbio de Birmingham – o Black Country Living Museum tenta recriar o ambiente da vida e do trabalho da outrora mais importante região produtora de ferro e carvão da Inglaterra. O museu reun documentos relativos ao Black Country desde 1975, e suas coleções vão desde prédios completos e grandes maquinárias até pequenos instrumentos, utensílios domésticos, fotografias e documentos.

Coleções:

Durante o século XIX e início do século XX, os produtores de Black Country exportavam trabalhos em ferro– como trilhos para ferrovias, materiais de construção e equipamentos – para todo o mundo. Embora existam poucos itens da coleção relativos ao Brasil, os que existem ilustram as práticas de venda dos exportadores ingleses.

Archibald Kenrick & Sons Ltd
Docs. em inglês
As empresas West Brompton, de fundição de ferro, e a Archibald Kenrick & Sons, de equipamentos pesados, têm suas origens nos últimos anos do século XVIII. As coleções de manuscritos relativos às empresas dizem respeito a todos os seus negócios, inclusive às exportações. Existem muitos itens [todos referenciados em *1990/134/Box 2/Folder 7*] relativos ao comércio com o Brasil, incluindo-se os seguintes:

DUDLEY

- Relatório resumido do "Shipment of Hollow-ware to South America", 1878–79.

- Relatório intitulado "Hardware in Brazil" descrevendo os tipos de equipamentos solicitados, as vendas e o mercado no varejo, descrevendo, ainda, as características exigidas para os representantes de venda no Brasil, 1921–22.

- Carta de G.H.Kenrick (São Paulo) para W.B.Kenrick sobre as perspectivas de comércio no Brasil, 1922

DUNDEE

DUNDEE CITY ARCHIVE AND RECORD CENTRE
21 City Square
Dundee DD1 3BY

www.dundeecity.gov.uk/archives

Tel.: 01382 434494 • **Fax:** 01382 434666
E-mail: archives@dundeecity.gov.uk

Funcionamento: Segunda–Sexta 9:15hs–13:00hs e 14:00hs–16:45hs, fechado nos feriados.
Admissão: É necessário agendamento.

Introdução:

O Dundee City Archive e o Record Centre guardam os documentos oficiais do City of Dundee District Council, antiga Corporation of Dundee e os principais documentos do antigo Tayside Regional Council. Além disso, existem documentos relativos a negócios e filiais de sindicatos de Dundee. Material relativo a outros países é mantido, quando há cenexão com Dundee.

Coleções:

A cidade de Dundee (e sua antiga indústria de juta) era muito mais conhecida por suas relações com a Índia do que com a América do Sul. Somente uma coleção relativa ao Brasil foi identificada.

GD/GS/24–27 – Cia. Anglo-Brasileira de Juta
Docs. em inglês
Minutas, 1949–66. Pastas com informações sobre seguro, folhas de balanço, correspondências, c. 1920–75. Plantas, projetos de engenharia de 1916–50 relacionados às operações da empresa em São Paulo. Miscelânea de documentos, 1919–79.

DUNDEE

UNIVERSITY OF DUNDEE ARCHIVES
Tower Building
Dundee DD I 4HN

www.dundee.ac.uk/Archives

Tel.: (01382) 344 095 • **Fax:** (01382) 345 523
E-mail: archives @dundee.ac.uk

Funcionamento: Segunda–Quarta 9:00hs–13:00hs e 14:00hs–18:00hs (entrada até às 17:00hs), Sexta 9:00hs–13:00hs e 14:00hs–17:00hs, fechado às terças e feriados, e na semana entre o Natal e o Ano Novo.
Admissão: É aconselhável agendamento prévio.

Introdução:

Os arquivos da University of Dundee mantêm os documentos da própria universidade e os registros de instituições e comércio locais, em particular o comércio de tecidos (especialmente juta e linho), construção de navios e outras indústrias que muito contribuíram para o crescimento da cidade de Dundee, no século XIX.

Coleções:

Apenas uma coleção dos arquivos da University of Dundee possui diversos documentos relativos ao Brasil. Algumas das outras coleções de história comercial (cuja lista encontra-se no website do arquivo) possui referências dispersas das exportações para o Brasil, incluindo registros do final do século XIX da companhia James Allison & Sons (Sailmakers) Ltd. de Dundee [*MS 44*]. Entre os diversos arquivos (1855–1966) encontram-se os documentos da British Jute Trade Association [*MS 144*].

*MS 42 – **Giddings & Lewis-Fraser Ltd: Douglas Fraser & Sons***
Docs. em inglês
Giddings & Lewis-Fraser Ltd foi criada durante o século XIX, como resultado de uma gradual fusão de vários negócios especializados na manufatura de material têxtil bruto (especialmente o linho e a juta) na região de Dundee.
 Uma destas companhias – Douglas Fraser & Sons of Arbroath, especializada na produção de vela de navio, uma indústria que entrou em declínio com o advento dos navios a vapor – projetou e patenteou uma máquina de tecer juta, em 1881, produzindo sapatos de sola de juta (alpargatas ou sapatilhas). Em seguida, a companhia

DUNDEE

estabeleceu fábricas por toda parte, inclusive na Argentina, Uruguai e Brasil, usando maquinárias fornecidas pela empresa Arbroath.

O material relativo ao Brasil inclui documentos e correspondências mistas sobre ofertas, além de documentos sobre negociações legais e financeiras. Especialmente importantes são as cartas de Robert Fraser da América do Sul (1889–93), que enviava informações sobre o estabelecimento da produção na região.

DURHAM

DURHAM UNIVERSITY LIBRARY
Archive and Special Collections  www.dur.ac.uk/Library/asc
Palace Green Section
Durham DH1 3RN

Tel.: (0191)3743001 • **Fax:** (0191)3743002
E-mail: library@durham.ac.uk

Funcionamento: Segunda–Sexta 9:00hs–17:00hs, Sábado (apenas durante o ano acadêmico) l0:00hs–13:00hs, fechado nos feriados.
Admissão: É necessário agendamento.

Introdução:

A Durham University Library possui uma importante coleção de arquivos e documentos especiais, incluindo documentos de importância local, regional, nacional e internacional.

Coleções:

Embora apenas uma coleção tenha sido localizada na Durham University Library com assuntos relacionados ao Brasil, os documentos encontrados possuem considerável importância histórica.

Papers of John Ponsonby
Docs. em inglês

Em 1825, John, Visconde Ponsonby (c. 1770–1855) escreveu a George Canning, o ministro das relações exteriores britânico, solicitando um emprêgo. A primeira grande missão diplomática de Ponsonby foi uma viagem ao Brasil em missão especial, tendo chegado ao Rio de Janeiro em 26 de maio de 1826 e partido em 28 de agosto do mesmo ano. Ponsonby posteriormente retornou à América do Sul, tendo servido como ministro britânico na Argentina, entre 16 de setembro de 1826 e 31 de julho de 1828 e depois, no Brasil, de 20 de agosto de 1828 até 28 de junho de 1829. Existe uma lista detalhada dos documentos (c. 1808–50), indexados pelo nome do correspondente, lugar e assunto. Embora os assuntos relativos à Turquia estejam entre os principais assuntos tratados pelos documentos de Ponsonby, suas viagens para a América do Sul também foram muito bem documentadas.

Os documentos de Ponsonby formam uma relativa e pequena – embora com importante significado histórico – parte dos documentos da família do Conde Grey of Howick, considerado um dos maiores arquivos políticos da Inglaterra, cobrindo os séculos XVI a XX. Dentre os documentos encontram-se sete volumes de correspondência [*GRE/E607*] relacionados às missões de Ponsonby no Rio de Janeiro e ao período em que serviu como ministro britânico em Buenos Aires. A maior parte desse material (do qual existe uma lista descritiva em separado) consiste em cópias de despachos enviados para George Canning em Londres e instruções enviadas pelo Foreign Office para Ponsonby. Dentre os documentos que cobrem o período em que Ponsonby foi ministro no Rio de Janeiro, existem diversos memorandos, despachos, correspondência original e cópias contemporâneas de cartas que foram encaminhadas a Ponsonby por oficiais do governo brasileiro, que foram traduzidas para o inglês para serem encaminhadas ao Lord Aberdeen. Além dessas, existem várias outras séries de cartas de diversos correspondentes:

- *GRE/E259* – Correspondência (1826–28) entre Ponsonby em Buenos Aires e Sir Robert Gordon (o então ministro no Brasil) no Rio de Janeiro discutindo os conflitos entre Brasil e Argentina, negociações de paz e assuntos de política em geral entre os dois países.

- *GRE/E375* – Cinco cartas (1828) do Major Alexander McDonald, em Buenos Aires, sobre a conspiração para derrubar D. Pedro I, Imperador do Brasil.

- *GRE/E496* – Quase vinte cartas (20 de junho de 1827 até 23 de abril de 1836) de David Price, um negociante inglês e banqueiro no Brasil, sobre assuntos bancários, de comércio e assuntos do Brasil em geral.

GRE/E87 – **Miscellaneous Papers relating to Brazil, 1825–31.**
Além da correspondência pessoal de Ponsonby, existem quase quinze relatórios separados e outros documentos sobre vários

assuntos relativos ao Brasil. Nesses manuscritos, as questões de comércio são de especial importância, sendo exemplos destes os seguintes documentos:

- Relatórios, com sumários, referentes ao número de escravos importados de oito regiões da África para o Rio de Janeiro, 1º de julho de 1825 até 1º de julho de 1826.

- Estatísticas econômicas e pontos fortes da Marinha Brasileira. 1826–27.

- Relatório de importações e exportações no Rio de Janeiro, março 1828.

- Lista de endereço dos britânicos residentes no Rio de Janeiro enviada para Ponsonby, 27 de junho de 1829.

EDIMBURGO

CENTRE FOR THE STUDY OF CHRISTIANITY IN THE NON-WESTERN WORLD LIBRARY
Thomas Chalmers House
16 Bank Street
Edinburgh EH I 2NJ

www.div.ed.ac.uk/documentscol_4.html

Endereço para correpondência:
Centre for the Study of Christianity in the Non-Western World
University of Edinburgh, School of Divinity
New College
Mound Place, Edinburgh EH1 2LX

Tel.: (0131) 650 8902 • **Fax:** (0131) 6507 972
E-mail: actonm@div.ed.ac.uk

Funcionamento: Segunda-Sexta 9:00hs–17:00hs, fechado nos feriados. É necessário entrar em contato, previamente, se a visita for durante o período do Natal, Páscoa e nos meses de verão.
Admissão: É aconselhável o agendamento.

Introdução:

O Centre for the Study of Christianity in the Non-Western World (CSCNWW) foi criado com o objetivo de fornecer bolsas para o estudo do Cristianismo na África, Ásia e América Latina. A biblioteca mantém as atividades de pesquisa e ensino do CSNWW e é inteiramente separada da New College Library.

Coleções:

A biblioteca inclui 2.000 títulos de revistas de missionários relativos às igrejas na África, Ásia, Pacífico e nas Américas, alguns dos quais não existem em nenhum outro lugar. Poucas publicações possuem referências ao Brasil, mas algumas das revistas inglesas e escocesas do século XIX e XX possuem relatórios dos missionários que trabalharam no Brasil, mais particularmente em Pernambuco e na Amazônia. Algumas dessas revistas possuem ilustrações. O acesso às publicações é feito diretamente nas estantes. Das coleções de documentos mantidas pelo CSCNWW, apenas uma coleção possui material relativo ao Brasil.

EDIMBURGO

Evangelical Union of South America
Docs. em inglês
Os presbiterianos atuaram no Brasil desde o ano de 1855, com a chegada ao Rio de Janeiro do Dr. Robert Reid Kalley (1809–88) e seguidores fugidos dos ataques às suas igrejas na ilha portuguesa da Madeira. Dr. Kalley fundou a Igreja Fluminense (em seguida, renomeada oficialmente de Igreja Evangélica Fluminense) no Rio de Janeiro e realizou trabalhos em Petrópolis, Salvador e Recife. Em 1911, a Evangelical Union of South America (EUSA) foi formada para unir as sociedades de missionários presbiterianos que trabalhavam na região, incluindo a "Help for Brazil Mission" que estava trabalhando nas regiões central e nordeste do Brasil e cooperava com a Igreja Fluminense. Os arquivos do EUSA foram depositados em agosto de 2002 na Biblioteca do CSCNWW pelo órgão sucessor, o Latin Link que tem sede em Londres. Ainda não foi averiguado o exato conteúdo dos arquivos, mas as coleções são substanciais e datam a partir da metade do século XIX. Existe bastante material relativo às atividades no Brasil, incluindo rascunhos e cartas bem como material impresso tais como revistas de missionários, além de cerca de mil slides e outras fotografias.

THE NATIONAL ARCHIVES OF SCOTLAND
H M General Register House
Princes Street
Edinburgh EH1 3YY

www.nas.gov.uk

Tel.: (0131) 535 1314 • **Fax:** (0131) 535 1360
E-mail: research@nas.gov.uk

Funcionamento: Segunda-Sexta 9:00hs–16:45hs, fechado nos feriados
Admissão: Exige-se apresentação de documento de identidade

Introdução:

O National Archives of Scotland (NAS) – anteriormente chamado de Scottish Record Office – é o principal arquivo com os registros do Scottish Office e é propriedade do governo escocês. O NAS é também considerado o principal depositório de fontes da história geral da Escócia, o papel do país nas Ilhas Britânicas e as ligações entre a Escócia e outros países ao longo dos séculos. Deste modo, muitas coleções de documentos históricos relativos à Escócia foram depositadas no NAS como doações ou como empréstimos a longo prazo.

EDIMBURGO

Coleções:

Em geral, as limitações na catalogação do NAS (geralmente por nome da coleção ou do indivíduo) fazem a pesquisa de documentos relativos ao Brasil extremamente difícil. No entanto, os catálogos impressos e em fichas catalográficas do NAS estão sendo colocados em um banco de dados eletrônico, e prevê-se para breve as pesquisas *online*. Embora aparentemente existam poucos documentos relativos ao Brasil, foram encontrados alguns de grande relevância.

GD233 – Thomas Cochrane Papers
Docs. em inglês, português e espanhol

Thomas Cochrane (1775–1860), o décimo Conde de Dundonald, era um distinto oficial da Marinha Britânica que foi enviado para organizar a Marinha Chilena e, de lá, foi recrutado, em 1823, pelo governo brasileiro para ser responsável pela Marinha Brasileira visando ajudar na luta da Independência do Brasil de Portugal.

A família Dundonald depositou, por empréstimo, no NAS, centenas de documentos relativos à carreira de Cochrane que cobre o período de 1810–60.

Nesta coleção, encontram-se dezenas de cartas, balanços financeiros, diário de navegação (fornecendo informações básicas de navegação), mapas, gráficos e artigos de jornais. Os documentos cobrem o recrutamento de Cochrane para os serviços brasileiros, seus esforços para organizar as forças navais brasileiras e tratam, de alguma forma, das intruções contraditórias de um governo que estava buscando um acordo com as forças imperiais portuguesas, bem como a sua renúncia aos serviços brasileiros, dois anos mais tarde, em 1825. A maior parte dessas cartas são aquelas enviadas a Cochrane por oficiais brasileiros, mas existem também cópias de correspondência enviada por Cochrane.

Dentre os exemplos destes documentos relativos ao serviço de Cochrane no Brasil que foram encontrados nesta coleção, podemos citar:

- *GD233/34/245 (no. 2)* – Carta (31 de março de 1823) de Luís da Cunha Moreira, Ministro da Marinha Brasileira, para Cochrane, informando-lhe que ele foi admitido para o serviço do Brasil com o posto de primeiro-almirante.

EDIMBURGO

- *GD233/25/466* – Carta (5 de maio de 1823) de Cochrane para o ministro da Marinha Brasileira relatando as péssimas condições dos navios sob o seu comando e as, igualmente, péssimas condições de seus tripulantes.

- *GD233/20/456 (no. 33)* – Carta (agosto de 1823) de Cochrane para os portugueses residentes no Brasil oferecendo proteção se eles jurassem lealdade ao Imperador e à sua Constituição.

- *GD233/21/454 (no. 4)* – Sugestões (sem data) de Cochrane para a melhoria da Marinha Brasileira – aumento de pagamento, o envolvimento no comércio (por exemplo, o desenvolvimento da indústria da pesca da baleia comandada pela Marinha nas águas do sul) e a criação de uma escola naval na ilha de Santa Catarina.

- *GD233/20* – Cartas (1824) das autoridades da Bahia, Pernambuco e Paraíba sobre assuntos civis e militares.

Embora a maior parte do material relativo ao Brasil nesta coleção date do período entre 1823 e 1825, existem algumas cartas e outros documentos (1855–65), principalmente relativo às tentativas da família de Dundonald de receber dinheiro e terras que eles entendiam lhes ser devido pelo governo brasileiro. Os documentos de Cochrane estão bem organizados e catalogados. Além da lista geral impressa da NAS que faz um sumário de cada caixa e conjunto de documentos, existe um catálogo muito detalhado, com tradução em inglês de certos documentos em português. Além disto, foi publicado um catálogo que inclui centenas de resumos em português de todas as cartas e outros documentos da coleção. Ver *Catálogo do Arquivo Cochrane: Edição Comemorativa do Bicentenário do Nascimento do Primeiro-Almirante Lord Thomas Cochrane (Marquês do Maranhão) 1755–1860* (Rio de Janeiro, 1975).

AF51/160 – **Emigration: South America: Secretary for Scotland's Correspondence**
Docs. em inglês (alguns em gaélico)
Esta coleção apresenta a correspondência e outros documentos alertando sobre os perigos que envolvem emigrar da Escócia para o Brasil, bem como para Argentina e Chile, entre 1889 e 1893.

EDIMBURGO

O material relativo ao Brasil aponta o possível recrutamento de 2.000 emigrantes escoceses para trabalhar em fábricas e plantações em São Paulo e inclui um cartaz de aviso em inglês e em gaélico.

GD248/687/21 – John Grant Letter
Docs. em inglês
Dependendo da direção dos ventos, os navios de prisioneiros que viajavam da Grã-Bretanha para as colônias da Austrália paravam com freqüência no Brasil para fazer reparos e abastecer-se de água e alimentos. Datada de 9 de julho de 1794, esta carta foi escrita por John Grant, um prisioneiro em New South Wales. Diferente da grande parte dos prisioneiros a bordo deste navio, permitiram a Grant que descesse no Rio de Janeiro uma vez que ele delatou o plano de motim a bordo do navio, uma revelação pela qual ele esperava ser libertado quando chegasse à Austrália. Sua carta fornece uma descrição detalhada da cidade e mostra que Grant estava muito impressionado com os seus habitantes, paisagens e construções.

CS96/3790 – Henderson and Campbell, merchants, Pará
Documentos variados de 1829 relacionados a Henderson e Campbell, comerciantes no Pará (Belém), representando George Henderson and Co., uma casa de comércio de Glasgow. Os documentos incluem um relatório sobre o brigue *Margaret Richardson* enviado de Liverpool para o Pará (Belém) para esclarecer problemas ligados a devedores no Pará, e um relato de viagem do Pará (Belém) para Santarém.

GD76/454 – James Henderson Letters
Docs. em inglês
Um volume contendo doze cartas (1828–44) de James Henderson, Junior, de Messrs. Harrop and Henderson (Pará – Belém), para Henry Flockhart, Annafrech, Kinross, Escócia. A correspondência relacionada com o Brasil inclui uma carta de Liverpool (datada de 21 de junho de 1834), em que Henderson menciona que seu navio não pode navegar devido à mudança de ventos, e considera voltar para a Grã-Bretanha. As cinco cartas do Pará (1833–35 e 1844) falam sobre saúde, clima, fauna, os residentes britânicos, o tráfico de escravos, problemas financeiros e insurreições locais.

GDI/633/1 and 2 – Francis Erskine Loch Memoir
Docs. em inglês
Francis Erskine Loch era um viajado comandante da Marinha

Britânica. As memórias de Loch, terminadas em 1835, e baseadas em notas e memórias contemporâneas, cobrem o período de 19 de março de 1818 até 29 de março de 1821. Loch visitou a cidade do Rio de Janeiro e as regiões do interior desta província, e suas memórias incluem oito páginas de descrição dos costumes locais (incluindo uma menção sobre a facilidade de contratar um assassino), alimentação, e as condições do trabalho dos escravos nas plantações.

GD306/22–29 and 32974–32986 – Pará New Gas Company (1896–1905)
Docs. em inglês
Os documentos desta coleção incluem plantas arquitetônicas de prédios para empresas e para ancoradouros de gás e carvã em Belém (Pará), catálogos alemães e britânicos de instalação de luz e gás, tubos, medidores e caldeirão a vapor, contratos de emprego e minutas de ofertas, memorandos e correspondência para novas concessões.

Nota: Para ver esses documentos, é necessário agendar com antecedência de dois dias úteis.

◆

NATIONAL LIBRARY OF SCOTLAND
Manuscripts Division
George IV Bridge
Edinburgh EH1 1EW

www.nls.uk

Tel.: (0131) 466 2812 • **Fax:** (0131) 466 2811
E-mail: manuscripts@nls.uk

Funcionamento: Segunda, Terça, Quarta e Sexta 9:30hs–20:30hs; Quarta 10:00hs–20:30hs; Sábado 9:30hs–13:00hs. Os manuscritos para serem pesquisados durante a noite, precisam ser solicitados até às 16:00hs. Fechado nos feriados e em geral uma semana no inicio de outubro (é aconselhável entrar em contato para obter detalhes das datas)

Admissão: Exige-se apresentação de identidade; para pesquisas mais longas é necessário duas fotos coloridas tamanho passaporte.

EDIMBURGO

Introdução:

A National Library of Scotland (NLS), maior biblioteca da Escócia, foi fundada apenas em 1925, mas incorporou a coleção da Advocate Library que existe desde os idos de 1680. Possui quase sete milhões de livros e 120.000 volumes de manuscritos. Como biblioteca de depósito legal britânico (*status* que recebeu da Advocate Library que detinha tal prerrogativa desde 1710), pode-se dizer que a NLS possui uma das mais abrangentes coleções de documentos publicados nas Ilhas Britânicas. A Manuscripts Division da NLS cuida do material histórico que cobre muitos aspectos da vida, atividades e interesses dos escoceses na Escócia e no mundo.

Coleções:

A catalogação é incipiente, por isso a identificação de coleções que possuem relevância, é extremamente difícil. Pode ser que existam documentos manuscritos relativos ao Brasil, na expectativa de serem descobertos dentro das coleções da NLS, especialmente relativos ao planejamento e manufatura de equipamentos que eram essenciais para a infra-estrutura de modernização do Brasil nos séculos XIX e início do século XX. A influência mundial dos engenheiros escoceses está certamente bem representada, e documentos relativos ao Brasil podem ser encontrados, por exemplo, dentre os muitos documentos (1786–1955) da firma de construção de faróis Robert Stevenson and Sons. Espera-se que uma vez que os catálogos da NLS estejam disponíveis *online*, o acesso aos documentos relativos ao Brasil melhore. Enquanto isto, apenas algumas coleções da NLS de interesse para o Brasil foram identificadas.

Acc. 6905 – David Angus Papers
Docs. em inglês
Os documentos do engenheiro civil escocês David Angus (1855–1926) cobrem a sua carreira passada, sobretudo, na América do Sul (Brasil, Argentina, Paraguai, Chile e Peru) e na Namibia.
As coleções incluem centenas de cartas pessoais e comerciais, diários pessoais e cadernos de anotações, bem como relatórios relativos aos seus trabalhos de engenharia nas ferrovias e portos. Como um todo, os documentos compõem a coleção mais completa de registros relativos a um único engenheiro britânico que trabalhou na América do Sul no século XIX e início do século XX.
Alguns dos registros mais detalhados referem-se às atividades de Angus no Brasil. Angus viajou pela primeira vez para o Brasil

EDIMBURGO

em 1882, permanecendo por quatro anos enquanto trabalhava na construção de Victoria e Natividade Railways que ligava Vitória (Espírito Santo) a Minas Gerais. Durante esses anos, Angus foi um escritor produtivo, correspondendo-se com Mary Wilson (sua noiva na Escócia) e também registrando suas experiências no Brasil em seu diário pessoal; as cartas de Mary Wilson para Angus também estão na coleção. Muitas vezes descrevendo em muitos detalhes, Angus fala da viagem ao Brasil, suas impressões de Salvador, Maceió e Rio de Janeiro, condições de salários, trabalho e moradia tanto em Vitória como em remotos campos de construção de ferrovias. Angus também registrou os problemas de engenharia que encontrou, bem como muitas observações das condições de geologia e de história natural das regiões onde trabalhou.

Mais tarde, Angus voltou a se empregar em trabalhos relativos ao Brasil. Em 1924–25, trabalhou como engenheiro consultor para a construção da Ferrovia do Norte do Mato Grosso e da Ferrovia do Triângulo Mineiro. Dentro desta coleção encontram-se diversos registros impressos descrevendo esses projetos.

Mss. 5641–5; 5647–8; 5650–1 – Liston Papers: Isabel Bezarra de Seixas Letters
Docs. em inglês
Sir Robert Liston (1756–1832) era um diplomata britânico cuja carreira na diplomacia levou-o a diversos países da Europa. Em sua coleção de documentos privados e semi-privados encontram-se quatorze cartas escritas entre 1814 e 1817 por Isabel Bezarra de Seixas para sua amiga Lady Liston (Henrietta Marchant) em Constantinopla. Esposa de membro do governo da corte portuguesa no Rio de Janeiro, Isabel Bezarra de Seixas, enviou longas cartas pessoais do Brasil descrevendo sobre a mulher na corte real no Rio de Janeiro, fofocas da corte, cerimônias oficiais, jantares e bailes, sobre sua própria saúde e a saúde de seu marido que ia deteriorando-se gradualmente.

Ms. 3322 – H.M. Tomlinson Papers
Docs. em inglês
Esta coleção consiste de três cartas de Henry Major Tomlinson (1873–1958), jornalista, escritor sobre viagens e romancista, cujas obras incluem *The Sea and the Jungle* (Londres, 1912). Este livro é considerado, por muitos, um clássico dos relatos de viagens pela Amazônia e relata a viagem da Inglaterra a Porto Velho. As cartas,

que foram encaminhadas para a sua mãe, em 1910, enquanto Tomlinson estava viajando pelo Rio Madeira na região oeste da Amazônia, fornecem algumas impressões, além de vívidas descrições, tais como "borboletas pretas e verdes tão grandes como um prato de queijo – e o calor e o cheiro como da casa de palma em Kew". Neste conjunto documental, também encontram-se três fotografias encaminhadas junto com as cartas, incluindo uma de Tomlinson montando a cavalo.

Ms. 21206–21237 – **Minto Papers**
Docs. em inglês
Esta coleção, que possui poucos itens relacionados com o Brasil, destaca a correspondência e documentos dos Elliot Murray Kynynmounds, Condes de Minto, e de famílias a eles relacionadas, de 1759–1914. *Ms.21229* apresenta cartas de e para Hon. Sir Charles G.J.B. Elliot, Elliot, 1864–66, relativa ao seu comando naval na Estação da América do Sul e à Guerra do Paraguai.

EXETER

DEVON RECORD OFFICE
Great Moor House
Bittern Road
Exeter EX2 7NL

www.devon.gov.uk/dro/homepage.html

Tel.: (01392) 384 253 • **Fax:** (01392) 384 256
E-mail: devrec@devon.gov.uk

Funcionamento: Segunda-Quinta, 10:00hs–18:00hs, exceto feriados e a segunda semana de fevereiro.
Admissão: Exige-se apresentação de documento de identidade.

Introdução:

O Devon Record Office documenta a história do condado e do povo de Devon. Documentos relativos a países estrangeiros são mantidos, em geral, se o autor do manuscrito possui alguma relação com Devon.

Coleções:

Aparentemente, apenas uma série de documentos relativos ao Brasil é mantida pelo Devon Record Office.

Addington Family, Viscounts Sidmouth Papers: Political and Personal Papers of Henry Addington, lst Viscount Sidmouth
Docs. em inglês
Henry Addington (1757–1844) serviu em várias e altas posições políticas, incluindo a de Primeiro-Ministro entre 1801–04. Somente alguns itens da coleção contêm referências ao Brasil. Estes parecem estar limitados aos seguintes:

- *152M/C1803/OZ15a–b* – Carta (1803) do Almirante D. Campbell em Lisboa para Addington, descrevendo o Brasil como um país "em estado de infância", afirmando que o país representa um mercado fraco em potencial para as exportações inglesas pela falta de gosto por artigos de luxo.

- *152M/C1808/OF1* – Carta (25 de outubro de 1808) de Peter Evan Turnball para H. Addington descrevendo o estabelecimento do tratado de comércio entre Grã-Bretanha e o Brasil.

GLASGOW

GLASGOW UNIVERSITY ARCHIVE
13 Thurso Street
Glasgow G11 6PE

www.archives.gla.ac.uk

Tel.: (0141)3305515 • **Fax:** (0141)3304158
E-mail: dutyarch@archives.gla.ac.uk

Funcionamento: Segunda, 13:30hs–17:00hs; Terça, Quarta e Sexta, 9:30hs–17:00hs; Quinta, 9:30hs–20:00hs, fechado nos feriados e durante o Natal e o Ano Novo.
Admissão: Recomenda-se o agendamento, especialmente para pesquisa nas quintas-feira à noite. Exige-se apresentação de documento de identidade.

Introdução:

O Glasgow University Archive mantém os arquivos da própria universidade e é o mais importante repositório para documentos históricos da história comercial escocesa, particularmente para as indústrias do oeste da Escócia – em especial a construção de navios e navegação, engenharia de materiais pesados, ferrovias, trabalhos de arquitetura de ferro, cervejaria e destilaria, banco, seguro e varejo – nos séculos XIX e XX.

Coleções:

Embora seja possível assumir com certa segurança, que muitas das coleções da história comercial mantidas no Glasgow University Archive possuam documentos relativos ao Brasil, esses documentos foram identificados em poucas coleções. Uma lista com o nome das empresas que possuem documentos encontra-se no *website* do arquivo, de onde é possível identificar as coleções que valem a pena serem pesquisadas para identificar documentos adicionais relativos ao Brasil.

UGD 5, DC 376/4/1 and 2, DC 376/1/1/1 – **Glenfield & Kennedy Ltd**
Docs. em inglês
A firma de engenharia hidráulica Glenfield & Kennedy Ltd de Kilmarnock (Ayrshire) foi criada em 1899, resultante da fusão dos trabalhos de engenharia local que surgiram durante o século XIX. A companhia e seus predecessores eram importantes fornecedores

de equipamentos de trabalhos marítimos para o Brasil e outros países da América Latina antes de 1914; os conjuntos documentais (1865–1970) incluem correspondências, livros de venda e desenhos de trabalhos, alguns dos quais referem-se a ordens vindas do Brasil.

UGD 153 – P. & W. MacLellan Ltd
Docs. em inglês

P.&W. MacLellan Ltd foi uma das muitas firmas de engenharia e fundição que funcionou em Glasgow durante o século XIX e XX. No final do século XIX, a companhia concentrou, gradativamente, suas atividades nos mercados exportadores, obtendo êxito em atender pedidos da Índia. No início da década de 1890, um dos sócios desta firma (William MacLellan) viajou para o Brasil, onde firmou alguns contratos para o fornecimento de pontes de ferro e também outros grandes pedidos para o Porto do Recife, em Pernambuco. O trabalho de MacLellan no Brasil pode ser acompanhado através de livros de correspondências (1861–1911), livros de contratos e outros (1866–1910), livros de contratos para construção de pontes (1851–1979) e outros documentos.

UGD 118 and UGD 202 – W. & W. McOnie
Docs. em inglês

A P.&W. McOnie, firma de engenharia, foi fundada em 1840 em Glasgow e sofreu ao longo dos anos diversas mudanças de nome de acordo com o envolvimento da família, mais notadamente o de W. & A. McOnie. Em 1886, a firma tornou-se conhecida como W. & W. McOnie. De 1851 até o fim do século XIX e mesmo posteriormente, a firma concentrou sua produção em equipamentos para a indústria de açúcar, especialmente motores a vapor, máquinas a vapor, engenho de açúcar, caldeiras a vapor, rodas hidráulicas e panela de vapor para exportação para Java, Maurícius e Brasil.

Os documentos da companhia são muitos e é possível encontrar algumas correlações dos negócios com a McOnie brasileiro, especialmente através do livro de pedidos (1851–1938). Outros documentos mais gerais incluem livros de cálculos e livros de reparos (1851–1987), livros de cartas (1889–1911) bem como de desenhos de equipamentos para a indústria do açúcar.

UGD 028 – John Wylie Papers
Docs. em inglês

John Wylie era um negociante em Glasgow que comerciava muito com firmas em San Luis Potosí (México), Buenos Aires, Rio de

GLASGOW

Janeiro e Bahia. Wylie viajou muito pelo México, Argentina e Brasil, e as correspondências destes lugares encontram-se em livros de cartas dos anos de 1809–40. Grande parte da correspondência refere-se ao México, mas existem algumas cartas (em especial as de 1809–20) de agentes e de casas comerciais brasileiras comentando sobre questões políticas e econômicas do Brasil, e também cartas para fornecedores e produtores ingleses e escoceses.

GLOUCESTER

GLOUCESTERSHIRE ARCHIVES
Clarence Row
Alvin Street
Gloucester GL1 3DR

www.gloucestershire.gov.uk/archives

Tel.: (01452) 425 295 • **Fax:** (01452) 426 378
E-mail: archives@gloucestershire.gov.uk

Funcionamento: Segunda 10:00hs–17:00hs, Terça, Quarta, Sexta 9:00hs–17:00hs Quinta 9:00hs–20:00hs; fechado nos feriados.
Admissão: Exige-se apresentação de documento de identidade.

Introdução:

O Gloucestershire Archives mantém documentos relativos ao povo e ao condado de Gloucestershire. Material relativo a outras partes da Inglaterra e do mundo, normalmente só é mantido quando o criador dos documentos tem ligação com Gloucestershire.

Coleções:

Somente uma coleção mantida pelo Gloucestershire Archives foi identificada como tendo algum material relativo ao Brasil.

> *D1571/F508–552* – **Walter Grimston Bucknall Estcourt**
> Walter G.B. Estcourt (1807–45) nasceu no povoado de Shipton Moyne no condado de Gloucestershire. Ele se filiou à Marinha britânica e, ao morrer, tinha alcançado o posto de comandante. Seus documentos fornecem uma excelente descrição de sua carreira naval, incluindo uma viagem a serviço para o Brasil.
>
> - *D1571/F513* – Descrição de uma viagem do Rio de Janeiro para o Chile, via Cape Horn, 1825.
>
> - *D1571/F514* – Detalhes sobre o mar, as condições meteorológicas, direção e avanço de Esquimbo (Guyana) para o Rio de Janeiro no HMS *Briton*, 1826.

GLOUCESTER

- *D1571/F528* – Instruções do Almirantado (1844–46) para o HMS *Eclair*, incluindo as relativas ao tratado de 1817 com o Brasil, visando o fim do tráfico de escravos.

GUERNSEY

THE ISLAND ARCHIVES
St Barnabas
Cornet Street
St Peter Port
Guernsey GY1 1LF

user.itl.net/~glen/archgsy

Tel.: (01481) 724 512 • **Fax:** (01481) 715 814
E-mail: archives@gov.gg

Funcionamento: Segunda–Sexta 8:30hs–16:30hs, fechado nos feriados.
Admissão: É aconselhável fazer agendamento.

Introdução:

O The Island Archives possui, ou é responsável, por documentos dos States of Guernsey e da Royal Court, bem como por outras coleções históricas adquiridas de instituições, empresas e indivíduos relacionados com a ilha de Guernsey politicamente autônoma.

The Greffe
Pesquisadores interessados em investigar as relações dos comerciantes de Guernsey com o Brasil devem tomar conhecimento da série *Amirauté* do tribunal de registros guardada em The Greffe, Royal Court House, St Peter Port, Guernsey (Segunda–Sexta das 9:00hs–13:00hs e 14:00hs–16:00hs).

Cobrindo os anos de 1653 a 1968, trata-se de textos de procedimentos legais envolvendo comerciantes e empresas de navegação. A coleção ainda não foi indexada e a pesquisa de importantes documentos implicará o exame de cada volume individual da *Amirauté*. Até 1948, praticamente todos esses documentos, como outros documentos oficiais em Guernsey, eram registrados em francês.

Nota: O Island Archivist também tem o nome de "Archiviste de la Cour Royale". Informações sobre pesquisa no Greffe devem ser endereçadas ao Island Archives.

GUERNSEY

Coleções:

Durante o século XIX, comerciantes de Guernsey mantiveram laços de proximidade com a América Latina, fazendo parceria através de representantes na região, inclusive aqueles vindos da Ilha. Um comércio triangular se desenvolveu, durando até os anos de 1870, com navios da base de Guernsey transportando carregamentos mistos da Grã-Bretanha e da França para Newfoundland. De lá, transportava-se bacalhau para o sul do Brasil, de onde, por sua vez, transportava-se café para a Europa. Os documentos relativos ao Brasil no Island Archives são principalmente sobre relações de comércio e, em sua maioria, documentos individuais. Os mais significativos estão descritos abaixo, mas outros itens também compõem a coleção e oferecem luzes sobre a rede de relações da qual Guernsey e o Brasil faziam parte, especialmente no começo do século XIX (ver, por exemplo, *AQ 025/04-04* datado de 1827; *AQ 025/02-02* datado de 1837; *AQ 846/16-02* datado de 1837; e *AQ 031/25* datado de 1839).

Nota: Além da naturalização e documentos de estrangeiros, nenhum material relativo ao Brasil foi identificado no Jersey Archive, [http://jerseyheritagetrust.jeron.je], na ilha vizinha de Jersey que, no século XIX, mantiveram mais laços comerciais atlânticos com Québec do que com a América Latina.

DC / HX – Hôpital de St Pierre Port
Docs. em francês

Referências ao Brasil podem ser encontradas nas deliberações de 1741–1948 do Hôpital de St Pierre Port, o asilo de pobres da cidade. Cerca de três quartos do arquivo sobreviveu, com registros extremamente detalhados das deliberações agora disponíveis também em sumário inglês. Os volumes cobrindo os anos de 1801–29 inclui acertos para ajudar internos do Hôpital a deixar a ilha. Os comerciantes de Guernsey no Brasil ocasionalmente ofereciam treinamento para meninos, e suas condições eram discutidas como, por exemplo, Thomas Le Gallez, de 15 anos, enviado para a Bahia em abril de 1822 para juntar-se a Mr Thomas Lihou [*Deliberations B, DC /HX 79–02, p. 352*]; Pierre Langdon, de 15 anos e Pierre Sauvarin, de 13 anos, foram enviados em junho de 1822 para serem aprendizes de um certo Mr Gemmill [*Deliberations C, DC / HX 135–02. p. 8 and p. 11*].

GUERNSEY

DC2 / 045-01 – Letter from Peter Dobrée (Guernsey) to Samuel Dobrée, 25 December 1807
Doc. em inglês
Uma carta parabenizando o filho do missivista por estar a bordo do navio transportando o rei de Portugal para o exílio no Brasil. Dobrée escreve que "[este] é um evento de enorme importância para a Inglaterra porque lançará o riquíssimo comércio dos brazils [*sic*] em nossas mãos."

AQ 276/19 – Accounts ledger, Elias Guerin(?), 1814–27
Doc. em inglês
Este livro-razão lista carregamentos como açúcar, café, vinho e conhaque de e para Guernsey e vários outros locais, com nomes de navios e de capitães. O livro apresenta uma indicação de extensivas ligações comerciais de um comerciante de Guernsey com várias partes do mundo, inclusive com o Brasil.

AQ 79/38 – Letter from John Mansell (Guernsey) to Alfred Grut (Rio de Janeiro), 19 November 1822
Doc. em inglês
Uma carta pedindo informações sobre a chegada de Alfred Grut no Rio de Janeiro e perguntando sobre que produtos europeus eram demandados pelo mercado brasileiro. Mansell observa que, comerciantes de Guernsey como Priaulx, Tupper & Co., negociaram por algum tempo com o Brasil e que o Rio era um porto costumeiro de parada para os navios de Guernsey transportando vinho, conhaque e sal e retornando com café.

AQ 509/03 – Letters to Brazil from W.S. and J.E.B. Guild, 1877–81
Docs. em inglês e português
As noventa cartas nesta coleção foram escritas por irmãos estudando no Elizabeth College, para seus pais em Petrópolis e no Rio de Janeiro. As cartas para o pai dos garotos foram redigidas em inglês, enquanto aquelas dirigidas à mãe, em português, o que sugere que o lado materno da família era brasileiro. Não é claro se a família tinha ligações anteriores com Guernsey. Os garotos provavelmente foram para a Ilha em função da reputação do College, do custo menor das mensalidades dessa escola comparada a outras escolas semelhantes na Inglaterra, bem como do clima ameno e da possibilidade de aprender francês, cujo dialeto *Gèrnésiais* era amplamente falado. As charmosas cartas discutem a

vida no College, eventos especiais tais como as expedições diárias, o Guy Fawkes Night, e as tentativas dos garotos em comemorar a independência brasileira e a saudade que sentiam da família e dos empregados no Brasil.

AQ 87/24 – Log book of the brig Star of the West, 1879
Docs. em inglês
Construído em Guernsey em 1869, o *Star of the West* realizou 21 viagens marítimas até 1882, incluindo muitos cruzeiros transatlânticos. Este diário de bordo documenta uma típica viagem marítima: o navio partiu de Guernsey em abril de 1879 transportando um carregamento de dormentes de Londres para serem entregues em Cadiz, Espanha; lá carregavam-se tinas de madeira com sal, às quais eram transportadas para o Rio Grande, chegando em agosto; depois o navio seguia para Puerto Rico via Pernambuco, onde coletava açúcar para ser entregue na Escócia.

◆

PRIAULX LIBRARY
Candie Road
St Peter Port
Guernsey GY1 1UG

www.priaulxlibrary.co.uk

Tel.: (01481) 721 998 • **Fax:** (01481) 713 804
E-mail: info@priaulxlibrary.co.uk

Funcionamento: Segunda-Sábado 9:30hs–17:00hs, fechado nos feriados.
Admissão: Não há necessidade de agendamento ou de identificação.

Introdução:

Estabelecida em 1887, a Priaulx foi a primeira biblioteca com empréstimo gratuito em Guernsey. Hoje, a biblioteca abriga as coleções de estudos locais, com uma grande quantidade de livros e periódicos relativos a todos os aspectos da vida e história de Guernsey. A Priaulx é também o principal repositório da mais importante coleção de jornais da ilha, datando da primeira produção da *La Gazette de Guernesey* [sic] em 1791, até os dias de hoje.

GUERNSEY

Coleções:

Somente uma coleção de manuscritos contendo referências ao Brasil foi identificada na Priaulx Library.

The Carteret Priaulx Commerce Papers (1686–1927)
Docs. em francês e inglês

Esta coleção contém cartas e circulares enviadas de e para a casa comercial de Priaulx de Guernsey, que mais tarde tornou-se Carteret Priaulx & Co., e depois, Priaulx Lauga & Co. Os documentos foram indexados de 1720 a 1837, de acordo com o nome da casa de comércio estrangeira ou subsidiária e a cidade onde se localizava. Todos os documentos foram transcritos e, quando redigidos em francês, totalmente ou parcialmente traduzidos. A seguir, encontram-se exemplos de aproximadamente dez documentos relativos ao Brasil identificados até o momento:

- *18 November 1808, Rio de Janeiro, William Morganson & Co:* Uma carta avisando que, desde a chegada do Príncipe Regente e da Corte, tem havido excesso de carregamento vindo da Europa e que o mercado estava saturado por algum tempo.

- *8 April 1809, Rio de Janeiro:* Um relato descrevendo a qualidade dos bens produzidos no Brasil tanto para o mercado interno como para exportação, e uma avaliação dos produtos em demanda.

- *3 February 1832, Rio de Janeiro:* Preços e demandas de azeite de oliva, bacalhau, sal, queijo, gin e outras importações da Europa, bem como a disponibilidade de exportação de açúcar brasileiro, couro e café (este último um produto em alta demanda nos Estados Unidos).

- *15 and 25 June 1835, Bahia, Priaulx & Le Quesne:* Uma nota referente aos preços de açúcar, explicando que havia demanda para azeite, conhaque e vinho do Porto, mas que havia estoque suficiente de farinha de trigo.

HATFIELD

HATFIELD HOUSE

Hatfield
Hertfordshire AL9 5NF

www.hatfield-house.co.uk

Tel.: (01707) 287 005
E-mail: library@hatfield-house.co.uk

Funcionamento: Segunda-Sexta 10:00hs–17:00hs, apenas com agendamento. Fechado nos feriados.
Admissão: Exige-se uma carta de solicitação dirigida à "Librarian and Archivist to the Marquess of Salisbury"; que deve indicar o assunto da pesquisa, o material a ser consultado e o plano da pesquisa sobre possivel publicação com relação aos documentos.

Introdução:

A Hatfield House foi construída em 1611 por Robert Cecil, primeiro Conde de Salisbury, ministro-chefe do Rei James I. Desde aquele tempo, a casa permaneceu como propriedade da família. É atualmente a residência do sexto marquês e é mantida, em parte, aberta para visitação de turistas.

Coleções:

O arquivo apresenta documentos da família e da propriedade desde o século XIII, sendo a maior parte a partir do século XVII em diante. São poucos os documentos relativos ao Brasil e referem-se somente ao primeiro e terceiro marqueses.

Salisbury Papers: 1st Marquess
Docs. em inglês
Robert Cecil, primeiro Conde de Salisbury (1563–1612), era membro do Parlamento inglês e um importante consultor da Rainha Elizabeth I. Por volta de 1589, ele começou a servir como Secretário de Estado, cargo para o qual foi oficialmente nomeado em 1596. Com a morte de Elizabeth I, em 1603, James I subiu ao trono da Inglaterra, e Cecil manteve sua posição de influência, especialmente em relação aos estrangeiros.

Enquanto os documentos relativos às Índias Ocidentais aparecem com destaque, existem na coleção apenas poucos itens relativos ao Brasil e estes referem-se sobretudo ao comércio e à pirataria. Aparentemente estão limitados aos seguintes:

- *Salisbury (Cecil) III: p. 423* – Petição para a liberação de dois navios mercantes de Hamburgo para o Brasil, 18 de fevereiro de 1588 ou 1599.

- *Salisbury (Cecil) IV: p. 200* – Burghley e o Lord Admiral para Sir Walter Raleigh fazem referência às tentativas de capturar tesouros dos navios de Havana e do Brasil, 23 de maio de 1592.

- *Salisbury (Cecil) XVIII: pp. 371–72* – Minuta de carta (1606) de James I para o Estado-Geral requisitando um passaporte e um salvo-conduto para William Barnes, autorizando-o a exportar açúcar, pau-brasil e algodão do Brasil em navios portugueses para Lisboa e posterior envio para a Inglaterra através de navios ingleses.

- *Salisbury (Cecil) XVIII: p. 432* – Cópia de memórias (1606) de um embaixador espanhol referente à pirataria por navios ingleses com relação aos navios portugueses e espanhóis vindos do Brasil.

- *Salisbury (Cecil) XIX: pp. 473–74* – Relatório (meados de 1607) sobre um projeto que autorizava os judeus portugueses da Inglaterra a desviar o comércio do Brasil para a Inglaterra, em detrimento da Espanha.

Salisbury Papers: 3rd Marquess
Docs. em inglês
Robert Arthur Talbot Gascoyne-Cecil, terceiro Marquês de Salisbury (1830–1903), era uma das mais influentes figuras políticas britânicas do século XIX, tendo servido três vezes como Primeiro-Ministro (1885–86, 1886–92 e 1895–1902) e quatro vezes como Ministro das Relações Exteriores (1878, 1885–86, 1886–92 e 1895–1900). Até 1975, os papéis particulares do terceiro marquês

eram mantidos em empréstimo na Library Christ Church, em Oxford, mas eles foram devolvidos à residência da família. Os documentos estão listados em J.F.A. Mason, *Calendar of the Private Foreign Office Correspondence of Robert, Third Marquess of Salisbury*, dois volumes (Londres,1963).

O material, relativo ao Brasil é extremamente limitado e cobre os anos de 1895-98, concentrado em um volume da coleção [*3M/A130*]. O único material com algum significado histórico são as cartas confirmando a renúncia formal britânica do pedido de soberania sobre as ilhas atlânticas de Trinidade. Além disto, os documentos relativos ao Brasil limitam-se às correspondências sobre as relações entre Brasil e Itália. Em outros lugares da coleção [*3M/A 126*] existem breves documentos, sem relevância, referentes à emigração japonesa para o Brasil.

HULL

RECKITT'S HERITAGE
Reckitt Benckiser
Dansom Lane
Hull HU8 7DS

Tel.: (01482) 582 910 • **Fax:** (01482) 582 532
E-mail: Gordon.Stephenson@ReckittBenckiser.com

Funcionamento: Quarta e Quinta 9:30hs–16:30hs, fechado nos feriados.
Admissão: É necessário o agendamento.

Introdução:

A união entre as empresas Reckitt & Sons Ltd e J. & J. Colman se transformou no estabelecimento, em 1923, de uma companhia chamada Atlantis (Brasil) Ltd, situada em Santo André, nos arredores da cidade de São Paulo. As fábricas foram posteriormente adquiridas ou construídas em Mauá e em outros lugares do Brasil. O primeiro produto produzido localmente foi o "Laundry Blues", detergente da empresa Reckitt and Colman. Outros produtos (incluindo "Brasso" e "Coleman's Mustard") que eram produzidos na época pela companhia, eram importados da Inglaterra. A companhia ainda manufatura e comercia no Brasil sob o nome de Reckitt Benckiser (Brasil) Ltda.

Coleções:

Registros relativos ao Brasil mantidos pelo arquivo da Reckitt's Heritage são particularmente interessantes para a década de 1920 e 1930, quando as operações do Brasil eram dirigidas ou monitoradas a partir da Inglaterra. Documentos (em inglês) incluem registros contábeis (1924–69), atas de reuniões do conselho de administração, correspondência com fornecedores, detalhes sobre o lançamento de novos produtos, fotografias dos funcionários, construções e produtos, e desenhos técnicos dos equipamentos, instalações e plantas.

UNIVERSITY OF HULL
Brynmar Jones Library
Cottingham Road
Hull HU6 7RX

www.hull.ac.uk/archives

Tel.: (01482) 465 265 • **Fax:** (01482) 466 205
E-mail: archives@acs.hull.ac.uk

Funcionamento: Segunda-Sexta 9:00hs–13:00hs e 14:00hs–17:00hs, fechado nos feriados e do Natal ao Ano Novo.
Admissão: Exige-se agendamento e apresentação de documento de identidade.

Introdução:

A Brynmar Jones Library da University of Hull vem colecionando manuscritos desde 1927. O conjunto documental refere-se à cidade de Hull, ao nordeste da Inglaterra e a países estrangeiros, em particular, Austrália e sudeste da Ásia.

Coleções:

Apenas duas coleções de manuscritos relativas ao Brasil foram encontradas nos arquivos da biblioteca.

Hotham Family Papers
Docs. em inglês

Dentre os documentos da família Hotham encontram-se livros de cartas e outros manuscritos de Sir Charles Hotham (1806–55), cuja carreira foi dividida entre a Marinha Britânica e a administração colonial da Austrália. Documentos relativos ao Brasil são limitados à correspondência feita enquanto Hotham estava no comando dos navios da marinha servindo nos postos da América do Sul e do Oeste Africano. O livro de cartas da América do Sul [*DDHO/10/6*] cobre o período de dezembro de 1842 até julho de 1846, enquanto Hotham comandava o navio HMS *Gorgon*. As cartas referem-se, principalmente, à Argentina e ao Paraguai, mas assuntos sobre a marinha brasileira (inclusive referências ao tráfico de escravos) também são tratados na correspondência.

O livro de cartas do oeste da África [*DDHO/10/7*] cobre o período de agosto de 1846 até setembro de 1848, enquanto Hotham comandava o navio HMS *Devastation*. Embora estas cartas refiram-se principalmente ao oeste da África e ao Atlântico central, como a ilha de Sta. Helena, uma importante parte da correspondência refere-se à supressão do tráfico de escravos no Atlântico, encontrando-se também algumas cartas que foram escritas na Bahia.

Palmes Family Papers
Docs. em inglês
Estes documentos incluem um diário, que acredita-se ter sido escrito por William Lindsay Palmes (1813–51) de Naburn, em East Yorkshire, descrevendo uma viagem, em 1842, de Santa Cruz, nas Ilhas Canárias, até o Rio de Janeiro, onde Palmes permaneceu.

LEEDS

LEEDS DISTRICT ARCHIVE

West Yorkshire Archives Service
Chapeltown Road
Sheepscar
Leeds LS7 3AP

www.archives.wyjs.org.uk

Tel.: (0113) 214 5814 • **Fax:** (0113) 214 5815
E-mail: leeds@wyjs.org.uk

Funcionamento: Segunda, Terça, Quinta e Sexta 9:30hs–17:00hs, fechado nos feriados e dos dias 4 a 8 de fevereiro.
Admissão: É necessário o agendamento.

Introdução:

O Leeds District Archive é um dos seis constituintes do West Yorkshire Archive Service (ver também em Bradford, p. 14). Os principais documentos do Arquivo são os registros da cidade de Leeds, mas documentos das igrejas, famílias e governos locais, além de empresas e organizações voluntárias, também têm sido depositados no Arquivo.

Coleções:

Do século XVIII até o século XX, Leeds foi um dos mais importantes centros industriais da Inglaterra, conhecido especialmente pela forte indústria têxtil, de roupas, engenharia e mineração cujas exportações tiveram importância em diferentes épocas. O Leeds District Archive mantém os registros de muitos negócios locais e regionais, dentre outros que estão incluídos, como alguns descritos abaixo. De clara relevância são os documentos de George Canning, uma das mais importantes figuras políticas em relação a história latino-americana do início do século XIX. O arquivo também possui os documentos de Augustus Stapleton (1800–80), Secretário particular de George Canning durante a década de 1820, embora nenhum documento relativo ao Brasil tenha sido encontrado nesta coleção.

George Canning Papers
Docs. em inglês

O arquivo mantém grande parte dos diários e papéis privados de George Canning (1770–1827), cuja carreira política incluiu o cargo de Ministro das Relações Exteriores entre 1807 e 1809 e depois novamente entre 1822 e 1827, períodos chave durante os quais o Brasil foi gradativamente desfazendo seus laços com Portugal e desenvolvendo uma importante parceria comercial com a Grã-Bretanha. A maior parte da documentação foi transferida dos arquivos da Harewood House, perto de Leeds, que hoje apenas mantém um conjunto de livros de despacho por seu valor decorativo. Esses documentos são, contudo, cópias daqueles encontrados entre os documentos do Foreign Office na referência National Archives (ver p. 128).

Documentos relativos ao Brasil (1807–26) constituem uma grande parte da coleção, mas muitos documentos referem-se à independência (bem como outras questões) hispano-americana, ou consistem de correspondência pessoal com membros da família e figuras políticas britânicas (algumas das quais, como por exemplo, a do Primeiro-Ministro Palmerston de 1824 a 1827, referem-se ao Brasil). Embora alguns dos documentos relativos ao Brasil sejam cópias contemporâneas de itens do Foreign Office (ver em National Archives, Londres, pp. 140–56), a maior parte não foi encontrada em nenhum outro lugar. Os documentos podem ser localizados utilizando-se o índice de nomes dos correspondentes e uma lista manuscrita que fornece descrições dos conjuntos de documentos (que variam desde uma simples carta até uma centena de cartas ou mais).

A lista seguinte representa os documentos relativos ao Brasil mais importantes na coleção Canning:

- Diários privados de George Canning, 1792–1815, 1818–21, 1823.

- Correspondência com o Visconde Strangford (Ministro britânico em Lisboa e, depois da transferência da corte portuguesa para o Brasil, no Rio de Janeiro) referente à Portugal e ao Brasil, 1807–10.

- Correspondência com John Charles Villiers, Chevalier d'Almeida e outros referente a Portugal e ao Brasil, 1807-10.
- Correspondência com Sir William A'Court, Embaixador britânico em Lisboa, 1824-27.
- Correspondência de Sir Edward Thornton, Embaixador britânico, para a corte portuguesa no Rio de Janeiro e em Lisboa, 1823-25.
- Correspondência com Sir Robert Gordon, Ministro, para o Brasil, 1826-28.

Hathorn, Davey & Co. Ltd
Docs. em inglês
Produtores de máquinas de bombeamento a vapor desde a metade do século XIX, Hathorn, Davey & Company começaram a exportar para o mercado brasileiro na metade deste mesmo século. Além dos catálogos (desde 1900), desenhos de equipamentos e cadernos de rascunho de jornais e recortes de diários de comércio referentes à companhia, existe um conjunto completo de livros de pedidos (de 1852) que contêm referências dos equipamentos vendidos e das encomendas recebidas do Brasil e de outros lugares.

Hunslet Engine Co. Ltd
Docs. em inglês
Durante o século XIX, a Hunslet Engine Company era a maior fornecedora de locomotivas a vapor para as companhias ferroviárias, propriedades e plantações da América Latina, não apenas para o Brasil. Dentre esta abrangente coleção encontram-se os registros de outros fabricantes de motores que foram posteriormente incorporados pela Hunslet (Avonside Engine Co., 1864-1934; Kerr Stuart & Co., 1886-1930; Kitson & Co., 1839-1938; Manning Wardle & Co., 1858-1926). De particular relevância são os livros de pedidos que contêm referências ao equipamento vendido e das encomendas recebidas do Brasil e de outros lugares, e detalhes dos carregamentos. Além disso, existe um conjunto completo de informações técnicas relativas aos pedidos de vendas.

LEIGH

WIGAN ARCHIVES SERVICE
Town Hall
Leigh
Lancashire WN7 2DY
www.wiganmbc.gov.uk

Tel.: (01942) 404 430 • **Fax**: (01942) 404 425
E-mail: heritage@wiganmbc.gov.uk

Funcionamento: Segunda, Terça, Quinta e Sexta 10:00hs–13:00hs e 14:00hs–16:30hs, fechado nos feriados.

Admissão: Exige-se o agendamento; os documentos podem ser obtidos apenas mediante solicitação ao arquivista.

Introdução:

O objetivo principal do Wigan Archives Service é colecionar, preservar, catalogar e disponibilizar ao usuário os registros públicos locais do distrito a que o arquivo serve. Estes registros incluem arquivos das autoridades locais, escolas, igrejas, empresas, advogados, famílias, propriedades e indivíduos, bem como mapas, fotografias e documentos efêmeros.

Coleções:

O arquivo mantém uma grande coleção de diários, cadernos de anotações, e livros de cartas doados por Edwin Hall, um colecionador de livros local. Apenas poucos itens referem-se à Wigan; a maior parte refere-se a outras partes da Grã-Bretanha ou a outros países estrangeiros. Foi encontrado um item significativo referente ao Brasil.

DDZ/EHC/27/M795 – **Mrs. S.M. Miers Diary**
Docs. em inglês
Um diário de 478 páginas (julho 1850–junho 1860) da Sra. S. M. Miers, mulher de Francis Charles Miers, armador (construtor de navio). O diário registra, muitas vezes em grandes detalhes, os preparativos do casamento de Miers, as viagens em 1850 e 1853 entre a Inglaterra e o Brasil, e os dez anos de sua vida no Rio de Janeiro, como uma dedicada esposa e mãe. O diário é um importante documento que descreve a intimidade da vida de um mulher de classe média alta da comunidade britânica no Rio de Janeiro na metade do século XIX.

LERWICK

SHETLAND ARCHIVES
Hay's Dock
Lerwick
Shetland Islands ZE1 OWP

www.shetland.gov.uk/archives

Tel.: (01595) 695 057
E-mail: info@shetlandmuseumandarchives.org.uk

Funcionamento: Segunda–Quinta 9:00hs–13:00hs e 14:00hs–17:00hs; Sexta 9:00hs–13:00hs e 14:00hs–16:00hs, fechado nos feriados.
Admissão: Os pesquisadores devem agendar a visita.

Introdução:

O Shetland Archives documenta a história das Islas Shetland. Documentos referentes a outras partes da Escócia e a países estrangeiros somente são mantidos se o autor do manuscrito tem um vínculo com as Islas Shetland.

Coleções:

Aparentemente, apenas uma série de documentos relativo ao Brasil é mantido pelo arquivo.

D.6/142 – Recruiting for the Brazilian Navy in Orkney and Shetland, 1836–40
Docs. em inglês

Este conjunto compreende cópias notariais da correspondência concernente a tentativas de obter emprego para moradores das ilhas de Shetland e Orkney no Brasil. Embora os recrutas estivessem oficialmente viajando para o Brasil para estabelecer uma indústria de pesca de baleia na Ilha de Santa Catarina, a razão verdadeira para as tentativas de recrutamento eram para fornecer homens para o serviço militar na Marinha brasileira. Os dados mantidos em Lerwick oferecem muito pouco no sentido de informações sobre o esquema de migração; maiores detalhes podem ser encontrados no National Maritime Museum, Londres, p. 181. Não existem registros relativos a este assunto no Orkney Archives em Kirkwall.

LIVERPOOL

LIVERPOOL RECORD OFFICE
Central Library
William Brown Street
Liverpool L3 8EW

archive.liverpool.gov.uk

Tel.: (0151) 233 5817 • **Fax:** (0151) 207 1342
E-mail: RecOffice.centrallibrary@liverpool.gov.uk

Funcionamento: Segunda–Quinta 9:00hs–19:30hs; Sexta 9:00hs–17:00hs; Sábado 10:00hs–16:00hs, fechado nos feriados e nas segunda e terceira semanas de junho.
Admissão: Exige-se apresentação de documento de identidade.

Introdução:

O Liverpool Record Office possui documentos relativos à Liverpool e às ligações com as outras partes da Inglaterra e do mundo. A coleção inclui livros, mapas, jornais de 1756, guias de portos e da cidade, respostas do censo e manuscritos de família e da história comercial.

Coleção:

Apenas uma coleção do Liverpool Record Office possui documentos de relevância relativos ao Brasil, embora o Brasil apareça, marginalmente, em muitos outros manuscritos.

*387 BOO – **Booth Steamship Co. Ltd***
Docs. em inglês
As origens da Booth Steamship Co. datam de 1863, quando os irmãos Alfred e Charles Booth criaram uma sociedade com o objetivo principal de importar couro da Inglaterra para os Estados Unidos. Em 1865, foram adquiridos os dois primeiros navios e em 1871 os irmãos expandiram seus negócios para incluir um serviço de entrega de Liverpool para o norte do Brasil. A Booth Steamship Co. Ltd foi incorporada em 1881, sendo a empresa Alfred Booth & Co. a acionista majoritário. Por volta do apogeu da borracha na Amazônia (década de 1890 e início do século XX) a Booth Steamship Co. aparece como um importante operador na região, tendo o domínio do comércio entre a Amazônia e a Inglaterra,

LIVERPOOL

sendo proprietária de quatorze navios. Em 1901, a Booth Iquitos Line foi criada como uma operadora fluvial distinta para ligar a região da Amazônia peruana com o Atlântico, mas foi incorporado pela Booth Steamship Co. em 1913. A companhia estava fortemente envolvida com a modernização dos portos da Amazônia, mas não impediu que em 1902 fosse criada a Manaus Harbour Company, sobre a qual a companhia manteve o controle acionário por algum tempo.

As duas guerras mundiais contribuíram para o declínio da importância da Booth Steamship Co., que teve muito de seus navios requisitados para dar reforços à guerra. Alguns dos navios foram perdidos e a companhia de navegação não conseguiu se reerguer.

Os documentos desta coleção são dos anos de 1866 até 1971 e constituem um dos mais completos conjuntos documentais sobre a história do transporte na Grã-Bretanha relativo ao Brasil. (Ver também em Merseyside Maritime Museum. p. 86.) De particular importância são os seguintes registros:

- *387 BOO / 1 and 2 – Minutes of General Meetings* (1901–71; 1 vol.) e *Directors Minute Books* (1901–40; 4 vols.) – contendo atas de assembléias anuais ordinárias, extraordinárias e reunião do conselho de administração.

- *387 BOO / 3 – Streamers' Voyages* (1866–1943; 21 vols.) – Cada volume está organizado alfabeticamente pelo nome do navio. São fornecidos detalhes de cada viagem, como o horário e a data de chegada e partida de e para os portos, velocidade, quantidade e custo do carvão consumido e, algumas vezes, nomes dos oficiais e engenheiros. Seis volumes anteriores (para 1866–1901) fornecem detalhes da carga e dos custos incorridos.

- *387 BOO / 4 – Ships Particulars* (1902–22; 2 vols., 6 dossiês) – Indicam todos os detalhes dos navios, incluindo o nome e a data do construtor do navio, dimensões, especificações técnicas e alguns desenhos de escala.

LIVERPOOL

- *387 BOO / 5 – Correspondence relating to Manuas* (1902; 17 documentos) – Cartas em inglês do Brasil e da Alemanha referentes ao desenvolvimento do transporte e armazenagem em Manaus. Muitas das cartas mostram a frustração dos gerentes da Booth por receberem equipamentos que não serviam, enquanto alguma correspondência fornece informação da rivalidade anglo-germana na Amazônia.

- *387 BOO / 6 – Newspapers, scrapbooks, etc.* (1903–54; 7 vols.) – Grande quantidade de recortes de jornais e periódicos referentes à família Booth, seus negócios e os empregados da companhia.

- *387 BOO / 7 – Photographs* (1910–22; 3 vols.) – Embora muitas das fotografias refiram-se aos interesses da Booth na Amazônia peruana, encontram-se também imagens do Brasil. Existem também fotografias de portos e empreendimentos ligados a Booth no Ceará, Maranhão, Porto Velho, Pará e outros lugares.

387 MD 37 – **Journal of the ship "Crown"**
Docs. em inglês
Este diário foi mantido por Joseph Pinder, capitão do navio *Crown*, durante uma viagem de Liverpool até Demerara (Guiana Britânica) e de volta para Liverpool entre 12 de maio de 1826 e 19 de outubro de 1826. Nele encontra-se uma viva descrição de vinte páginas sobre a vida no Maranhão, incluindo discussões sobre comércio nas províncias em geral (e comércio com a Grã-Bretanha em particular), as condições dos escravos e criminosos, e o estilo de vida da mulher da alta sociedade.

920 DER (15) 16/1/1 – **George Benvenuto Buckley Mathew**
Docs. em inglês
George Benvenuto Buckley Mathew (1807–79) era um diplomata inglês que serviu na América Latina, inclusive como Ministro no Rio de Janeiro entre 1867–79. A coleção cobre toda a carreira diplomática de Mathew e inclui algumas cartas oficiais e privadas recebidas enquanto estava no Rio de Janeiro. (Ver também em Glamorgan Record Office, p. 25.)

LIVERPOOL

920 DER (15) – **Edward Henry Stanley, 15th Earl of Derby**
Docs. em inglês
Edward Henry Stanley (1826–93) serviu como Ministro das Relações Exteriores de 1866 até 1868, e novamente de 1874 até 1878, sendo que em seu primeiro período no posto cobriu a Guerra do Paraguai. Esta substancial coleção inclui algum material sobre o Brasil nas cartas oficiais e semi-privadas, com seis volumes sobre a América do Sul ou outras correspondências gerais sobre o estrangeiro. Entre os documentos gerais encontram-se as cartas da América do Sul [*920 DER (15) 12/1/1*], cartas do ministro britânico no Rio de Janeiro (Buckley Mathew) e cônsules no Brasil [*920 DER (15) 5&6* e *920 DER (15) 16/1/1*] bem como cópias de cartas enviadas a Stanley [*920 DER (15) 13/5* e *920 DER (15) 16/17/3*].

◆

MERSEYSIDE MARITIME MUSEUM
Maritime Archives & Library
Albert Dock
Liverpool L3 4AQ

www.liverpoolmuseums.org.uk/
maritime/archive

Tel.: (0151) 478 4499
E-mail: maritime@nmgmnhl.demon.co.uk

Funcionamento: Terça–Quinta 10:30hs–16:30hs, fechado nos feriados.
Admissão: Exige-se documento de identidade.

Introdução:

O arquivo e a biblioteca do Merseyside Maritime Museum contêm livros impressos, folhetos e documentos pessoais e de empresas referentes ao Porto de Liverpool e suas relações com a Grã-Bretanha e o resto do mundo. O arquivo não possui listas de passageiros, emigrantes e marinheiros, mas existem algumas fotografias (desenhos) do porto de Liverpool.

Coleções:

Estão guardados no arquivo, muitos documentos de companhias de navegação ligadas a Liverpool, todavia o material sobre o Brasil é bastante limitado.

LIVERPOOL

Lamport and Holt Line
Docs. em inglês
A Lamport and Holt Line foi fundada em 1845 e era a companhia pioneira no trajeto entre a Inglaterra e o Brasil. Além dos serviços da Liverpool–Brasil, a companhia (ou suas subsidiárias), desde 1860, uniu as linhas dos portos brasileiros a Londres, Glasgow, Antuérpia e Nova York. Foi particularmente importante a posição pioneira da companhia no desenvolvimento do mercado americano para o café brasileiro e seu papel na abertura da navegação direta na Amazônia. Os arquivos possuem material relativo a ambas as companhias, a Lamport e a Holt Line e suas associadas, entre os anos de 1865 e 1977 e estão em sua maior parte na forma de livros de descrição dos serviços e atas de reuniões de diretoria.

Manaus Harbour Co. Ltd
Docs. em inglês
A coleção da Manaus Harbour Co. Ltd limita-se a contas e relatórios impressos dos anos de 1904–05.

Anglo-South American Airlines Ltd
Doc. em inglês
A documentação arquivística sobre a Anglo-South American Airlines Ltd está limitada a alguns documentos básicos relativos a pessoal (1943–57), minutas de encontros de diretoria (1945–56), à aceitação dos relatórios anuais ou trimestrais (os próprios relatórios em si não foram preservados), e correspondências de rotina (1943–57).

Booth Steamship Co. Ltd
Doc. em inglês
A coleção Booth Steamship Co. Ltd. limita-se a registros anuais impressos de relatórios e de contabilidade dos anos 1901–42. (Ver também em Liverpool Record Office, pp. 83–85.)

Liverpool, Brazil & River Plate Steam Navigation Co.
Doc. em inglês
A documentação relativa a Liverpool, Brazil & River Plate Steam Navigation Co. limita-se aos memorandos e artigos de associação (1865 e 1911–13), rascunhos básicos de reunião de diretores (1908–77), documentos de contabilidade, registros de presenças de diretores, balanço geral e lucros e perdas contabilizados (1910–36). Os documentos mostram muito pouco sobre os detalhes operacionais da companhia.

Pacific Steam Navigation Company
Doc. em inglês
Estabelecida em 1840, a Pacific Steam Navigation Company (PSNC) servia principalmente à costa oeste da América do Sul, Rio de Janeiro e Santos. Entretanto, também existem controles regulares dos portos cobertos pelos navios do PSNC, embora as conexões brasileiras não estejam refletidas nos documentos ainda existentes.

◆

UNIVERSITY OF LIVERPOOL LIBRARY
Special Collections and Archive   sca.lib.liv.ac.uk/collections
PO Box 123
Liverpool L69 3DA

Tel.: (0151)794 2696 • **Fax:** (0151) 794 268
E-mail: archives@liv.ac.uk

Funcionamento: Segunda–Sexta 9:30hs–17:00hs, fechado nos feriados.
Admissão: Somente com agendamento, exige-se documento de identidade

Introdução:

O arquivo da Biblioteca contém material sobre temas muito variados, de significação nacional ou internacional, embora a ênfase seja nas conexões com Liverpool.

Coleções:

As coleções de manuscritos sobre o Brasil existentes na University of Liverpool Library são em número reduzido, porém todas elas de considerável significado.

MS.5.21 (12 e 13) – **English in the Amazon**
Doc. em inglês
Dois rascunhos de um documento manuscrito (c. 1630) dirigido a Charles I relativo ao estabelecimento de uma colônia inglesa no nordeste do Brasil. O documento possui um total de quatorze páginas, muito fragilizadas, e o texto apresenta grande dificuldade de leitura.

John Pascoe Grenfell Papers
Docs. em inglês (alguns em português)

Nascido em Londres em 1800, John Pascoe Grenfell ligou-se à East India Company desde a idade de onze anos, viajando para a Índia diversas vezes, primeiro como aspirante da marinha e depois como sargento da marinha de guerra. Em 1819, ele entrou para o serviço da República do Chile, sob o comando de Lord Cochrane, almirante das forças navais chilenas, e participou da Guerra da Independência contra a Espanha. No final da guerra em 1823, Grenfell voltou para Liverpool, mas no final de um ano ele se apresentou como voluntário para serviços nos novos navios brasileiros, onde foi engajado, novamente sob o comando do Almirante Lord Cochrane, para tomar parte na luta do Brasil contra Portugal.

Grenfell subiu até o posto de comandante depois de ter induzido as forças portuguesas a se renderem no Pará e da adesão desta província ao novo governo. Em 1844, ele foi nomeado contra-almirante, e dois anos mais tarde foi nomeado cônsul geral em Liverpool. Pouco tempo depois, no entanto, Grenfell foi re-convocado para a América do Sul, onde participou no conflito entre o Brasil e as forças argentinas e chegou ao posto de vice-almirante. Retornou à Liverpool para retomar seu posto de vice-almirante, mantendo este posto até a sua morte em 1869.

Os documentos estão mantidos, sem ordenação, em quatro caixas, num total de 586 documentos que vão do ano de 1820 a 1852. A maior parte dos documentos (caderno de registros, correspondência oficial e particular, recortes de jornais) refere-se à carreira de Grenfell na marinha brasileira desde seu recrutamento inicial. Não existem documentos relativos às atividades de Grenfell como cônsul geral brasileiro em Liverpool (Sabe-se que o limitado número de documentos consulares existentes é mantido por um colecionador privado, em São Paulo).

Podemos indicar os seguintes exemplos de especial relevância:

- A defesa pessoal de Grenfell apresentada na corte marcial em 1824, no Rio de Janeiro.

- Livro de anotações de quatro navios comandados por Grenfell, entre 1823 e 1826, incluindo o período de luta pela Independência.

LIVERPOOL

- Um conjunto de 150 cartas de Lord Cochrane, cobrindo principalmente os anos de 1847 a 1868 – um misto de memórias e gracejos e debates sobre os prêmios que foram dados a dois antigos oficiais de marinha.

- Cartas entre Grenfell e outros oficiais da Marinha brasileira.

- Documentos relativos à luta pela restauração do Pará, em 1823.

- Documentos relativos ao ataque nas tropas do Almirante Brown (da Argentina), em 1826.

- Documentos relativos à pacificação do Rio Grande em 1846.

- Cartas de Grenfell para Dom Saturnino Sousa e Oliveira – Presidente da Província do Rio Grande do Sul – e para o Barão de Caxias referente à situação militar no sul do Brasil.

TM/12 and TM/14 – Liverpool School of Tropical Medicine: Research Laboratory, Manaus, Brazil
Docs. em inglês

Em 1905, a Liverpool School of Tropical Medicine enviou uma expedição ao Brasil para estudar a febre amarela na Amazônia. Com base em Manaus, a expedição usou inicialmente um laboratório local para os trabalhos de pesquisa da equipe, mas em 1910 foi instalado um local de pesquisa, em separado, que fornecia uma base científica segura. A Liverpool School of Tropical Medicine manteve o seu Manaus Research Laboratory (MRL) até 1931, período em que o centro principal da escola, fora da Inglaterra, era localizado em Sierra Leone.

A maior parte dos conjuntos documentais que possam ter existido no MRL parece ter sido perdido, mas um conjunto de grande utilidade contendo relatórios, correspondência e fotografias estão nos arquivos da Liverpool School of Tropical Medicine. Incluídos entre esses documentos gerais, estão notas sobre a prevenção da malária e da febre amarela, ilustrações (c. 1910) do mosquito "anopheles" e do mosquito "tigre", e um relatório de seis páginas (1920–21) sobre o trabalho da Liverpool na Amazônia pelo Dr. Wolferston Thomas (1875–1931), membro da expedição, em 1905 que foi diretor do MRL entre 1914 e 1931.

LIVERPOOL

Entre os arquivos encontram-se documentos particulares dos antigos empregados da Liverpool School of Tropical Medicine, que podem ser considerados documentos importantes relativos ao MRL. Existem retratos do Dr. Thomas no Brasil, fotografias do seu hospital da varíola (mais tarde uma casa para pessoas desamparadas) e do seu túmulo em Manaus, e cartas escritas após sua morte, falando sobre seu trabalho. O Dr. Rupert "Tim" Gordon (1893–1961) deixou 26 cartas enviadas do Brasil para membros da família, registrando suas viagens de Liverpool para Manaus, via Belém, sua vida diária em Manaus, observações sobre a comunidade britânica na cidade e comentários sobre o estilo de vida brasileiro. Em outros registros e relatórios sobre o Brasil, ele descreve o método dos ameríndios de pescar através do envenenamento do rio, e seu trabalho como assistente de pesquisa no MRL. Existe um álbum de fotografias de vistas de Manaus e da grande região amazônica, tipos de borracha, de pesca, e dos colegas do Dr. Gordon.

LONDRES

BANK OF ENGLAND
Archive Section (HO–SV)
Threadneedle Street
London EC2R 8AH

www.bankofengland.co.uk

Tel.: (020) 7601 4889/5096 • **Fax:** (020) 7601 4356
E-mail: archive@bankofengland.co.uk

Funcionamento: Segunda–Sexta 10:00hs–16:30hs, fechado nos feriados.
Admissão: Exige-se agendamento.

Introdução:

O Bank of England foi fundado em 1694 como o primeiro banco público da Grã-Bretanha. Desde então, o Bank of England tem sido o centro do sistema bancário britânico, e durante o século XVIII desenvolveu sua principal função de atuar como banco do governo e do sistema bancário. Entre suas responsabilidades estavam a administração da dívida nacional e a emissão de libras esterlinas na Inglaterra e no País de Gales.

Com o passar dos séculos, as funções e responsabilidades do Bank foram gradativamente tornando-se mais complexas. No início do século XX, o crescente interesse em assuntos econômicos e estatísticos, tanto doméstico como internacional, refletiu no trabalho do Bank. No período entre as duas Guerras Mundiais, a especial importância dada pelo Bank às relações com outros bancos centrais foi formalizada com a criação, em 1927, do Central Banking Section, enquanto que, em 1932, o Overseas and Foreign Department foi criado e posteriormente renomeado para Overseas Department e, em 1980, reorganizado como parte da International Division.

Coleções:

O Bank of England possui um extenso arquivo cobrindo todos os aspectos de sua administração, desde a sua fundação até a presente data. Embora boa parte dos documentos que o arquivo possui seja relativo aos trabalhos internos do Bank, as relações exteriores do Bank também estão bem documentadas. No entanto, existem poucos documentos cobrindo os interesses internacionais do Bank antes do século XX. As

LONDRES

coleções relativas ao Brasil cobrem os anos de 1923 a 1980. O arquivo possui também muitos documentos oficiais e semi-oficiais de antigos empregados. Os documentos de Sir Otto Niemeyer [*OV9*], descrito abaixo, inclui documentos relativos ao Brasil. Os pesquisadores têm acesso à maior parte dos registros que tenham mais de 30 anos.

O catálogo do arquivo – um conjunto de listas encadernadas – pode ser consultado na sala de pesquisa. Embora não esteja indexado, as "notas suplementares" fornecem alguma indicação do conteúdo dos arquivos. O útil *Guide to the Archives* (London) pode ser copiado do *website* do Bank e a versão impressa está disponível no Bank.

- **OV – Overseas Department**

    *OV 103 – **Brazil – 1923–80***
    Doc. em Inglês
    Estes 71 conjuntos documentais, descritos detalhadamente abaixo, estão divididos entre aqueles que cobrem correspondência financeira em geral, correspondência econômica, etc., e aqueles com áreas mais específicas. Alguns assuntos (por exemplo, negociações sobre balanços no Brasil) aparecem em um grupo de arquivos em um período, e/ou em outro. Existe também considerável duplicidade entre os grupos, com muitas cópias dos mesmos documentos em diferentes arquivos.

    *OV 103 / 1 to 14 – **Brazil: Country Files – 29 Aug 1927–13 Aug 1964***
    Docs. em inglês
    Os quatorze conjuntos documentais, organizados por data, cobrem uma variedade de matérias financeiras e econômicas. Estes arquivos geralmente contêm documentos relativos a mais de um assunto e são, algumas vezes, substanciais. Entre os documentos encontram-se correspondências entre o governo brasileiro e funcionários do Bank of England e relatórios discutindo visitas ao Brasil. Os assuntos tratados incluem:

    - Débitos brasileiros em aberto, 1928.
    - Anotação sobre as funções do Banco do Brasil, Outubro 1929.
    - Visita de Sir Otto Niemeyer ao Brasil (incluindo cópia de seu relatório), 1931.

LONDRES

- Documento sobre café, 1934.
- A história do sistema de câmbio brasileiro desde 1906 até novembro de 1947.
- Investimentos britânicos no Brasil, 1948.
- Visita de dirigentes do Bank of England procurando introduzir alguma ordem no caótico sistema financeiro brasileiro, 1951–52.

OV 103 / 15 to 30 – **Brazil: Financial (Including Trade) Relations with the United Kingdom – 11 Jan 1940–31 Jan 1955**
Docs. em inglês
Treze dos conjuntos documentais (1940–48) referem-se à dívida externa brasileira e ao Acordo Anglo-Brasileiro de Pagamentos administrado pelo Bank of England e pelo Banco do Brasil.
Três dos conjuntos (1949–55) documentem as relações financeiras em geral (incluindo o comércio) entre Brasil e o Reino Unido.

OV 103 / 31 to 39 – **Brazil: Central Bank (Banco do Brasil) – 10 Feb 1925–27 April 1965**
Docs. em Inglês
Os arquivos documentam a relação do Bank of England com o Banco do Brasil. As funções do Banco do Brasil como banco central são discutidas, e existe correspondência discorrendo sobre os dirigentes superiores do Banco do Brasil.

OV 103 / 40 to 66 – **Brazil: Foreign Debt – 7 Aug 1931–13 Dec 1965**
Docs. em inglês
Os documentos referem-se a discussões técnicas sobre as negociações e à administração da dívida externa brasileira. Três conjuntos [OV103 / 40–42] possuem telegramas de e para Sir Henry Lynch (1878–1958) e referem-se sobretudo à incapacidade do Brasil em pagar a dívida. Lynch era sócio senior da Davidson, Pullen and Co. (Rio de Janeiro), foi uma vez presidente da Câmara de Comércio Brasil-Inglaterra, além de ter sido, formal ou informalmente, também representante dos Rothschild no Brasil. Outros conjuntos tratam da dívida de títulos [OV103 / 45–55]. E alguns conjuntos referem-se também a reclamações específicas de investidores britânicos em

companhias abertas britânicas ou americanas, algumas vezes incluindo histórias detalhadas das reclamações. Entre os conjuntos referentes a empresas, encontram-se os seguintes:

- *OV 103 / 56–7 – Brazil Railway Company*, 31 dezembro 1938–16 maio 1956.

- *OV 103 / 63 – Paraná Plantations*, 19 janeiro 1943–19 maio 1944.

OV 103 /67–7 – Brazil Miscellaneous – 1924–64
Docs. em inglês
O documento mais antigo referente ao Brasil encontra-se neste conjunto documental. Datado de 23 de fevereiro – 21 de março de 1924, o documento [*OV 103 / 67*] refere-se ao Relatório Montagu. E.S. Montagu encabeçou uma missão financeira ao Brasil que fez dois relatórios: um para o presidente brasileiro e outro para os bancos comerciais londrinos Rothschild, Barings e Schroders, ambos os relatórios advogando em favor das empresas britânicas investindo no Brasil. Sir Charles Addis, um diretor do Bank of England, foi um dos membros da missão e forneceu uma pesquisa histórica sobre a moeda, o câmbio e o sistema bancário do Brasil (ver pp. 203–4).

OV9 / 293 to 295 – Sir Otto Niemeyer's Papers: Mission to Brazil, 1931
Docs. em inglês
Sir Otto Niemeyer (1883–1971) entrou para o Bank of England como assessor em 1927 e, em 1938, foi nomeado diretor, posição que manteve até aposentar-se em 1952. Niemeyer trabalhou, particularmente, na área internacional do Bank e foi convidado por vários países para fazer relatórios sobre os problemas financeiros e econômicos.

Niemeyer foi convidado a visitar o Brasil em 1931, para assessorar as reformas financeiras, que ele entendia necessárias para garantir a manutenção do equilíbrio orçamentário, além de vários outros assuntos. O relatório de Niemeyer foi feito em julho de 1931 e ele recomendou que o Brasil reduzisse aos poucos a política de subsídios do preço do café (valorização), mantivesse as finanças públicas sob controle e limitasse a independência dos municípios e estados em contrair dívida. Também inclui minutas das leis para a criação do Banco Central do Brasil, totalmente independente do governo brasileiro, mas com forte influência no exterior, bem como a recomendação de que o Brasil voltasse para o padrão ouro.

Além dos documentos específicos sobre o Brasil encontra dos nestes conjuntos documentais (em particular *OV 103 / 1, 39 and 69* – ver abaixo), existem três arquivos de Niemeyer que cuidam das missões brasileiras e os seus resultados:

- *OV9/293* – Cartas e memorandos (10 de janeiro–30 de maio de 1931) sobre viagens e assuntos pessoais das missões brasileiras.

- *OV9/294* – Correspondência (6 de março – 26 de julho de 1931) de Niemeyer com o ministro da fazenda brasileira sobre orçamento, controle de câmbio, estabelecimento de um banco central de reserva e outros assuntos de interesse da missão. Também neste conjunto encontram-se memorandos e documentação diversa, recortes de jornais discutindo a missão e uma cópia do relatório completo de Niemeyer.

- *OV9/295* – Documentos relativos ao Banco do Brasil, incluindo diversas estatísticas sobre os bancos brasileiros, detalhes da emissão da moeda e da posição de câmbio do Brasil. Existem também correspondência e relatórios (1933), referentes à dívida e o orçamento do governo brasileiro, e estatísticas sobre o preço do café.

OV9 / 92 to 96 – **Sir Otto Niemeyer's Papers: Council of Foreign Bondholders: Brazil – 11 June 1936–31 Dec 1941**
Docs. em inglês
Apenas três conjuntos contêm documentos relativos à participação de Sir Otto Niemeyer no Council of Foreign Bondholders que se referem ao Brasil. A correspondência, os relatórios e outros temas, nestes conjuntos, analisam os meios de pagamento da dívida externa brasileira e a posição e prioridade dos diversos empréstimos brasileiros.

LONDRES

BARING ARCHIVE
ING-Barings
60 London Wall
London EC2M 5TQ
Tel.: (020) 7767 1944 • **Fax:** (020) 7767 7131
E-mail: archive@ing-baring.co.uk

Funcionamento: Segunda–Sexta 10:00hs–16:00hs, fechado nos feriados.
Admissão: Exige-se agendamento e é necessário carta de recomendação.

Introdução:

Barings, um dos mais renomados bancos comerciais da Grã-Bretanha, foi fundado pela família Baring, em Exeter, no ano de 1762. Desde o início do século XIX até o seu dramático colapso em 1995, o Banco teve um papel principal no financiamento do comércio internacional, da infra-estrutura e da negociação de dívidas do governo. Durante o século XIX e início do século XX, Barings especializou-se geograficamente no financiamento dos Estados Unidos, Canadá, Rússia e Argentina e era conhecido especialmente pelo seu papel no desenvolvimento das ferrovias. Embora o Brasil tivesse sempre um lugar limitado em termos das operações gerais do Barings (e, de modo semelhante, o Barings raramente foi parceiro financeiro de significado para o Brasil), o Banco teve alguns negócios com o país.

Coleções:

Embora os documentos relativos ao Brasil sejam uma parte menos significativa deste conjunto documental – o que reflete o papel marginal do Barings no Brasil – os documentos também apresentam certa importância, especialmente aqueles do início dos séculos XIX e XX. A coleção pode ser acessada através do catálogo eletrônico (não está *online*), que fornece lista detalhada dos conteúdos de cada um dos volumes de conjuntos de documentos.

HC4 – House Correspondence: Brazil
Docs. em inglês
Existe um conjunto de correspondência relativa ao Brasil formada por dez diferentes séries de cartas de clientes do Barings no Rio de Janeiro e na Bahia. A correspondência, basicamente é relacionada às exportações brasileiras – ou potenciais exportações – e é mais constante em 1830, mas existem algumas cartas de outras décadas do

LONDRES

início e da metade do século XIX. Algumas cartas são particularmente informativas, conforme os exemplos abaixo indicados:

- *HC4.2.3 e HC4.2.4* – Cartas (1837 e 1838) de John James Sturza, da Bahia, referente à oferta para criar uma navegação a vapor e criar operações de mineração de ouro e diamante na província.

- *HC4.2.6* – Uma série de cartas (1838) de Henry Bellamy Webb relatando sobre o comércio do café e casas comerciais no Rio de Janeiro e sobre as condições de câmbio.

Partners Files Main Series: Brazil
Docs. em inglês

Embora as relações do Barings com o Brasil fossem limitadas, existiram negócios importantes no século XX, alguns dos quais geraram conjuntos documentais com considerável número de correspondência, memorandos, relatórios, etc. Os mais relevantes encontram-se relacionados abaixo:

- República do Brasil (7.5%) – Empréstimo para o café – 12 vols. (1922–35)

- Estado de São Paulo (8%) – Empréstimo 1921 – 3 vols. (1921–46)

- Estado de São Paulo (6%) Empréstimo 1928 – 2 vols. (1928–31)

- Estado de São Paulo – Linha de crédito de café – 2 vols. (1929–31)

- Estado de São Paulo – Realização de empréstimo de café 1930 – 11 vols. (1930–38)

Estes conjuntos documentais contêm uma riqueza de informações, muito detalhadas, na forma de correspondência e telegramas entre

LONDRES

Londres e os representantes do Barings no Brasil e os governos e instituições do Brasil e do Estado de São Paulo, em particular relativo à estabilização dos preços do café e da valorização dos empréstimos de café. Junto a este material, encontram-se relatórios e outros documentos, incluindo minutas de contratos, contratos e recortes de jornais, referentes às emissões da dívida e a sua posterior reestruturação. Cada volume está indexado por assunto e pelo nome do correspondente.

Brazil Iron Ore Project (1909-55)
Docs. em inglês

Esta é uma grande fonte (dezesseis volumes) sobre finanças e o desenvolvimento no Brasil da extração de minério de ferro e dos meios de transportá-lo. Embora descrevam fontes de minério de ferro em todo o Brasil, grande parte dos documentos desta coleção refere-se à Iron Ore Company em Minas Gerais, e o desenvolvimento das ferrovias (incluindo a Brazil Victoria Minas Railway) através do Espírito Santo, e portos na capital do Estado, Vitória. Trezes volumes cobrem os primeiros anos (1909-18) do projeto e incluem relatórios geológicos e de engenharia, viabilidade financeira, correspondências e mapas, plantas e recortes de jornais. A coleção é única como fonte de documentação de cada estágio do desenvolvimento (e eventual liquidação) de uma operação comercial britânica, de porte, no Brasil.

Nota: Arquivos substanciais referentes à empresa Itabira Iron Ore Co. (1919-63) encontram-se entre os documentos de Percival Farquhar at Yale University Library [www.library.yale.edu/latinamerica/mss.html].

LONDRES

THE BRITISH LIBRARY
MANUSCRIPTS COLLECTIONS
96 Euston Road
London NW1 2DB

www.bl.uk

Tel.: (020) 7412 7513 • **Fax:** (020) 7412 7745
E-mail: mss@bl.uk

Funcionamento: Sala de Leitura de Manuscritos – Segunda 10:00hs–17:00hs; Terça–Sábado 9:30hs–17:00hs. Salas de Leitura Geral de Humanidades – Segunda 10:00hs–20:00hs; Terça–Quinta 9:30hs–20:00hs; Sexta–Sábado 9:30hs–17:00hs. Fechado nos feriados.

Admissão: É necessário uma entrevista para verificar se o material a ser consultado encontra-se disponível ou se necessita de uma pesquisa biblioteconômica maior. Em geral, concedem-se autorizações (passes) válidos por 5 anos para acadêmicos e estudantes de pós-graduação. Os leitores provenientes de lugares distantes devem obter confirmação prévia, por escrito, para saberem se o manuscrito que desejam consultar está disponível.

Introdução:

O British Museum foi fundado em 1753, com uma biblioteca (a British Museum Library) que incluía, em seu legado, coleções de manuscritos. As coleções de manuscritos da fundação são aquelas de Sir Hans Sloane, Robert e Edward Harley e Sir Robert Cotton, e ainda possuem estes nomes, enquanto outra coleção antiga é a de Francis Egerton. Desde a fundação do museu, as coleções de manuscritos foram acrescidas através de doações, legados e aquisições. A maioria dos itens adquiridos desta forma faz parte da Coleção Adicional (*Add.*), que representa, hoje, a maior das coleções. Em 1973, a British Library foi fundada, e os manuscritos da British Museum Library tornaram-se a base das coleções do Departamento de Manuscritos.

Nota: Embora a India Office Library esteja agora localizada na British Library, estas coleções são históricas e completamente separadas uma da outra, possuindo cada uma o seu sistema de catalogação e suas salas de leitura. Por esta razão, a India Office Library (Oriental and India Office Collections) é descrita como um item em separado (ver pp. 124–28).

LONDRES

Coleções:

Os manuscritos mantidos pela British Library referem-se a todas as disciplinas e variam com relação à sua origem desde o século IV até a presente data. O Departamento de Manuscritos mantém um número considerável de itens relativos ao Brasil. As coleções iniciais (*Cotton, Egerton, Harley e Sloane*) incluem diários pessoais de viagens, cartas, cópias de documentos raros dos arquivos espanhóis e portugueses, e cópias oficiais de relatórios governamentais relativos ao Brasil. Muitos desses itens (e algumas coleções maiores) encontram-se entre as diversas séries dos manuscritos adicionais (*Add.*), que também incluem a documentação privada de políticos e diplomáticos britânicos.

Embora o conjunto de manuscritos relativos ao Brasil da British Library seja limitado quando comparado com as coleções relativas à América Hispânica, muitos documentos importantes encontram-se fazendo parte das denominadas "coleções de documentos" ou das "miscelâneas". Existem uns poucos manuscritos científicos e literários, mas as coleções estão fortemente voltadas para a área política e histórica. Mesmo sob esses aspectos, as coleções apresentam-se de forma desigual. O material relativo ao século XX é mínimo, e mesmo que os manuscritos relativos aos séculos XVI e XVII sejam significativos, a maior quantidade de documentos relativa ao Brasil data dos séculos XVIII e XIX. Embora os documentos manuscritos de departamentos do governo ou de instituições públicas não sejam encontrados na Biblioteca, é possível localizar muitas correspondências que relatam negociações políticas. Muitos dos documentos de interesse para o Brasil encontram-se nesta categoria e incluem a correspondência de diplomatas britânicos que serviram no Brasil e dos ministros do governo. O tráfico de escravos é um tema recorrente em muitas dessas séries de manuscritos – normalmente na perspectiva dos abolicionistas, mas também, ocasionalmente, do ponto de vista dos negociantes de escravos.

LONDRES

INSTRUMENTOS DE PESQUISA AUXILIARES:

Existem muitos índices de manuscritos bem como catálogos descritivos e índices de coleções individuais organizados pelo nome das coleções na Sala de Manuscritos do edifício St. Pancras da British Library.

Eles estão agora disponibilizados pelo *Manuscripts Online Catalogue (molcat)* [http://molcat.bl.uk/], para a pesquisa automática de muitas coleções. Com poucas exceções (mais notadamente as coleções *Cotton* e *Harley*), todos os catálogos descritivos estão inseridos no *molcat*. O *molcat* é utilizado nas pesquisas através de palavras-chaves. Considerar as alternativas em inglês e em português, assim como outros assuntos ou nomes alternativos – p. ex.: "Amazon", "Amazônia", "Grão Pará" ou, de outra forma de pesquisa como, por exemplo, um manuscrito específico que pode ser acessado através do número dentro da coleção selecionada.

Outro valioso instrumento de pesquisa para os manuscritos relativos ao Brasil é o livro de Manuel de Oliveira Lima intitulado *Relação dos manuscriptos portuguezes e estrangeiros de interesse para o Brazil existentes no Museu Britannico de Londres* (Rio de Janeiro, 1903).

A publicação é uma listagem completa e comentada dos documentos existentes na British Library do século XVII até o início do século XIX, dentre eles encontram-se os manuscritos ingleses, portugueses, espanhóis, franceses e brasileiros relativos ao Brasil. Inclui pouquíssimo material do final do século XIX e nenhum documento do século XX.

O guia de Peter Walne intitulado *A Guide to Manuscript Sources for the History of Latin America and the Caribbean in British Isles* (Londres, 1973) é também um importante instrumento de pesquisa. Existem 66 páginas de listas de manuscritos relativos à British Library, grande parte das quais refere-se ao Brasil, com mais itens do século XIX, que foram depositados e catalogados desde que o catálogo de Oliveira Lima foi publicado, em 1903.

Observe-se que o catálogo de Oliveira Lima indica que os manuscritos estão no British Museum, no entanto, eles se encontram agora na British Library em St. Pancras, para onde foram transferidos após a data em que Oliveira Lima preparou o seu catálogo.

LONDRES

- **Cotton Manuscripts**

    A contribuição feita pelo político e antiquário Sir Robert Cotton (1571–1631) ao British Museum é particularmente conhecida pelo seus mapas e manuscritos medievais anglo-saxãos. Também encontram-se na coleção de Cotton, manuscritos do século XVI e do início do século XVII, relatando o comércio e as viagens de Sir Walter Raleigh para as Indias Ocidentais e a Guiana. Mas, além de alguns mapas dos séculos XVI e XVIII, um dos poucos relatos referentes ao Brasil parece ser uma carta, em português, datada de Lisboa de 6 de dezembro de 1594, comentando o comércio com o Brasil [*Cotton Galba D. X. f. 118b*].

- **Egerton Manuscripts**

    Esta coleção tem o nome de Francis Egerton (1756–1829), que doou para o British Museum 67 manuscritos e £12.000 para possibilitar a aquisição de outros documentos. Além das séries do *Spanish State Papers* (ver abaixo), alguns dos *Egerton Manuscripts* relacionam-se ao Brasil. Existem, entretanto, alguns diários do século XVIII importantíssimos, produzidos por marinheiros ingleses que fizeram a circunavegação do globo (incluindo as viagens do Capitão Cook) e que incluem algumas abordagens a portos brasileiros. Podemos indicar alguns exemplos isolados de manuscritos (ambos em inglês) especialmente dedicados aos negócios com o Brasil:

    - *Eg.742* – Resposta da Rainha Elizabeth I ao Embaixador de Portugal com relação ao comércio de navios ingleses nas costas do Brasil, África e Índia, 1562.

    - *Eg.2395, f.46* – Privilégios concedidos aos judeus holandeses no Brasil, c. século XVII.

Eg. 1131 to 1136 – **Spanish State Papers – Papeles Varios de Portugal**
Docs. em espanhol
Uma grande coleção de seis volumes formada por centenas de *Consultas* (relatórios para o rei do Conselho), cartas e outros documentos do Estado de 1620–26 quando Portugal estava sob o domínio da Espanha. Os documentos (originais ou cópias oficiais)

LONDRES

incluem relatórios relativos ao Brasil e a outras colônias portuguesas. Os assuntos são variados, incluindo as condições de defesa das costas brasileiras, a presença holandesa na Bahia e petições apresentadas por pessoas sobre as perdas sofridas. Um Índice separado para as *Consultas*, e uma lista dos documentos encontram-se disponíveis na Sala de Leitura de Manuscritos.

- **Harley Manuscripts**

As bibliotecas pessoais do 1º. e 2º. Marquês de Oxford, Robert Harley (1661–1724) e Edward Harley (1689–1741) estavam entre as coleções de manuscritos do British Museum. Os manuscritos do século XVII falam da presença de ingleses e espanhóis nas Américas, incluindo alguns de Sir Walter Raleigh sobre a Guiana. O único documento especialmente relativo ao Brasil parece ser um escrito, em inglês, do início do século XVII [*Harl. 1583, f. 196*] relatando o estabelecimento do Duque Lennox e Richmond, Marquês de Arundel, e outros membros da nobreza, de uma colônia inglesa da região do Rio Amazonas.

- **Sloane Manuscripts**

Na biblioteca pessoal de Sir Hans Sloane (1660–1753), médico, cientista, colecionador e um dos fundadores do British Museum, encontram-se documentos sobre as viagens, do século XVII, de Sir Walter Raleigh à Guiana, porém, aparece muito pouco sobre o Brasil alem dos seguintes documentos, todos em inglês:

- *Sloane 2496 – The voyages, commanders, and successes of the Queen's ships in the time of the war with Spain, 1585–1603. The discoveries of diverse countries, and the enterprizes of the Spaniards and Portuguese, in their conquest of the Indians.*

- *Sloane 159, f. 20* – Cartas patentes do Rei Henrique IV, da França, e relatos dos ordenanças e das comissões da colonização da Guiana, Brasil e Peru, 1602–1610.

- *Sloane 608 ff.151–91 b – History of J. de Léry's voyage to Brazil in 1577*, traduzida pelo Dr. D. Foote, 1674.

LONDRES

● **Additional Manuscripts**

A *Additional Series (Add.)* é sem dúvida a maior coleção existente na Biblioteca e compreende todos os manuscritos adquiridos por doação, compra ou troca desde 1756, além dos *Egerton Manuscripts* e algumas poucas coleções separadas. O material relativo ao Brasil aparece sob a forma de conjuntos de documentos avulsos ou muito pequenos, encontrados espalhados entre documentos e séries privadas e itens adquiridos isoladamente. Existem, entretanto, algumas séries de manuscritos nos quais o Brasil aparece como tendo importância central. As séries ou itens descritos aqui são, ou os mais importantes documentos relativos ao Brasil das *Additional Collections*, ou representativos de uma grande variedade de material dentro desta imensa e diversa coleção. Uma pesquisa mais aprofundada pode ser feita utilizando-se os instrumentos de pesquisa indicados (ver p. 102), nos quais aparece o inventário completo do material relativo ao Brasil.

Add. 43039 to 43358 – **Aberdeen Papers**
Docs. em inglês (alguns em francês e também em português)
A carreira política do empresário e estadista, nascido em Edimburgo, George Hamilton Gordon, quarto marquês de Aberdeen (1784–1860), inclui um período de serviços prestados fora da Europa. A eleição para um lugar na House of Lords permitiu a Aberdeen assumir posições no governo, servindo duas vezes como Ministro das Relações Exteriores (1828–30 com o Duque de Wellington e 1841–46 com Sir Robert Peel) e mais tarde como Primeiro-Ministro (1852–55). Como Ministro das Relações Exteriores, Aberdeen é lembrado pelo Ato sobre o Tráfico de Escravos (Brasil) de agosto de 1845 – também chamado como "Aberdeen Act" – que autorizava os navios ingleses a tratar os navios negreiros brasileiros como navios piratas e capturá-los para serem condenados pela Corte Britânica do Vice-Almirantado, na ilha de Sta. Helena e em outros lugares. Durante o período em que Aberdeen foi Primeiro-Ministro, o Brasil ficou relegado a um plano de menor importância, pois dominavam os interesses dos negócios exteriores que eram as relações com a Rússia e a eventual renúncia de Aberdeen devido à crítica direta do seu governo relativa à Guerra da Criméia.

Existem 320 volumes dos *Aberdeen Papers*. Os manuscritos de interesse para o Brasil estão contidos em 108 volumes de correspondência oficial e semi-oficial e outros documentos mais genéricos durante o período em que Aberdeen permaneceu como Ministro das Relações Exteriores [*Add*. 4380–43122 dos anos

LONDRES

1828–30 e *Add. 43123–43187* dos anos 1841–46]. Também encontram-se espalhadas referências sobre o Brasil nos volumes da correspondência geral, diários e livros de cópias de cartas.

Os volumes que cobrem o primeiro período de Aberdeen como Ministro das Relações Exteriores incluem correspondências entre dois enviados especiais britânicos para o Brasil, John Ponsonby (setembro 1828–agosto 1830) e o Visconde Strangford (agosto 1828–maio 1829), e um enviado especial brasileiro para Londres, Manoel Rodrigues Gameiro Pessoa (junho–outubro 1828), entre outros [*Add. 43081*]. Existem livros de correspondências contendo cópias ou resumos da correspondência oficial de Aberdeen de e para o Brasil, 1828–30 [*Add. 43094–43095*] e a correspondência do irmão de Aberdeen, Sir Robert Gordon, que serviu como ministro no Brasil (ver as informações em separado, p. 111).

De particular importância em relação ao segundo período de Aberdeen como Ministro das Relações Exteriores são as correspondências e outros papéis relativos à supressão do tráfico negreiro no Atlântico, sendo que alguns desses volumes são de especial interesse para o Brasil.

- *Add. 43124* – Documentos relativos ao Brasil, 1841–48.
  Estão incluídos na correspondência de (1) Charles James Hamilton, algumas vezes Ministro no Brasil, 1842–46, *ff 1–134b*; (2) Henry Ellis, relatando sua missão especial sem sucesso no Brasil, 1842–43, para a negociação de um tratado comercial, *ff. 135–210b*; (3) John Hobart Caradoc, também algumas vezes Ministro no Brasil, 1841–48, *ff 211–316b*; (4) Marquês José Lisboa, Ministro brasileiro em Londres, 1846, *ff 317–353b*.

- *Add. 43125* – Documentos relativos ao tráfico dos escravos com o Brasil, compilados oficialmente para uso das negociações da Convenção Anglo-Brasileira de 1826, que tiveram como conseqüência a supressão do tráfico, em 1845. Incluídos entre os documentos encontramos: 1) cópias e resumos do advogado do Rei ou da Rainha contestando as questões relativas à captura de navios negreiros brasileiros, 1827–44, *ff 3–89b*; 2) extratos de documentos do parlamento contendo decisões do governo britânico sobre as contestações das questões relativas à captura de navios negreiros brasileiros, 1825–39, *ff 90–132b*; 3) documentos relativos ao Ato de 1845 sobre o tráfico brasileiro de escravos; 4) documentos mostrando a cooperação das autoridades portuguesas e espanholas com relação à supressão do tráfico de escravos, 1845–46, *ff 259–318b*; 5) relatórios indicando numerosos navios de guerra britânicos empregados na supressão do tráfico de escravos, 1837–44, *ff 344–345b*.

- *Add. 43158–43159* – Livros de cartas contendo cópias ou resumos de correspondência oficial de e para o Brasil, janeiro 1842–dezembro 1845.

- *Add. 43160* – Livros de cartas contendo cópias ou resumos de correspondência oficial de e para o Brasil relativa à missão especial, sem sucesso, de Henry Ellis de negociação do tratado comercial, agosto 1842–abril 1843.

- *Add. 43245* – Documentos relativos ao tráfico brasileiro de escravos, 1845–46.

Add. 37042 to 37044 – **British Guiana Papers**
Docs. em português (alguns em inglês)
Uma coleção de transcrições de documentos oficiais e de outros documentos relativos à ocupação portuguesa no Maranhão, Grão Pará e partes adjacentes do nordeste brasileiro, 1624–1822. A maior parte dessas centenas de documentos (1.191 folhas em três volumes) foram copiados dos arquivos Portugueses, e foram transcritos por ordem do governo britânico para uso nas questões dos limites, em 1903, com a Guiana Britânica.

Embora o objetivo principal fosse analisar a justificativa histórica das reclamações territoriais do Brasil, o assunto destes textos são variados, e o título ou tema, autor, destinatário e data de cada documento estão catalogados (acessível na base de dados *Molcat*). A escravização dos índios, a ocupação por espanhóis e holandeses da região, as atividades dos missionários jesuítas e os preparativos dos militares portugueses são os temas principais, sendo exemplos os seguintes documentos:

LONDRES

- *Add. 37042, f. 5* – Fragmento de uma carta real sobre as reservas das Capitanias do Grão Pará e do Maranhão para o Reino, e suas fronteiras, 1633.

- *Add. 37042, ff. 17, 21, 35* – Requerimento de Peter Sotman (ou Suetman ou Setman), um judeu, para o Rei, para estabelecer-se na Ilha de Joannes, 1643. Licença Real para Sotman seguir para a cabeceira do Rio Amazonas com 400 companheiros, 1643. Requerimento de João Delgado Figueira solicitando a rescisão do empréstimo, 1644.

- *Add. 37042, f 39b* – Relatórios sobre minas de ouro no Amazonas e em Tocantins, 1645.

- *Add. 37042, f. 62* – Apelação do Padre Antônio Vieira para o Senado da Câmara do Pará contra a quebra de promessa feita aos índios e das leis que os protegiam, 1661.

- *Add. 37043, f. 3* – Carta do Rei para o Governador do Maranhão, perguntando o nome de um missionário que recusara fornecer índios para a expedição do Sargento-Mor Belchior Mendes de Moraes, em área dos Índios Mayapepemã do Rio Negro, 1730.

- *Add. 37044, f. 28* – Lista das "vilas" e "lugares" na Capitania do Rio Negro, 1773.

- *Add. 37044, f. 54* – Relatório de Filippe Sturm para o Governador do Grão Pará, sobre sua expedição contra os espanhóis e a construção de um novo forte na cabeceira do Rio Tacutú, 1776.

- *Add. 37044, ff. 152, 170, 177, 391* – Sobre uma revolta dos Índios no Rio Branco, sua transferência para outros distritos e sobre suas terras estarem sendo oferecidas a outra tribo, 1782–90.

Embora não faça parte desta coleção, existem outros documentos relevantes mantidos pela Biblioteca e referentes aos conflitos da fronteira do Brasil com a Guiana Britânica, entre os quais incluem-se os seguintes:

LONDRES

- *Add. 34205* – Diário de Sir Robert H. Schomburgk sobre a expedição para explorar as fronteiras da Guiana Britânica, 1843 (ver também University of Birmingham Library, p. 11 e Royal Geographic Society, p. 201.)

- *Add. 16936–16939* – Desenhos (a maior parte colorida) e esboços de E. A. Goodall, ilustrando cenas do interior e a maneira de viver dos habitantes da Guiana Britânica, feitos quando ele era desenhista, na expedição de Sir Robert H. Schomburgk.

Add. 69868 to 69883 – **Coke Papers**
Docs. em inglês
Esta série de documentos, antigamente mantida pelo Melbourne Hall em Derbyshire, inclui a correspondência recebida por Sir John Coke (1563–1644), Secretário de Estado do Rei Charles I no tempo em que a Inglaterra possuía interesses no Rio Amazonas e na ocupação holandesa no nordeste do Brasil. Estes manuscritos estão listados, com um resumo de cada item, no *Manuscripts of Earl Cowper preserved at Melbourne Hall, Derbyshire*, vol. II (Londres, 1888). Os documentos relativos ao Brasil parecem estar limitados aos seguintes:

- Carta do diplomata inglês Francis, Lord Cottingham (1578–1652) para Sir John Coke referente a tentativa de estabelecer uma colônia no Rio Amazonas e referindo-se a oito dos seus melhores homens que foram mortos por "selvagens", 22 de junho de 1633 [*Cowper*, II, p. 21].

- Carta do Visconde Conway e Kilulta para Sir John Coke referente às notícias da captura holandesa no Brasil, 17 de agosto de 1637 [*Cowper*, II, p. 165].

- Relatório sobre as atividades no Brasil da Companhia Holandesa das Índias Ocidentais e do governador de Pernambuco, Conde João Maurício de Nassau, e do bloqueio da Bahia, 1638 [*Cowper*, II, p. 207].

LONDRES

Add. 5885 to 59478, 69038 to 69411 – **Dropmore Papers**
Docs. em inglês
Esta coleção consiste em quase 640 volumes de correspondência e outros documentos. Entre os documentos encontram-se aqueles de William Wyndham Grenville, Barão de Grenville (1759–1834), cuja carreira política inclui os postos de Ministro das Relações Exteriores (1791–1801) e Primeiro-Ministro (1806–07). A catalogação limitada torna difícil a identificação dos documentos relativos ao Brasil, mas certamente devem existir alguns materiais relevantes. Além dos poucos documentos identificados através do *Molcat*, o índice mais usado para a pesquisa no *Dropmore Papers* são os dez volumes, publicados pela Historical Manuscripts Commission, *The Manuscripts of J.B. Fortescue, Esquire, preserved at Dropmore (1892–1927)*. Além destes, existem numerosos documentos incluindo relatórios para a América Hispânica e as Índias Ocidentais, mas de muito pouco interesse para o Brasil. Entretanto, existem diversas cartas de alguma importância (com as datas de 14, 24 e 28 de novembro de 1807 e 3 de janeiro de 1808) para Lord Grenville mencionando a ida da Corte Portuguesa de Lisboa para o Brasil (ver vol. IX, pp. 143, 151, 152, 165).

Também de grande valor são os verbetes de 47 páginas, datadas de 25 de junho de 1806, de um projeto apresentado por Lord Grenville para a viagem do Príncipe Regente de Portugal, ou seu filho, para o Brasil e para mandar uma força militar para apoiar a emancipação da América do Sul espanhola e portuguesa, com a intenção de possibilitar a abertura da região para um comércio britânico mais direto [*Add. 59285, Vol. 431*]. O projeto propunha que a Inglaterra poderia estabelecer postos navais e comerciais na Bahia e, se possível, no Rio de Janeiro e na Ilha de Santa Catarina. Não existe nenhuma indicação de origem ou de autoria do projeto.

Add. 44086 to 44835 – **Gladstone Papers**
Docs. em inglês.
Trata-se de documentos de William Ewart Gladstone (1809–98), cuja carreira política culminou com o posto de Primeiro-Ministro, mas que ocupou muitas outras posições no governo, inclusive presidente e vice-presidente da Câmara do Comércio (1841–45). Existem apenas uns poucos itens relativos ao Brasil [especialmente *Add. 44733*, com documentos isolados em *44729, 44730, 44777*] nesta grande coleção, e que dizem respeito exclusivamente às relações comerciais entre o Brasil e a Inglaterra – mais

LONDRES

precisamente memorandos de discussões relativas às negociações de um novo tratado comercial, em particular, os termos e os níveis de tarifas alfandegárias para o açúcar e outros produtos ao longo dos anos 1841–44.

Add. 43214 to 43215 – **Sir Robert Gordon**
Docs. em inglês
O diplomata Sir Robert Gordon (1791–1847) – irmão de Lord Aberdeen – serviu como Ministro do Brasil entre os anos de 1826 e 1828. Junto aos *Aberdeen Papers* (ver pp. 105–7) existem dois volumes de correspondência entre Gordon e Lord Ponsonby, o Ministro das Relações Exteriores e oficiais navais do Atlântico Sul:

- *Add. 43214* – Correspondência (1826–28) de Sir Robert Gordon no Rio de Janeiro: 1) com George Canning e John William Ward, Visconde de Dudley, sucessivamente Ministros das Relações Exteriores, ff. 1–151; 2) com o contra-almirante Sir Robert Wailer Otway, comandante e chefe do Posto da América do Sul; e 3) com muitos oficiais subordinados, ff. 152–316. Os assuntos são variados, porém, incluem uma troca de notas hostis em 1828 entre Gordon e Otway sobre a responsabilidade da repatriação de imigrantes ou mercenários irlandeses, para Cork.

- *Add. 43215* – Correspondência (1826–28) entre Sir Robert Gordon do Rio de Janeiro e John Ponsonby, o Ministro inglês em Buenos Aires, discutindo o conflito militar entre o Brasil e as Províncias Unidas do Rio da Prata.

Add. 41511 to 41563 – **Heytesbury Papers**
Docs. em inglês (alguns em francês)
Esta série de documentos inclui a correspondência de Sir William A'Court, primeiro Barão de Heytesbury (1779–1860), enquanto Embaixador da Inglaterra em Portugal, com os Ministros das Relações Exteriores John William Ward (mais tarde Conde Dudley) e George Canning entre 1824 and 1828 [*Add. 41547–41555*]. Incluem-se nestes volumes uma considerável correspondência relativa ao Brasil, em particular, tentativas de fazer Portugal se reconciliar com o novo país independente.

LONDRES

*Add. 52115 – **Holland House Papers: Pedro II, Emperor of Brazil***
Docs. em francês
Este arquivo compreende 14 cartas do Imperador do Brasil para a Sra. Margaret Holland, da alta sociedade inglesa, mulher do político do Partido Conservador Sir Henry Holland, e uma cópia de uma carta para D. Pedro II, todas com datas entre 1874 e 1887. As cartas de D. Pedro II foram enviadas de Petrópolis, Rio de Janeiro, Londres e Itália e são de conteúdo muito doméstico, descrevendo prazeres formais. Além de algumas discussões sobre a questão dos irlandeses, existem pouquíssimos comentários político ou social nessas cartas.

*Add. 13974 to 13986 – **Kingsborough Papers***
Docs. em espanhol e em português
Estes documentos formam uma coleção tanto de originais como de cópias de documentos dos séculos XVII e XVIII adquiridos por Edward King, Lord Kingsborough (1795–1837), dos arquivos espanhóis. Kingsborough, que era fascinado por antigüidades mexicanas e pela história da Nova Espanha, acreditava que estariam preservados, nestas cópias, muitos documentos frágeis relativos à América espanhola e portuguesa. Os documentos desta coleção que, direta ou indiretamente, relacionam-se ao Brasil, dizem respeito principalmente às atividades dos jesuítas nas demarcações territoriais entre a Espanha e Portugal, e incluem muitas descrições gerais das regiões do país.

*Add. 39105 to 39107, 39110 to 39113, 39115 – **Layard Papers***
Docs. em inglês
Estes são documentos semi-oficiais de Sir Austen Henry Layard, MP, que serviu como Subsecretário de Estado para Assuntos Estrangeiros, nos anos 1852 e 1861–66. Eles incluem correspondências diversas da América Latina, especialmente de diplomáticos britânicos da região. De interesse do Brasil, temos a correspondência de William Dougal Christie, o Ministro Britânico do Brasil no início dos anos 1860, que pressionou o Brasil para tomar medidas contra o fim da escravidão. Em 1863, ele ordenou a fiscalização, por navios britânicos, dos navios brasileiros fora do porto do Rio de Janeiro – o assim chamado "Christie Affair" – para sugerir aos britânicos, benevolência, ao aplicar a força com relação à escravatura. Esta conduta levou o Brasil a suspender as relações diplomáticas com a Inglaterra. Muitas das cópias das cartas de Christie, se referem aos acontecimentos sobre este período particularmente crítico das

LONDRES

relações do Brasil com a Inglaterra, incluindo aquelas dirigidas a Layard, Lord Russell enquanto Ministro das Relações Exteriores (ver a referência no National Archives, pp. 158–59), e ao representante diplomático dos Estados Unidos no Brasil.

*Add. 20107 to 20233 – **Lowe Papers***
Docs. em inglês
Esta série inclui correspondência (principalmente cartas) e documentos diversos de Sir Hudson Lowe (1769–1844), um oficial da Marinha Britânica e administrador colonial. A correspondência relativa ao Brasil representa apenas uma pequena parte desta coleção (27 volumes que cobrem o período 1794–1822) e consiste em cartas recebidas por Lowe enquanto governador da Ilha de Sta. Helena, no meio do Atlântico, onde o antigo Imperador francês Napoleão Bonaparte ficou preso pelos ingleses.

As cartas do período 1816–18, de Henry Chamberlain, cônsul-geral britânico no Rio de Janeiro, relata sobre a defesa, o comércio (em particular a possibilidade de introduzir no Brasil plantas e gado de Sta. Helena), o desenvolvimento político e os entendimentos entre Portugal e Brasil sobre as tentativas de ações que bonapartistas exilados no Rio de Janeiro, Pernambuco ou Bahia, fizeram para aumentar o esforço para libertar seu antigo líder. [Ver *Add. 20115, ff. 298, 378, 381*; *Add. 20121, f. 44*; *Add. 20123, f. 293*; *Add. 20124, f. 156*; *Add. 20139, ff. 105, 108b*; *Add. 20147–20150 (todo)*; *Add. 20200, f. 123*; *Add. 20233, ff. 11, 77, 81, 101.*]

*Add. 64076 – **Macdonell Papers***
Docs. em inglês
Encontram-se nesta série a correspondência e os documentos de Sir Hugh Guion Macdonell, um diplomata britânico que serviu na América do Sul e Europa no final do século XIX e início do século XX. Entretanto, como o período em que serviu como Embaixador no Rio de Janeiro (1885–88) coincide com o final da abolição da escravidão, são muito poucos os papéis relativos ao Brasil nesta coleção e seu conteúdo é de caráter pessoal.

*Add. 40181 to 401617 – **Peel Papers***
Docs. em inglês
A extensa coleção de documentos de Sir Robert Peel (1788–1850), que se tornou Primeiro-Ministro em 1841, inclui uma limitada correspondência relativa às negociações com Portugal e Brasil sobre a supressão do tráfico dos escravos, 1810–45, e mais

LONDRES

especialmente, para o Ato de Agosto de 1845 sobre o Tráfico Negreiro [dispersos nos documentos sob as referências *Add. 40499, 40568, 40570–40572, 40576 e 40612*].

Add. 49987 and 49988 – **Wellesley Papers**
Docs. em inglês
A carreira política de Richard Colley Wellesley, primeiro Marquês de Wellesley (1760–1842), foi principalmente ligada aos assuntos coloniais e da Índia, mas também assumiu o posto de Ministro das Relações Exteriores (dezembro 1809–janeiro 1812). Os documentos de Wellesley relativos ao Brasil consistem em fragmentos de correspondência sobre o tráfico de escravos, assuntos gerais de comércio (incluindo as discussões relativas às negociações do tratado comercial), navegação e abertura dos consulados britânicos no Brasil. [Ver *Add. 49987 Wellesley Letter Books, vol. IX, to Brazil, 1810* e *Add. 49988 Wellesley Letter Books, vol. X, to Brazil, 1811–12*.]

Add. 30095 to 30144 – **Wilson Journals**
Docs. em inglês
Os diários e outros documentos do General Sir Robert Thomas Wilson (1777–1859) incluem muitas referências às negociações diplomáticas e comerciais com Portugal, mas só ocasionalmente referem-se ao Brasil. Um diário completo contém uma longa descrição da província da Bahia, que Wilson visitou em novembro de 1805 enquanto servia no Cabo da Boa Esperança, na África do Sul [*Add. 30097, ff. 8–18*]. Wilson também comenta sobre o Porto da Bahia (Salvador), sua defesa, a falta de brasileiros na administração governamental, os "baixos padrões morais" dos seus habitantes, a produção agrícola, especialmente a do açúcar e das frutas. Ele ficou bastante impressionado com a qualidade da produção local de vinho tinto.

- **Miscellaneous Papers**

  Muitos manuscritos de interesse para o Brasil são itens individuais que parecem não ter qualquer relação com as outras coleções de documentos, tendo sido adquiridos independentemente pela biblioteca. Alguns destes manuscritos são, entretanto, de grande importância ou interesse. A lista que se segue representa justamente uma pequena amostra de tais conjuntos, outros poderão ser identificados através dos instrumentos de pesquisa do Department of Manuscripts (ver p. 102).

LONDRES

- *Add 31237 f. 182* – Um documento sem autoria sobre "a necessidade de abolição do tráfico de escravos do Brasil como uma introdução para o tratado comercial com a Inglaterra, 1808".

- *Add 33931 e 35300* – Vistas do Rio de Janeiro e suas redondezas, sendo desenhos originais feitos por Sir John Barrow, William Alexander, Samuel Daniell e Cap. Henry William Parish, em viagem para a China sob o comando do Conde Macartney EM 1792–93.

- *Add 34744, ff.38–44* – Correspondência dos naturalistas Sir Joseph Banks e Dr. Daniel Charles Solander relativas à sua chegada ao Rio de Janeiro a bordo do *Endeavour*, 1768.

- *Add 42138, A.B.* – Um livro de bolso de anotações do naturalista Henry Walter Bates, utilizado durante suas viagens no Brasil, 1848–59. Além de algumas breves anotações das viagens de Ega para Óbidos (3–18 de fevereiro de 1859) e, mais tarde e no mesmo ano de Belém (Pará) para casa, as anotações são limitadas a registros de negócios tais como contas, recibos de entregas e consignações de coleções (ver também sob a indicação no Natural History Museum, p. 186).

◆

THE BRITISH POSTAL MUSEUM & ARCHIVE
Feeling House
Phoenix Place
London WC1X 0DL

www.postalheritage.org.uk

Tel.: (020) 7239 2570 • **Fax:** (020) 7239 2576
E-mail: info@postalheritage.org.uk

Funcionamento: Segunda-quarta e sexta-feira 10:00hs–17:00hs, quinta-feira, 10:00hs–19:00hs; fechado nos feriados.
Admissão: Não é necessário agendamento

LONDRES

Introdução:

O British Postal Museum and Archive (BPMA) documenta os serviços dos correios britânicos do século XVII aos dias de hoje. O BPMA é possivelmente a maior fonte da história postal e filatélica do mundo, e representa importante fonte de renda, transporte e história local.

Coleções:

As coleções do BPMA têm duas partes complementares: a coleção do Museu e a coleção do Arquivo, sendo que a maior parte das coleções é formada pelos registros dos Correios (Royal Mail).

Como os Correios pertenceram ao governo durante grande parte de sua história, a coleção é classificada como "public record" (arquivo público), com a maioria de seus itens disponibilizados para consulta pública depois de um período de trinta anos. O documento de grande utilidade "An overview of the Royal Mail Archive" (2006) pode ser baixado pelo website do BPMA. Uma quantidade crescente de itens individuais dentro das coleções do BPMA pode ser identificada através do catálogo eletrônico <http://catalogue.postalheritage.org.uk>.

Os documentos relativos ao Brasil destacam principalmente acordos postais entre o Reino Unido e o Brasil e contratos desse período com empresas de embarcação de correspondência da e para a América do Sul. Existe também algum material relacionado a serviços telegráficos e telefônicos do início do século XX ligando a Grã-Bretanha ao Brasil. Exemplos desse tipo de coleção inclui:

- P 39/07 – Packet Boat Reports, 1813–14
- P 29/0096 – Brazil: Postal Agreement, 1853
- P 29/0179 – Brazil and River Plate mail: Contract with Royal Mail Steam Packet Co., 1863
- P 29/1410 – Brazil: Parcel post service
- P 30/6356 – Brazil: Wireless telegraph services, 1906–12
- P 33/7277 – Brazil: Telephone service, 1930–39

GUILDHALL LIBRARY
Manuscripts Section
Aldermanbury
London EC2P 2EJ

ihr.sas.ac.uk/gh/

Tel.: (020) 7332 1863/1862 • **Fax:** (020) 7600 3384
E-mail: manuscripts.guildhall@corpoflondon.gov.uk

Funcionamento: Segunda a Sábado 9:30hs a 16:45hs, fechado nos feriados
Admissão: Não é necessário agendamento ou permissão especial, entretanto, alguns materiais devem ser solicitados com uma antecedência mínima de 48 horas para serem consultados (ver abaixo).

Introdução:

A Guildhall Library é primordialmente uma biblioteca da história de Londres, embora a história comercial também tenha grande importância. A seção de manuscritos da biblioteca é o arquivo oficial da história local da Cidade de Londres, com exceção dos arquivos da Corporation of London, que são administrados de forma separada. A sua documentação reflete o desenvolvimento da Cidade de Londres como um centro comercial de caráter nacional e internacional e a Seção de Manuscritos se tornou um importante repositório de arquivos empresariais, principalmente de serviços comerciais e financeiros.

Coleções:

Embora possamos encontrar em numerosas coleções itens relativos ao Brasil, eles podem desapontar, pois muitas vezes só aparecem livros de rascunho com anotações gerais dos encontros anuais. Parte do material está indicado no catálogo eletrônico, acessível via Internet, mas nem todas as coleções de manuscritos podem ser ali encontradas. Os pesquisadores são orientados a examinar, também, o fichário de registros dos catálogos. As coleções abaixo indicadas são aquelas que têm relevância para assuntos relativos ao Brasil. Observa-se que a maior parte do material está normalmente disponível quinze minutos depois de ser requisitada, porém, alguns documentos, menos utilizados, necessitam de requisição com 24 ou 48 horas de antecedência.

LONDRES

*Ms 18506 – **Alliance Life & Fire Assurance***
Docs. em inglês
Este é um conjunto de relatórios datado de 1885 sobre o risco de incêndio de cidades da América do Sul. Das cidades brasileiras visitadas, Rio de Janeiro, Salvador e Recife são descritas em grande detalhes, mas existem também relatórios relativos a São Paulo, Santos, Porto Alegre, Pelotas e Rio Grande. Os relatórios analisam os prédios e os seus métodos de construção, o acesso de emergência (dando especial atenção ao traçado das cidades e a largura das ruas), o fornecimento de água, a formação e o equipamento dos corpos de bombeiros locais, e os nomes das empresas de seguro locais, e oferecem algumas vezes uma visão da vida urbana brasileira do fim do século XIX. Com relação à cidade do Rio de Janeiro, existe também uma lista dos incêndios e prejuízos causados entre 1882 e 1885.

*Ms 21180 to 21184 – **Alto Paraná Development Co. Ltd***
Docs. em inglês
A Alto Paraná Development Company foi formada em 1912 para adquirir e manter as ações de uma companhia argentina então existente, a Sociedad Anonima Compañia de Maderas del Alto Paraná, fundada seis anos antes. O objetivo da nova companhia era explorar e desenvolver o pinheiro, a madeira-de-lei e a erva-mate numa propriedade de 600.000 acres no Rio Paraná perto de Sete Quedas (norte de Foz do Iguaçu, no estado do Paraná). Em 1951, a companhia mudou o seu nome para Scottish and Mercantile Investment Co. Ltd.

Embora substanciais em quantidade, os registros são inconsistentes em termos dos anos e dos assuntos cobertos. Observa-se que os documentos foram preservados desde a fundação da companhia até a sua dissolução no início da década de 1960. Entre os documentos encontram-se o livro das minutas das atas do conselho de administração (1932–64) e contas financeiras e diários da companhia (1912–54), mas estes documentos oferecem poucas informações sobre as operações da companhia no local. Existem apenas alguns manuscritos sobre temas específicos de interesse para a companhia, tais como a crise do preço da erva-mate e a possibilidade de estabelecer refugiados judeus e refugiados da Checoslováquia em terras pertencentes à companhia. Alguns materiais impressos foram mantidos, inclusive cópias de memorandos e estatutos, além de um mapa detalhado da propriedade da companhia no Brasil.

LONDRES

Mss. 11216, 11217 and 11224A – **Anglican Chaplaincies in the cities of Rio de Janeiro, Bahia and Pernambuco**
Docs. em inglês
Esta coleção consiste na transcrição de batismos (1821) e sepultamentos (1821–22) em Bahia (Salvador), batismos, casamentos e sepultamentos (1838–40 e 1842–44) em Pernambuco (Recife), batismos, casamentos e sepultamento (1840–44) no Rio de Janeiro, para serem levadas para a Diocese de Londres.

Ms. 24531 – **Central Bahia Railway Trust**
Docs. em inglês
A coleção se compõe de livros de atas (1909–45) dos administradores da Central Bahia Railway indicando dados financeiros básicos, tais como juros em contas, dividendos e títulos mantidos pelos bancos. Não está incluída nenhuma informação operacional.

Ms. 17981 to 17999 – **J.W. Doan & Co.**
Docs. em inglês
Esses itens são registros de negócios do século XIX do escritório de Londres do comerciante de café baseado no Rio de Janeiro, J.W. Doan & Co., incluindo detalhes de compras de café no Brasil e exportação do produto para a Inglaterra.

Ms. 19075 – **Hambros Bank Ltd**
Docs. em francês (alguns em inglês)
A coleção se limita a um conjunto de documentos sobre a proposta de empréstimo de £4 milhões ao Governo brasileiro por esse banco comercial. A maior parte da correspondência é em francês para Everar Hambro do escritório de Paris do Banque de Paris et des Pays-Bas.

Ms. 22024 and 22047 – **Kleinwort Sons & Co.**
Docs. em francês (alguns em inglês)
A Biblioteca mantém inúmeros registros de Kleinwort Sons & Co., um banco comercial de Londres. Existem dois volumes [*Ms. 22024*] cobrindo os anos de 1875 a 1911, de correspondências sobre crédito, formação local e desempenho dos clientes ou prováveis clientes brasileiros. Os negócios descritos eram, sobretudo, de empresas locais e espalhadas por todo Brasil, com algumas também operando na Argentina e no Uruguai. A maior parte da correspondência relativa ao Brasil está em francês, embora algumas estejam em inglês ou português sendo que alguns

LONDRES

relatórios estão em alemão. Além disso, a coleção incluiu quatorze volumes [*Ms. 22047*] de contas de balanço de clientes argentinos e brasileiros cobrindo os anos de 1866 a 1923.

Ms. 16852 – Manáos Tramways and Light Company Ltd
Docs. em inglês

Embora não exista nenhum manuscrito relativo a Manáos [sic] Tramways and Light Company Ltd, a biblioteca mantém os relatórios anuais e as declarações de balanço (1910–73) para o Conselho Administrativo. Não estão incluídos, no entanto, informações sobre as operações da Companhia, nem são fornecidos muitos detalhes financeiros.

Ms. 16860 – Pará Electric & Pará Gas Companies
Docs. em inglês

A coleção se limita à correspondência (aproximadamente cem cartas) relativa à liquidação da Pará Electric & Pará Gas Companies e a empresa colegada Pará Electric Railways and Light Companies e Northern Tramway Company. O conjunto documental da correspondência (1954–57), tanto de e para o Brasil inclue cartas sobre a avaliação do, então, poucos ativos remanescentes e a venda das terras de propriedade das companhias.

Mss. 20199 and 20200 – Rio de Janeiro Lighterage Co.
Docs. em inglês

A coleção se limita a livros de atas (três volumes, 1918–59) e livros de contabilidade (um conjunto documental do período 1949–50), fornecendo informação básica sobre os carregamentos de carvão para o Rio de Janeiro.

Ms. 21755 – Stringer & Richardson
Docs. em inglês

Este documento é um livro de cópia de cartas de 1827–29, da companhia Stringer & Richardson, de um comerciante especializado em café, chá e especiarias. Embora a maior parte das cartas seja de cópias de correspondência entre Londres e o Trieste e Londres e Matanzas, existem algumas cartas para os agentes do Rio de Janeiro e da Bahia sobre o preço do café e do açúcar, e a procura destes produtos na Europa.

LONDRES

Ms. 16517 – London Chamber of Commerce (Brazilian Section)
Docs. em inglês
Inaugurada em 1922, a Câmara de Comércio de Londres (Seção do Brasil) era composta de representantes de companhias de navegação, donos de navios importadores na Grã-Bretanha com interesses no comércio brasileiro. O volume cobre os anos de 1922 até 1969 e consiste de cópias de atas de encontros, documentos e relatórios de análise sobre o comércio da Grã-Bretanha com o Brasil. Documentos cobrindo a década de 1920 são especialmente ricos como, por exemplo, alguns documentos de valor relativos à missão britânica de comércio de 1929 para a Argentina e o Brasil. Existem poucos documentos sobre a década de 1930 e l940, mas uma nítida retomada da atividade ocorreu na década de 1950.

Council for Foreign Bondholders
Docs. em inglês (e alguns em português)
O Council for Foreign Bondholders foi formado em 1868 para proteger os interesses e fazer lóbi em favor dos portadores de títulos da dívida estrangeira. Não existem manuscritos referentes aos interesses brasileiros no Council.

No início da década de 1870, os representantes do Council começaram a, sistematicamente, colecionar e manter recortes de jornais, panfletos, prospectos, circulares e relatórios do Governo. Estes documentos foram organizados em volumes por país, e a maior parte deles está indexada por assunto e pode ser considerada uma fonte importante para a história econômica e financeira. Quase todos os documentos estão em inglês, os recortes de jornais (periódicos diários e semanais britânicos da imprensa especializada financeira e econômica) representam uma parte substancial de cada volume. Existem dezoito volumes de recortes relativos ao Brasil, cobrindo os anos de 1872 até 1985. Os primeiros trinta a quarenta anos são os volumes mais completos e incluem algumas cartas referentes aos negócios com o Brasil. Estes volumes podem ser consultados, se forem requisitados com 48 horas de antecedência à mesa de informações da sala de leitura principal da Biblioteca.

London Stock Exchange
Docs. em inglês
Todos os relatórios anuais desde 1880 das companhias que foram listadas na Bolsa de Valores de Londres estão disponíveis para consulta. Contudo, deve-se solicitar os relatórios à mesa de informações da sala de leitura principal da biblioteca.

IMPERIAL WAR MUSEUM

Department of Documents
Lambeth Road
London SE1 6HZ

www.iwm.org.uk/collections

Tel.: (020) 7416 5221 • **Fax:** (020) 7416 5374
E-mail: docs@iwm.org.uk

Funcionamento: Segunda–Sábado 10:00hs–17:00hs, fechado nos feriados e uma semana de maio e nas duas últimas semanas de novembro.
Admissão: É necessário o agendamento; exige-se apresentação de documento de identidade.

Introdução:

Os interesses do Imperial War Museum centralizam-se nos conflitos armados, especialmente naqueles que envolvem a Grã-Bretanha e a Commonwealth (Comunidade Britânica), desde a Primeira Guerra Mundial até a presente data. As coleções incluem armas de fogo, equipamentos militares, obras de artes, filmes, material de áudio e vídeo, livros, fotografias e documentos. O Photograph Archive (photos@iwm.org.uk; tel. 7416 5333) mantém algumas imagens relativas ao Brasil. Entre estas imagens encontram-se fotografias das unidades do exército brasileiro em treinamento no Brasil durante a Segunda Guerra Mundial e também da Força Expedicionária Brasileira na Europa.

Coleções:

O Department of Documents do Imperial War Museum mantém uma grande coleção de cartas pessoais, diários, manuscritos e memórias não-publicadas de homens e mulheres que serviram nas forças armadas. As coleções também incluem documentos de opositores conscientes, médicos, prisioneiros de guerra, refugiados e civis durante os tempos de guerra. Não existem registros oficiais mantidos pelo departamento. Para tais documentos deve-se consultar os arquivos mantidos pelo National Archives (p. 135), especialmente entre os arquivos do Foreign Office, Admiralty, War Office e Air Ministry. Muito poucos itens relativos ao Brasil foram encontrados dentro das coleções do Departamento de Documentos. Não existe nenhum documento (além das fotografias mencionadas acima) sobre as atividades da Força Expedicionária Brasileira na Europa durante a Segunda Guerra Mundial.

Além disso, os documentos que foram identificados na coleção, relativos ao Brasil, possuem com o país uma relação marginal.

PP/MCR/113 – Sir Henry Beaumont Autobiography
Docs. em inglês
Esta memória conta a vida de Sir Henry Beaumont (1867–1949), cuja carreira como Ministro das Relações Exteriores inclui postos na Europa e na América do Sul. Apenas 26, das 593 páginas, referem-se aos dois anos que Beaumont esteve no Brasil (1897–99); e descrevem suas viagens e suas atividades sociais e esportivas.

HBH/1 – Harold Beresford Hope Correspondence
Docs. em inglês
Entre os documentos encontram-se três cartas datadas de 1914 descrevendo os deveres de Hope como Terceiro Secretário na British Legation, no Rio de Janeiro. Entre outros itens encontram-se uma carta (14 de setembro de 1914) de G.F. Atlee do Consulado britânico, em São Paulo, sobre um espião alemão, e um Relatório (11 setembro de 1914) sobre a detenção, perto do Rio de Janeiro, do navio a vapor holandês *Kelbergen*, suspeito de carregar carvão para navios alemães, pelo navio HMS *Bristol*.

LG/1 – Lycett Gardner Diary (Vol. I)
Docs. em inglês
Este diário (30 julho–14 janeiro 1915) foi mantido pelo comandante que servia no navio HMS *Cornwall*, navio de defesa do Arquipélago de Abrolhos, em um posto a quase 100 quilômetros a leste de Caravelas (Espírito Santo). Gardner conta a monotonia da vida a bordo do navio e no Arquipélago – um marinheiro ficou louco e um sinaleiro tentou o suicídio.

OWP/1 – Rear Admiral O.W. Phillips Memoir
Docs. em inglês
Esta memória (escrita entre 1961 e 1962) conta o início da carreira naval de O.W. Phillips, especialmente sua experiência no navio de guerra HMS *Canopus*. Enviado ao Atlântico Sul em 1915, o *Canopus* posicionou-se na guarda do Arquipélago de Abrolhos, e as memórias de Phillips incluem uma descrição das difíceis condições ali vividas.

LONDRES

RTY/1 – Commander Richard Travers Young Memoir
Docs. em inglês
Esta memória (escrita entre 1965 e 1970) conta a carreira naval do comandante naval Richard Travers Young, nascido em 1898. Em 1915, Young serviu como guarda-marinheira no navio HMS *Canopus*, que foi para o Arquipélago de Abrolhos. A memória inclui uma descrição dos deveres de guardião do Arquipélago.

◆

INDIA OFFICE LIBRARY
Oriental and India Office Collections
The British Library
96 Euston Road
London NW 1 2DB

www.bl.uk/collections/orientalandindian

Tel.: (020) 7412 7873 • **Fax:** (020) 7412 7641
E-mail: oioc–enquiries@bl.uk

Funcionamento: Segunda 10:00hs–17:00hs; Terças–Sábado 9:30hs–17:00hs, fechado nos feriados.
Admissão: Entrada com o cartão (passe) de leitor da British Library (ver p. 100).

Introdução:

A India Office Library possui documentos da administração, em Londres, do Governo da India antes de 1947. Compreende documentos da East India Company (1600–1858), do Board of Control ou Board of Commissioners for the Affairs of India (1784–1858), da India Office (1858–1947), da Burma Office (1937–48) e uma série de outros departamentos britânicos no exterior. A India Office Library, juntamente com os conjuntos documentais, é agora administrada pela British Library (ver p. 100) como parte das coleções Oriental and India Office Collections (OIOC).

Coleções:

O Brasil não figura como assunto principal nos registros da OIOC, o que reflete o contato limitado entre a sub-continente da Índia e o Brasil antes da independência da Índia em 1947. Os raros e dispersos manuscritos sobre o Brasil que foram identificados, sobretudo dizem respeito às linhas de navegação, comércio e migração, assim como breves trocas de correspondências sobre o credenciamento de cônsules brasileiros

LONDRES

(cônsules honorários) na Índia e em Burma. Os Catálogos da OIOC estão sendo transferidos, aos poucos, para o formato eletrônico, com limitado acesso, usando-se o *A2A: Access to Archives* como instrumento de pesquisa (ver p. 262). Existem apenas alguns materiais indexados por assunto em catálogos impressos ou de fichas – os documentos estão catalogados por datas e por cada um dos Departamentos de Governo.

L/MAR – East India Company: Marine Records (1600–1834)
Docs. em inglês
Viajando para as Índias Orientais e Austrália, faz-se necessário navegar ao longo da costa do Brasil de forma a utilizar os caminhos dos ventos do sudeste para passar pelo Cabo da Boa Esperança. Os navios, em tais viagens, freqüentemente chegavam aos portos do Brasil para realizar consertos ou para deixar ou pegar algum passageiro. A Biblioteca tem uma grande coleção de diários de bordo de navios identicados pelos seus nomes, as datas e os vários portos que atracavam na publicação *Catalogue of East India Company Ships' Journals and Logs, 1600–1834* (Londres, 1999). Diários de bordo e livros de registros variam consideravelmente em termos de detalhes de cada uma das viagens em particular, mas eles normalmente registram o dia-a-dia das informações do período de navegação.

IOR/G/9 – East India Company: Factory Records: Rio de Janeiro Agents
Docs. em inglês
Entre os volumes de correspondência dos agentes encontram-se algumas e, em geral, breves cartas de e para os agentes da Companhia das Índias Orientais no Rio de Janeiro. Relevantes volumes e páginas podem ser identificados usando-se o catálogo eletrônico. Existem umas poucas cartas datadas do final do século XVIII, mas aparecem também importantes correspondências dos anos de 1808 e 1811. Entre essas, cartas que discutiam as atividades dos agentes no Rio de Janeiro, viagens e movimento de tropas e comércio da Companhia com o Rio de Janeiro (especialmente com o Cabo da Boa Esperança, na África do Sul, e com as Índias Orientais).

F/4/17/753; F/4/67/1481; F/4/297/6876 – India Office: Board of Control: Cochineal, Importation of Insects and Cultivation
Docs. em inglês
Estes documentos (agosto 1795 a outubro 1807) relatam as tentativas de adquirir cochonilhas no Brasil e introduzí-los na Índia, para produzir tintas.

LONDRES

F/4/471/11339 – India Office: Board of Control: Brazilian Mariners – Maldive Islands
Docs. em inglês
Correspondências (agosto 1812 a maio 1814) entre o Board of Control, o Governo de Bengala e o Sultão das Maldivas que descrevem as reclamações do Sultão contra João Alwaez [sic], um capitão do navio brasileiro *Europa* que naufragou nas Ilhas Maldivas, em 1812, e ficou sob a proteção dos habitantes das Ilhas. O Sultão se ofendeu com o fato de que Alwaez respondeu à sua hospitalidade com atos de pilhagem. O caso encerrou-se com a detenção de Alwaez em Bengala e a sua subsequente deportação para a Goa portuguesa.

L/E/7/1296 – India Office: Industries and Overseas Department: Indian Immigrants and Brazil (1923–28)
Docs. em inglês
Este conjunto inclui correspondência e documentos referentes à emigração da Índia para o Brasil. Assim como também dos imigrantes japoneses que foram recrutados para trabalhar nas plantações de café em São Paulo. A intenção era de que os imigrantes indianos se estabelecessem na Amazônia para trabalhar na indústria da borracha e desenvolvessem plantações de arroz. Na prática, a maior parte dos indianos (sobretudo os Sikhs do Punjab) foram empregados como trabalhadores na lavoura ou serviram como vaqueiros no interior do Estado de São Paulo, tendo viajado para a América do Sul com o gado Brahma, que, segundo dizem, eles introduziram no Brasil.

Entre os documentos encontram-se despachos do Embaixador britânico no Rio de Janeiro sobre o comportamento do governo brasileiro em relação aos imigrantes indianos, correspondência do Protetor dos Emigrantes (em Bombay), atividades de recrutamento de imigrantes para o Brasil na Índia, cópias de anúncios em jornais ligados a este assunto, e panfletos e cartas sobre o repatriamento para a Índia de imigrantes indigentes.

L/PJ/6/5, file 232 – India Office: Public and Judicial Department: Annual Files: Repatriation of Labourers to Mauritius and Seychelles, 1877–81
Docs. em inglês
Esta série geral apresenta perguntas e respostas feitas na década de 1890, sobre a possibilidade de importação de mão de obra da Índia de – "trabalhadores índios" – para o Brasil. O único caso concreto que

LONDRES

foi encontrado nos documentos, no entanto, refere-se a um episódio que ocorreu um pouco antes, sobre a imigração de mão de obra. Este caso envolve a tentativa de introduzir, em 1877, trabalhadores da India Oriental provenientes da ilha Maurícius para as plantações de açúcar no Rio de Janeiro. O primeiro documento analisa a fundo a organização e as condições que os trabalhadores encontraram no Brasil. Os documentos nos outros conjuntos concentram-se nas discussões entre a Índia Office, o Colonial Office e o Foreign Office sobre a responsabilidade de cobrir os custos incorridos no repatriamento dos indianos para a ilha Maurícius e para as ilhas Seychelles.

Nota: Além do arquivo mencionado acima, ver também *L/PJ/6/10, file 509*; *L/PJ/6/19, file 1093*; *L/PJ/6/27, file 1688*; *L/PJ/6/34, file 359*; *L/PJ/6/37, file 562*.

India Office: Public and Judicial Department (Separate):
L/PJ/12/317 – **Activities of Indians in Brazil (1927–33)**
L/PJ/12/204 – **Activities of Indians in South America (1934–36)**
L/PJ/12/205 – **Activities of Indians in South America (1936–41)**
Docs. em inglês

Estes arquivos são do serviço de inteligência da Índia do Public and Judicial Departmant (Departamento Público e Judicial), uma organização obscura e não oficial devotada à segurança interna e externa da Índia Britânica. Comparada a outras comunidades nas Américas, as atividades dos Sikhs do Punjab no Brasil não eram consideradas uma ameaça à segurança. No entanto, uma vigilância foi colocada nos Sikhs que desejavam viajar para o Brasil de Shanghai (China) (uma vez que o ingresso no Canadá e nos Estados Unidos tornou-se gradativamente mais restrito), e a possível ressurreição do militante partido anti-britânico Ghadr Party, fundado em São Francisco (California), em 1913, por Lala Hardayal. As tendências políticas dos indianos em São Paulo foram seguidas (muitos trabalhavam como vaqueiros perto de São Paulo e da Goyaz Railway – com cerca de duzentos concentrados em Olympia).

- ***Documentos particulares***

Da coleção de documentos particulares (principalmente de antigos diplomatas cujas carreiras desenvolveram-se na Índia ou em outras partes da Ásia) que foram depositadas na OIOC em anos mais recentes, somente duas coleções parecem ter conteúdo mais significativo com relação ao Brasil.

LONDRES

Mss Eur F140 – 65 and 66 – **Amherst Collection: Correspondence of William Pitt Amherst, 1st Earl of Amherst**
Docs. em inglês
Em 1823, Amherst (1773–1857) esteve no Rio de Janeiro, viajando para a Índia (onde ele foi assumir o posto de Governador Geral de Bengala), designado pelo Ministro das Relações Exteriores, George Canning, para relatar a atitude do Governo Brasileiro sobre o tráfico de escravos e para discutir os termos de abertura das relações diplomáticas com o novo governo. Os documentos incluem cópias de correspondência do ano de 1822 entre Canning e Amherst com relação à Independência do Brasil; cópias de cartas que Amherst levou de Canning para o cônsul geral britânico no Rio de Janeiro, Henry Chamberlain; e cópias de relatórios de Amherst para Canning enviadas do Brasil, entre fevereiro e maio de 1823.

Mss Eur F288 – 78, 79, 186–188 – **Fry Collection**
Docs. em inglês
O início da carreira de Sir Leslie Fry foi feito no Exército e no Serviço Político da Índia; tendo ele mais tarde sido transferido para o Ministério do Exterior com a Independência da Índia, em 1947. Fry serviu como Embaixador Britânico no Brasil entre 1963 e 1966. Seus documentos privados mostram tanto o extremo lado mundano da sua posição de diplomata como a sua posição diplomática ou a sua falta de informações sobre o Brasil nos anos de considerável agitação política, incluindo o estabelecimento da ditadura militar. Os documentos são cópias de discursos proferidos em funções sociais (por exemplo, "Ladies Night at the St. Andrew's Society", Rio de Janeiro) e registros de outras reuniões não-convencionais. Incluem-se na coleção muitos álbuns de fotografias com imagens do diplomata em eventos diplomáticos e sociais, relatando as viagens do Embaixador.

LONDRES

INSTITUTION OF MECHANICAL ENGINEERS
Information & Library Service www.imeche.org.uk
1 Bird Cage Walk
London SW1H 9JJ

Tel.: (020) 7973 1265 • **Fax**: (020) 7222 8762
E-mail: ils@imeche.org.uk

Funcionamento: Segunda–Sexta 9:l5hs–17:30hs, fechado nos feriados.
Admissão: Não é necessário agendamento, mas aconselha-se um contato preliminar.

Introdução:

O Institution of Mechanical Engineers (IMechE) é o órgão profissional dos engenheiros mecânicos no Reino Unido, cobrindo todas as indústrias e tecnologias nas quais os engenheiros trabalham. O IMechE tem uma das mais abrangentes bibliotecas de engenharia do país com livros, diários, jornais e normas, enfim uma ampla gama de assuntos de engenharia.

Coleções:

O IMechE mantém um arquivo que mapeia o desenvolvimento da engenharia mecânica. Embora existam coleções importantes relativas à América Latina, especialmente no campo de desenvolvimento de ferrovias, existem poucos documentos referentes ao Brasil. Um catálogo *online* dos arquivos está disponível *online*.

IMS 283–320 – Henderson Family Papers, 1865 – c. 1989
O IMechE mantém papéis relativos aos engenheiros da família Henderson e suas empresas, a Livesey, Son and Henderson, originalmente James Livesey and Company (fundada em 1865). A companhia operava em consultoria de engenharia, sobretudo para o exterior (especialmente América latina) e geralmente em construções de ferrovias e operação de projetos. Além dos documentos relativos ao Brasil ou os volumes listadas abaixo, existem muitos volumes que apresentam registros financeiros e técnicos de ambas as companhias, bem como mapas impressos (1885–1931), alguns deles relativos à malha das empresas ferroviárias brasileiras.

LONDRES

IMS 287 – James Livesey and Company
Docs. em inglês
Este é um volume sobre as especificações para os trabalhos de engenharia da ferrovia (1878–82) que descrevem as locomotivas a serem construídas, os materiais rodantes das locomotivas, os trilhos, as pontes, os prédios e os equipamentos para outros tantos projetos de ferrovia na América do Sul, incluindo a Bahia and San Francisco Railway [*IMS 287/1*] e a União Mineira Railway [*IMS 287/7*].

IMS 303 and 304 – Witan Investment Company: Telephone Company of Pernambuco
Docs. em inglês
A Witan Investment Company era composta pelos membros da família Henderson colegada à Livesey, Son and Henderson e tinha relações financeiras com a Companhia Telefônica de Pernambuco. Esta coleção apresenta escrituras de créditos e listas de acionistas, relatórios de diretores, discursos do presidente, memorandos e correspondência de rotina cobrindo os anos de 1925–42.

◆

LLOYDS TSB GROUP ARCHIVES
Secretary's Department
71 Lombard Street
London EC3P 3BS

Tel.: (020) 7356 1032 • **Fax:** (020) 7929 2901
E-mail: sampsok@lloydstsb.co.uk

Funcionamento: Segunda–Sexta 9:30hs–16:30hs, fechado nos feriados.
Admissão: Depende da decisão da Companhia, após requerimento enviado, por escrito, ao arquivista.

Introdução:

O Lloyds TSB Group foi criado em 1995 quando o TSB Group se integrou ao Lloyds Bank. O Lloyds TSB Group Archive guarda os registros documentais do TSB Group, do Lloyds Bank e de muitos bancos que se integraram a eles ao longo dos anos. De particular importância foi a aquisição, em 1971, do Bank of London & South America (BOLSA). Embora só tenha sido criado em 1923, o BOLSA surgiu de uma amálgama de diversos bancos britânicos que operaram no Brasil ou por toda a América do Sul, desde I860.

LONDRES

Coleções:

Todos, menos alguns dos registros relativos ao Brasil que foram armazenados pelo Lloyds TSB Group Archive, foram criados pelo BOLSA ou pelos bancos que saíram dele ou que a eles se fundiram. A coleção consiste basicamente de livros de contabilidade e balanços, embora outros documentos também sejam mantidos. Além dos documentos manuscritos, a coleção contém relatórios anuais e livretos impressos referentes às condições econômicas e às pesquisas históricas. Documentos relativos ao Brasil podem ser identificados pesquisando-se pela palavra-chave no catálogo eletrônico (não disponível *online*).

Além disso, os diversos registros bancários listados abaixo, o livro de atas do London & River Plate Bank, relatórios anuais, e os balanços, são mantidos desde o ano de 1862 até 1923; alguns destes referem-se a negócios entre o Brasil, a Argentina e o Uruguai.

Nota: Outros documentos relativos à história do BOLSA – mais notadamente, à sede e à filial do Brasil – são mantidos na University College London (ver pp. 207–9).

Anglo-Brazilian Commercial Agency
Docs. em inglês
A Agência foi fundada em 1918, conjuntamente, pelo London & Brazilian Bank e pelo British Trade Corporation com o objetivo de conquistar novos negócios no Brasil entre os comerciantes locais. Tendo encontrado forte competição, a agência foi extinta em 1929. Os documentos que permanecem são limitados ao livro de atas do conselho de administração (1918–29).

British Bank of South America
Docs. em inglês
Fundado em 1863 como Brazilian and Portuguese Bank Ltd, e seguindo-se por uma série de fusões, o banco foi renomeado como British Bank of South America Ltd em 1891, e depois foi liquidado em 1961. A maior parte dos itens são registros de empregados (1868–1936), o já não usado livro-mestre (1920–36) e os relatórios anuais (1863–1936).

London & Brazilian Bank Ltd
Docs. em inglês
O London & Brazilian Bank foi fundado em Londres em 1862 para financiar os exportadores brasileiros de café, açúcar, peles de animal e cereais. O banco abriu uma filial no Rio de Janeiro em

LONDRES

1863 e, mais tarde, naquele mesmo ano, uma filial em Pernambuco e, em 1864, na Bahia e no Rio Grande. O banco fundiu-se com o London and River Plate Bank para formar o Bank of London & South America. Aqui, são mantidos registros relativos ao banco incluindo registros detalhados de pessoal (1862–1923), relatórios anuais e demonstrações financeiras (1872–1923) e diários (branch journals) das filiais de Porto Alegre (1872–89), Pelotas (1869–72) e Rio Grande (1867–81).

Bank of London & South America
Docs. em inglês
Poucos itens relativos ao BOLSA são específicos de um país, embora as atividades comerciais no Brasil sejam fáceis de serem identificadas nos volumes e documentos. Os principais conjuntos de documentos são:

- Sumário de demonstrações de lucros e perdas, 1936–64 – 45 vols.

- Sumário de balanços financeiros, 1936–44, 1948–63 – 33 vols.

- Contabilidade da sede e das filiais, com demonstrações de lucros e perdas, 1924–33 – 31 vols.

- Livro de atas do conselho de administração, 1925–74 – 14 vols.

- Atas do comitê da Presidência, 1959–64 – 6 vols.

- Atas do comitê Executivo, 1948–55, 1964–71 – 7 vols.

Staff Department
Os arquivos de pessoal estão muito incompletos. Existem três registros listando os funcionários que ingressaram no banco no período de 1944–58 [*F/2/St/3.1–3*] e dois registros listando os que saíram do banco no período de 1944–52 [*F/2/St/4.1–2*]. Além disso, exemplos de dezenove conjuntos documentais relativos aos recursos humanos (pessoal) [*F/2/St/1.0* e *F/2/St/2.0*] das filiais da América do Sul foram mantidos, inclusive os relatórios

LONDRES

confidenciais, detalhes particulares, relatórios médicos, mudanças de carreira, salários, fotografias e ações disciplinares.

Directorate Reports (1933–60)
Existem dez relatórios confidenciais nesta série, nove dos quais cobrem os anos de 1955–63. Estes relatórios analisam as condições e perspectives das operações do BOLSA pela América Latina, incluindo o Brasil no contexto do desenvolvimento político e econômico, regional e nacional. No entanto, o relatório de 1933 [*F/2/D/Rep/7.0*] – "Some notes and suggestions arising out of a visit of Sir Alexander R. Murray and Mr F.A. Beane to South America" – é mais amplo em seu conteúdo. As filiais brasileiras visitadas ficavam na Bahia, Pernambuco, Santos, São Paulo e Rio de Janeiro, e são fornecidos detalhes tais como as datas de criação, divisão do pessoal, posição dos estabelecimentos e comparações das contas de resultados (1923–32) com comentários sobre o desempenho dos administradores, e dos bancos, além de ativos e passivos.

Other business records
Docs. em inglês
O arquivo mantém registros de muitos bancos ingleses que fundiram-se com o TSB ou com o *Lloyds* nos séculos XIX e XX. Alguns conjuntos documentais contêm correspondência de rotina referente aos investimentos no Brasil e outros assuntos. Um conjunto composto de diversos itens, que apresenta 53 itens com datas entre 1861–78 relativos à companhia Recife Drainage Company Ltd [*A/53/9/c/4.0*], e 8 itens datados de 1886–87 relativos à North Brazilian Sugar Factories Ltd. fornece algumas informações sobre débitos e outras questões financeiras. Existem também seis conjuntos [*F/2/Sec/4.0*] de documentos datados de 1914–38 relativos à companhia Mogyana Railway Company of São Paulo, incluindo relatórios e contas, transcrições de assembléias gerais e impressos em geral.

LONDRES

MISSION TO SEAFARERS
St Michael Paternoster Royal
College Hill
London EC4R 2RC

www.missiontoseafarers.org

Tel.: (020) 7248 5202 • **Fax:** (020) 7248 4761
E-mail: pr@missiontoseafarers.org

Funcionamento: Segunda–Sexta, fechado nos feriados.
Admissão: Apenas com agendamento.

Introdução:

A Mission to Seafarers, fundada em 1856 como Mission to Seamen, é uma sociedade missionária da Igreja Anglicana que objetivava cuidar da riqueza espiritual e do bem estar de todos os marinheiros. Desde a sua fundação, manteve uma rede de padres, trabalhadores e voluntários nos portos ao redor do mundo

Coleções:

Desde o século XIX, a missão mantém presença em muitos portos brasileiros, sendo os centros mais importantes o porto de Santos e o do Rio de Janeiro. Restaram poucas correspondências de e para as missões no Brasil, mas um conjunto completo de relatórios anuais (a partir de 1856) e a sua revista *The Church and the Sailor* (a partir de 1930) são mantidos e fornecem muitas informações sobre as atividades no Brasil.

Santos correspondence
Docs. em inglês
Restaram, das missões no exterior, apenas alguns documentos isolados do trabalho realizado. Relativo ao Brasil, apenas um conjunto de correspondência foi mantido, datado de 1919, analisando o trabalho da missão em Santos.

LONDRES

THE NATIONAL ARCHIVES
Kew
Richmond
Surrey TW9 4DU

www.nationalarchives.gov.uk

Tel.: (020) 8876-3444 • **Fax:** (020) 8392 5286
E-mail: enquiries@pro.gov.uk

Funcionamento: Segunda, Quarta e Sexta 9:00hs–17:00hs; Terça 10:00hs–19:00hs; Quinta 9:00hs–19:00hs; Sábado 9:30hs–17:00hs. Fechado nos feriados e nos sábados dos fins de semana de feriados bancários, e a primeira semana de dezembro.

Admissão: Exige-se documento de identidade (os não-residentes no Reino Unido devem apresentar um passaporte ou, para os cidadãos europeus, um documento de identidade).

Introdução:

O National Archives (antigo Public Record Office – PRO), localizado em Kew, um subúrbio de Londres, é o depositário do material arquivístico nacional da Inglaterra, País de Gales e Reino Unido. Foi fundado por um Ato do Parlamento, em 1838, para manter unido e preservar a memória do governo central e das cortes de justiça e disponibilizá-los para todos aqueles que desejassem consultar os documentos. Os registros abrangem um período consecutivo desde o século XI até o presente.

Coleções:

Existe uma grande variedade de documentação a ser encontrada no PRO, podendo ser uma amostra muito especial das importantes coleções relativas ao Brasil que se encontram na Grã-Bretanha. Documentos, principalmente relativos ao período colonial (séculos XVI a XVIII), estão armazenados no State Papers (SP), embora alguns poucos itens possam ser encontrados, também no Colonial Office (CO), classificados e dentro do Admiralty Archive (ADM). O material posterior (séculos XIX e XX) apresenta uma abundante documentação relativa ao Brasil. Embora este material esteja completamente disperso entre as coleções e séries arquivísticas, muitos documentos deste período podem ser encontrados no arquivo do Foreign Office (FO). Convém observar que outros tipos de documentos conservados em alguns arquivos governamentais também devem ser considerados de acordo com o assunto que está sendo pesquisado.

LONDRES

ONLINE CATALOGUE
http://www.nationalarchives.gov.uk/catalogue/search.asp

O catálogo eletrônico *online* é o instrumento mais usado para identificar os arquivos ou outros conjuntos de documentos existentes no PRO, especialmente para o material posterior aos anos de 1940. Entretanto, somente uma pequena parte dos documentos estão indexados individualmente. Algumas séries de documentos, ou anos em particular, estão muito bem indexados, enquanto que as descrições de outros não oferecem nenhuma informação quanto ao conteúdo dos arquivos além da indicação dos anos cobertos pelos documentos dentro de um volume ou um conjunto documental em particular, uma referência ou um assunto mais geral (como, por exemplo: Consulado, Comércio, Política). Este é, particularmente, o caso da referência do arquivo Foreign Office, no qual pouquíssimos documentos de anos anteriores a 1940 podem ser identificadas usando o catálogo eletrônico com base no assunto. Mesmo os conjuntos documentais que foram individualmente listados, a busca por palavra-chave do catálogo eletrônico é um instrumento pouco preciso. É importante considerar todas as possibilidades de variação de palavras (como por exemplo, *"Brazil"* e *"Brazilian"*, *"St Paul"* e *"São Paulo"'*) e procurar por palavras combinadas (por exemplo, agrupando *"Brazil"* e *"coffee"*). Uma análise de vários instrumentos de busca (registros eletrônicos, impressos, índices) é fornecida a seguir com a análise das diferentes classes de documentos relativos ao Brasil.

- *State Papers (SP)*

Secretaries of State, State Papers Foreign

Os *State Papers (Foreign)* cobrem as relações da Inglaterra (e mais tarde as da Grã-Bretanha) com os demais países estrangeiros desde 1500 até 1806. As informações foram obtidas de muitas fontes, incluindo representantes oficiais, pessoas físicas, comerciantes, oficiais militares e da marinha, cônsules e outros agentes remunerados e/ou não, e informantes. De longe o maior número – e o mais significativo – de documentos relativos ao Brasil entre os Documentos de Estado encontram-se na correspondência diplomática portuguesa (*SP 89*). Existe, também, um número menor de documentos relativos ao Brasil em outras classes dos

State Papers, em particular, dentro da correspondência holandesa (*SP 84*). Além dos *State Papers* relativos a Portugal, é mais difícil identificar os outros assuntos relevantes pelo limitado índice de correspondências e outros documentos agrupados em volumes separados ou agrupados em caixas individuais.

SP 89 / 3 to 92 – **Portugal, 1598 to 1780**
Docs. em inglês e português (alguns em latim e também em francês)
Este conjunto é quase todo composto de cartas recebidas, sobretudo de diplomatas ingleses (e posteriormente britânicos) em Lisboa, como também no Porto, Madeira e nos Açores. Documentos relativos ao Brasil podem ser rapidamente identificados devido à existência de um número de instrumentos de busca (mais notadamente C.R. Boxer, ed., *Descriptive List of the State Papers: Portugal 1661–1780*, Lisboa, 1979) que é a base de uma lista descritiva impressa. Esta lista pode ser acessada eletronicamente através da web usando o catálogo electrônico. Listas descritivas dos documentos podem ser vistas por ano ou por busca de palavra-chave. Fazendo a associação de "*SP 89*" com os termos de busca "Brazil" e "Brazilian" obtém-se como resultado uma lista de mais de quinhentos documentos relativos ao Brasil, a maior parte dos quais possui uma descrição de grande utilidade. A busca pode ser restringida usando-se termos adicionais – por exemplo, "slaves" (escravos) ou "slavery" (escravidão), "trade" (comércio) ou nomes específicos de pessoas, lugares ou mercadorias. O volume que cobre o período mais antigo [*SP 89 / 3, 1598–1638*] inclui poucos documentos relativos ao Brasil. Volumes posteriores, no entanto, incluem muitos documentos relevantes, mas muitas vezes são apenas uma pequena parte de uma carta ou de documento mais amplo sobre o comércio português e assuntos militares ou políticos. Existem muitas referências às relações comerciais entre a Inglaterra, Portugal e Brasil, embora muitos outros assuntos (como por exemplo a captura e a venda de escravos na África e a importação de escravos no Brasil, a posição da comunidade britânica no Brasil, a migração da metrópole de Portugal e dos Açores para o Brasil e o contrabando entre o Brasil e a África) sejam tratados em diferentes graus de detalhes.

SP 84 / 116 to 160 and 590 – **Holland, 1624 to 1654**
Docs. em inglês (alguns em holandês, francês e latim)
Este conjunto consiste na correspondência de diplomatas ingleses

LONDRES

(e posteriormente britânicos) na Holanda, parte norte dos Países Baixos, sobretudo nos anos de 1585 a 1780. Os documentos são, em sua maior parte, de cartas recebidas pelo Ministro das Relações Exteriores e por seus assistentes em Londres, dos embaixadores ingleses, dos adidos e outros representantes em Haia, embora existam algumas cartas e relatórios (originais e cópias contemporâneas feitas à mão) de outras fontes que foram enviadas para Londres. Parece não existirem documentos referentes aos interesses comerciais holandeses na Amazônia no início do século XVII.

Além disso, apenas uma pequeníssima parte dos documentos que se encontram dentro de um volume específico de um determinado ano [*SP 84 / 116 to 160* and *590*] refere-se à ocupação holandesa no nordeste do Brasil (1624–54), sendo a maior parte relativa a assuntos domésticos dos Países Baixos ou relações européias em geral.

As listas descritivas relativas aos volumes *SP 84* são de valor muito limitado, uma vez que, com poucas exceções, elas detalham apenas datas e, em alguns casos, os nomes dos destinatários de correspondência ou outros documentos. Não existe nenhum outro instrumento contemporâneo de busca (por exemplo, registros de correspondência) para os volumes, nem existe nenhum índice descritivo suplementar que tenha sido compilado posteriormente. Dessa forma, raramente é possível encontrar documentos relativos ao holandeses no Brasil. Do mesmo modo, o catálogo eletrônico é de pouca ajuda, quando reproduz a lista geral manuscrita e descritiva: uma busca associando "*SP 84*" com palavras tais como "Brazil", "Pernambuco" ou "Bahia" o que leva o pesquisador apenas a cerca de uma dúzia de documentos. No entanto, uma análise dos volumes que contêm esses documentos relativos ao Brasil sugere que outros documentos possam ser encontrados dentro desse conjunto documental.

A maior parte dos documentos relativa ao período de ocupação holandesa no nordeste do Brasil, que podem ser identificados pelas listas descritivas, são os relatórios. Estes relatórios, que podem ter até quarenta páginas, eram enviados da região para a Holanda e referem-se às condições militares e comerciais nas colônias. Além disso, existem também breves relatórios aludindo a "tesouros" que chegavam na Holanda provenients do Brasil. Exemplos destes relevantes documentos são os seguintes:

LONDRES

- *SP 84/ 117, f. 120* – Relato de Albert Koenraat sobre a tomada da Bahia, 9 de maio de 1624 (*Doc. em holandês*).

- *SP 84/ 141, f. 94* – Coronel General Weerdenbuch (Pernambuco) para os Estados Gerais, 25 de fevereiro de 1630 (*Doc. em inglês*).

- *SP 84/ 153, f. 153* – Artigos sobre o comércio no Brasil, contratados com a Companhia Holandesa das Índias Ocidentais, Olinda, Pernambuco, 9 de abril de 1638 (*Doc. em inglês*).

- *SP 84/ 590* – Relato do Príncipe Maurício de Nassau para os Estados Gerais sobre o estado e as condições do Brasil – 1643–44 (*Doc. em holandês*).

O outro principal local de documentos referentes aos holandeses no Brasil é a correspondência diplomática portuguesa [*SP 89*, ver p. 124] desse período. É também possível que outras conjuntos dos *State Papers* contenham documentos relativos aos holandeses no Brasil. Um item útil incluído no conjunto dos *State Papers Domestic: Supplementary* é:

- *SP 46 / 128, f. 174* – Notas sobre o comércio com o Brasil, sem data, mas provavelmente entre os anos de 1653–54 (*Doc. em inglês*).

SP 78 – **France, 1577 to 1780**
335 volumes
Docs. em inglês (alguns em francês e em latim).
Este conjunto de documentos consiste na correspondência de diplomatas ingleses (e posteriormente britânicos) na França. Assim como na série holandesa [*SP 84*, ver p. 124] com base cronológica, as listas descritivas relativas à França fornecem bem poucos indicadores de assunto de cada um dos volumes.

Não existem registros de correspondência ou instrumentos de busca adicionais, e os leitores não têm outra alternativa senão pesquisar nos volumes que cobrem o período que lhes interessa.

LONDRES

A busca, usando o catálogo eletrônico, resulta em pouquíssimos documentos relativos ao Brasil. Os documentos que aparecem são todos do século XVIII e contêm pouco conteúdo referente às ligações comerciais e observações relativas à rivalidade militar espanhola-portuguesa no sul do Brasil. Não foi encontrado neste acervo nenhum documento relativo à ocupação francesa no Brasil no século XVI. É possível, no entanto, que esta série inclua mais documentos relativos ao Brasil, ao menos os relativos à disputa territorial entre França e Portugal no norte do Brasil.

● **Foreign Office (FO)**

O Foreign Office (Ministério de Relações Exteriores) foi formado em 1782, e é bem vasta a extensão do acervo, cobrindo todos os aspectos da relação Brasil – Grã-Bretanha, bem como as observações e informações geradas no e sobre o Brasil para uso do governo britânico. O conjunto documental do Foreign Office Archive é, sem dúvida, a maior – e indiscutivelmente, a mais significativa – coleção de documentos na Grã-Bretanha, relativos ao Brasil.

Durante o século XIX o Foreign Office desenvolveu rapidamente uma estrutura profissional organizada, assim como o Serviço Diplomático no exterior. Em particular, os registros do século XX no Foreign Office refletem um crescimento, em complexidade, nas relações externas e na revolução das comunicações. A grande quantidade de registros produzidos foi uma das conseqüências. Documentos comercias relativos ao Brasil, por exemplo, podem ser excelentes e são muitas vezes a melhor fonte de material sobre os negócios britânicos no Brasil, na falta de registros corporativos.

Os arquivos do Foreign Office, assim como os relatórios confidenciais relativos especificamente às empresas, muitas vezes, incluem recortes de jornais e prospectos das companhias.

FO 881 – **Confidential Print**
Em torno do ano de 1829, importantes relatórios, correspondências e outros papéis sobre um determinado assunto foram impressos para circulação entre o pessoal do Foreign Office, do Cabinet Office, assim como de outros departamentos governamentais, como por exemplo, para o pessoal das legações e dos consulados em todo o mundo. Também podem ser vistos, de forma dispersa nos conjuntos documentais e de forma organizada sob a cota *FO 881*.

LONDRES

Os volumes do *Confidential Print* estão listados por data e por título em uma série relevante e podem ser pesquisados também através da base de dados do catálogo eletrônico.

Foram encontrados cerca de 130 itens diretamente ligados ao Brasil. Algumas questões (mais notadamente sobre a disputa territorial entre a Guiana Britânica e o Brasil) resultaram na produção de várias Publicações Confidenciais durante muitas décadas. O tamanho dos documentos varia entre poucas dúzias de páginas a mais de uma centena de páginas. São exemplos de *Confidential Print* relativas ao Brasil:

- *FO 881 / 316* – Brasil: Documentos. Tráfico de Escravos, Açúcar, 1845–46.

- *FO 881 /4771X* – Brasil: Relatório sobre a investigação e a coleta de plantas e sementes das árvores de borracha no Pará e Ceará e de bálsamo da copaiba, 1877.

- *FO 881 / 5886* – Brasil: Reclamação da Ceará Water Company (Companhia de Águas do Ceará), 1887–89.

General Correspondence (Correspondência Geral)

A Correspondência Geral do Foreign Office contém a mais importante e extensa documentação dos departamentos políticos do Foreign Office. São documentos produzidos pelo próprio Foreign Office que foram acumulados em Londres. Tais documentos incluem originais e cópias de despachos de representantes no exterior, muitas vezes com seus anexos, relatórios, traduções, recortes de jornais e cartas particulares enviadas para informação do Ministro das Relações Exteriores.

Os volumes (e posteriores arquivos) que contêm a correspondência, incluem comentários de importantes oficiais e toda e qualquer correspondência que tenha sido recebida de outros departamentos do Governo. Cópias dos telegramas e cartas enviados, junto com as minutas, também podem ser encontradas nestes registros.

A Correspondência Geral também inclui outros documentos, tais como minutas de questões parlamentares a serem respondidas, para as quais a opinião do Foreign Office era solicitada, e registros de conversas entre diplomatas senior ou o Ministro das Relações

LONDRES

Exteriores e oficiais em visita ou adidos estrangeiros residentes em Londres. A correspondência relativa à uma questão especifica ou uma questão internacional mais duradoura podem estar agrupadas separadamente e podem ser identificadas pelo assunto. Tais documentos são nominados de "casos", e os volumes se encontram dentre a Correspondência Geral na data na qual a questão foi finalmente resolvida ou quando o arquivo foi encerrado. Questões internacionais mais duradouras nas quais os volumes em separado foram abertos (por exemplo, Trafico de Escravos) estão agrupadas em cada ano e colocadas no fim da Correspondência Geral daquele ano.

Antes do ano de 1906, a Correspondência Geral está organizada cronologicamente em uma série em separado ou em séries para cada país, muitas vezes sendo alterada em função de mudanças na soberania dos países. A série mais importante para o Brasil é a série de Portugal *FO 63* (de central importância até 1824) e a série do Brasil *FO 13* (com o reconhecimento da Independência, em 1824). Estas séries gerais também contêm correspondência consular, comercial e referentes a tratados do Foreign Office agrupadas em volumes separados e anotadas na lista da série. Documentos Consulares também podem ser suplementados usando-se os conjuntos indicados como *FO 83* e *FO 84* (ver p. 148).

Nota: Os conjuntos sobre Portugal (para o período pré-Independência) e do Brasil na Correspondência Geral são descritos em ordem cronológica de importância, seguidos por outras séries da Correspondência Geral que incluem documentos relativos ao Brasil.

FO 63 – Foreign Office: Political and Other Departments: General Correspondence, Portugal, 1781 to 1905

Docs. em inglês (alguns em português e em francês).
Esta série contém a correspondência geral acumulada em Londres relativa a Portugal. Para o período de 1781 a 1824, este é o principal conjunto documental que contém correspondência relativa ao Brasil. De vital importância são os volumes que cobrem os anos de 1808 a 1824 (período desde a chegada da família real portuguesa no Rio de Janeiro até o reconhecimento da Independência), durante o qual ficou marcada a presença formal de diplomatas britânicos.
Para os anos de 1808–24 os volumes que se dedicam à correspondência para e do Brasil estão identificados em listas descritivas das séries. Não existe registro da correspondência por assunto, o que torna a identificação de um assunto específico bastante demorada, e muitas vezes improdutiva.

FO 13 – Foreign Office: Political and Other Departments: General Correspondence, Brazil, 1824 to 1905
865 volumes
Docs. em inglês (alguns em português e francês)
Nota: Como esses volumes ficam armazenados em Cheshire, os pedidos devem ser feitos com antecedência de no mínimo três dias úteis.

Esta série de volumes e conjuntos documentais contém correspondência geral relativa ao Brasil acumulada em Londres. Esta série é normalmente considerada o conjunto de fontes mais importante da documentação das relações políticas e comerciais entre o Brasil e a Grã-Bretanha. Assim como as relações bilaterais políticas e comerciais, os documentos incluem muitas vezes uma cobertura detalhada das relações políticas internas do Brasil e das relações do Brasil com outros países. Muitos volumes e documentos incluem a correspondência entre oficiais britânicos e brasileiros e relatórios fornecidos por fontes brasileiras não governamentais. Embora tenha indiscutível importância, a série *FO 13* é melhor útilizada se correlacionada com outras séries – por exemplo, *FO 128* (ver pp. 149–51). Desde 1870, aproximadamente, os volumes individuais com grupos de documentos e os documentos individuais sobre um assunto corrente político, diplomático, consular ou comercial ou casos foram criados e colocados em seqüência de acordo com o ano em que o assunto foi encerrado. Os exemplos são:

- *FO 13 / 49–50* – Mediação britânica entre o Brasil e Argentina , sobre o Uruguai, 1828.

- *FO 13 / 506* – Suspeita de assassinato de "negros" no Rio por marinheiros do navio HMS *Reindeer*, 1871–74.

- *FO 13 / 560* – Emigração de "*coolies*" (trabalhadores hindus) da Maurícius para o Brasil, 1877–79.

- *FO 13 / 824* – Great Northern Railway of Brazil (Ferrovia do Grande Nordeste do Brasil), 1893–1901.

- *FO 13 / 832* – Lei de Naturalização, 1891–1902.

- *FO 13 / 862* – Estado de Counani, 1903–05.

LONDRES

Referências aos documentos contidos nesta série podem ser encontradas nos índices e registros de correspondência (de 1824 a 1890, ver *FO 605*; depois *FO 662* e *FO 409*). Existem tanto um índice geral quanto registros separados para cada área em particular, (p. ex.: "Commercial", "Diplomatic", "Consular". O catálogo eletrônico somente identifica os números dos volumes por determinados anos, áreas de interesse e nomes de ministros ou cônsul.

FO 371 – Foreign Office: Political Departments: General Correspondence, 1906 to 1966

Docs. em inglês (alguns em português)

Esta série contém correspondência, documentos políticos, memorandos e minutas dos Departamentos Políticos do Foreign Office. Os Departamentos Políticos eram divididos por base geográfica, sendo o Brasil administrado pelo Departamento das Américas. Entre os Departamentos Políticos também encontravam-se o Departamento de Guerra (1914 a 1920) e o Departamento de Inteligência Política (1939 a 1946), este último possui documentos relativos ao Brasil. Registros relativos ao Brasil nos Departamentos Políticos, antes de 1906, encontram-se no *FO 13* (ver pp. 143–44).

O *FO 371* representa a mais importante série de documentos do National Archives para historiadores da história diplomática e da política no período de 1906 a 1966, mas todas as outras áreas de interesse do Foreign Office estão incluídas. Esses conjuntos documentais são significativas fontes demonstrativas de como o Foreign Office alcançou uma posição de realizador de políticas e quais as ações que resultaram. Os conjuntos documentais muitas vezes incluem notas das opiniões dos Ministros e do Gabinete sobre uma questão particular e podem incluir documentos do próprio Gabinete, relatórios do serviço de inteligência e correspondência dos oficiais britânicos e estrangeiros ou fontes privadas. Os conjuntos variam enormemente em termos de quantidade e qualidade de documentos – eles podem incluir uma única e breve carta, ou relatórios volumosos, comentários e anexos. De especial valor são os conjuntos e séries anuais (em alguns casos, vários conjuntos para um mesmo ano) que contêm relatórios gerais sobre a política interna e externa, situação econômica e diplomática relativa ao Brasil, junto com documentos suplementares tais como recortes de jornais e cartas de informantes locais. Os conjuntos incluem anotações feitas pelo pessoal do Foreign Office que podem ser úteis para entender como os

LONDRES

relatórios eram feitos em Londres. Os relatórios eram geralmente compilados pelo Primeiro-Secretário correspondente na embaixada e encontravam-se intitulados nos arquivos sob o nome de "Situação Econômica no Brasil" ou "Situação Política no Brasil", ou naqueles com títulos concernentes às relações do Brasil com o Reino Unido, Estados Unidos e outros países indicados. Além disso, foram abertas séries para os assuntos ou casos específicos, referentes à política interna no Brasil ou às condições econômicas ou relações exteriores. Exemplos destes conjuntos classificados por anos:

- *FO 371/ 51923* – Negócios, no Brasil, da Leopoldina Railway Co. Ltd.

- *FO 371/ 51942* – Negócios da Rio de Janeiro City Improvement Co. Ltd (Companhia de Melhorias da Cidade do Rio de Janeiro).

- *FO 371/74554* – Comunismo no Brasil, 1949.

Os conjuntos sob o título *"Country Tour"* podem oferecer informações importantes sobre regiões do país além do Rio de Janeiro ou do âmbito da Embaixada de Brasília, especialmente com o fechamento, após 1945, de muitos consulados e vice-consulados britânicos, que antes existiam em número muito maior. Tais relatórios, no entanto, consistem freqüentemente em não mais do que simples livros de viagem e relatam, por vezes, mais sobre as atitudes e preconceitos dos diplomatas do que sobre as regiões do país que eles visitaram.

Essa série encontra-se organizada por ano e depois por departamento, e por região e país. Documentos relativos ao Brasil podem ser encontrados em geral nos séries indicadas como *"Latin America: General"* (p. ex.: *FO 371 / 25969 – German Activities in Latin America, 1941*). De modo semelhante, as relações do Brasil com outros países são detalhadas com uma perspectiva, não brasileira, nos arquivos de outros países, especialmente nos arquivos dos países vizinhos da América Latina (por exemplo, *FO 371 / 2155 – Venezuela: Frontier with Brazil, 1938*).

Nota: A partir de 1938, um sistema baseado em séries substituiu o de volumes agrupados, sendo dados títulos descritivos às séries

LONDRES

específicas de cada grupo de conjunto. Não é possível calcular quantos volumes e séries, total ou parcialmente, que se referem ao Brasil, mas uma busca pela palavra "Brazil" no catálogo eletrônico sugere que existam mais de 1.275. As referências são por meio das fichas de índices e registros no *FO 566* e *FO 662* para os anos até 1920 e, posteriormente, através do índice no *FO 409*. O catálogo eletrônico é um instrumento útil para os arquivos posteriores a 1938.

FO 368 – Foreign Office: Commercial and Sanitary: General Correspondence, 1906 to 1920
Docs. em inglês (alguns em português)
Existem neste período (1906–1920) 46 volumes de correspondência brasileira sobre comércio e sanitarismo. Os volumes incluem cartas recebidas e rascunhos ou respostas, e são listados por ano na lista de classificação, embora não exista nenhuma descrição sobre o conteúdo. As referências são através do cartão de índices e de registros no *FO 566* e *F0 662*.

Grande parte das correspondências são de perguntas rotineiras das companhias britânicas sobre taxas cobradas no Brasil e telegramas informando o Foreign Office sobre a explosão de doenças contagiosas e regulamentos sobre quarentenas em algumas partes do Brasil. Existem também relatórios mais detalhados, muitas vezes agrupados dentro dos volumes, analisando as condições comerciais gerais do Brasil e as condições de companhias específicas (por exemplo, avaliação da concessão da ferrovia de Manaus até Boa Vista em 1911 [*FO 368 / 515*]), ou analisando as perspectivas de emigrantes que chegavam ao Brasil. Os registros do Departamento de Comércio, antes de 1906, encontram-se no *FO 13* (ver pp. 143–44) e estão agrupados em volumes descritos pela palavra "Commercial". Depois de 1920, a correspondência comercial pode ser encontrada em conjunto com a correspondência consular, política e de tratados.

FO 369 – Foreign Office: Consular Department: General Correspondence, 1906 to 1966
5.961 séries e volumes
Docs. em inglês
Este conjunto documental contém correspondência, papéis políticos, etc., do Departamento Consular em Londres. Os registros do Departamento Consular, antes de 1906, encontram-se na série

LONDRES

FO 13 da Correspondência Geral (ver p. 143), na qual os documentos são, geralmente, encadernados separadamente e identificados no Catálogo pela descrição "Consular" (para as partes relevantes). Existe considerável número de correspondências relativas ao Brasil, incluindo muitos anexos, complementando (e muitas vezes duplicando) o material dos arquivos consulares (*FO 128*, ver pp. 149–51). O objetivo normal das obrigações consulares é analisado, tais como as disputas relativas às propriedades pertencentes aos membros da comunidade britânica (pessoas físicas, pessoas jurídicas, e instituições comunitárias tais como igrejas e cemitérios) e reclamações relativas a assuntos polêmicos britânicos. Existem também relatórios detalhados sobre a posição das comunidades britânicas pelo Brasil. A referência é feita através do fichário dos índices e dos registros no *FO 566* e *FO 662* até o ano de 1920, e após este ano através dos índices no *FO 409*. Os títulos das séries descritas encontram-se na lista de séries para os arquivos do período posterior a 1940.

FO 370 – Foreign Office: Library and the Research Department: General Correspondence, 1906 to 1965
2.929 séries e volumes
Docs. em inglês

Este conjunto documental contém correspondência da Library (Biblioteca dos 1906–64) e do Research Department (Departamento de Pesquisa, a partir de 1946). Estas seções recebiam pedidos de informação ou de publicações de outros departamentos e do exterior, e como resultado os registros possuem informações sobre uma ampla gama de assuntos, mas raramente eles são exclusivos de um assunto específico. Os documentos típicos, relativos ao Brasil, são os detalhes do acordo cultural de 1944 entre o Brasil e o Canadá [*FO 370 / 891*] e os acordos com a delegação Britânica para estudar o eclipse total do sol, no Brasil, em 1947 [*FO 370 / 1353*].

Os documentos até o ano de 1951 estão indexados no *FO 409*. Para pesquisar os arquivos de anos posteriores do Foreign Office e também do Foreign and Commonwealth Office Library ver *FCO 12*. E para pesquisar os arquivos, também posteriores, do Foreign Office e do Foreign and Commonwealth Office Research Department ver *FCO 51*.

Para investigar os arquivos da British Council Section após tornar-se o Cultural Relations Department ver *FO 924* (pp. 178–79).

LONDRES

FO 372 – **Foreign Office: Treaty Department and successors: General Correspondence, 1906 to 1965**
Docs. em inglês
Os poucos arquivos relativos ao Brasil desta série, referem-se a disputas, pedidos e acordos bilaterais sobre casamentos, tratados de extradição, privilégios diplomáticos, nacionalidade e serviço militar. Alguns arquivos também analisam os acordos para a emissão de vistos britânicos para brasileiros e cidadãos de outros países.

FO 83 – **Foreign Office, General Correspondence, Great Britain and General, 1745 to 1967**
Docs. em inglês
Esta série contém um conjunto de variadas correspondências para departamentos internos e diplomatas no exterior, e muitos documentos relativos a processos. Os documentos relativos ao Brasil referem-se sobretudo à disputas sobre navegação e encontram-se no:

- *FO/ 2236–2241* – Relatório de Autoridades Judiciais: Brasil: Processos Legais, 1823–76.

FO 84 – **Slave Trade Department, 1816 to 1892**
2.276 volumes (já em microfilme)
Docs. em inglês e português
Este é a correspondência sobre o Tráfico de Escravos e os Departamentos Africanos do Foreign Office, incluindo muitos volumes, exclusiva ou parcialmente, dedicados ao Brasil entre 1822 e 1888. Inclui, também, considerável material sobre os escravos fugitivos, a posição de assuntos britânicos no Brasil relativos à propriedade de escravos, à interceptação de navios negreiros e aos processos na corte do vice-almirante em Sta. Helena contra os navios negreiros que, em sua maioria, eram brasileiros.

Outros documentos relativos ao Brasil podem ser encontrados no *FO 315*, nos arquivos da Comissão de Tráfico de Escravos de Sierra Leone (1819–68). Estes, incluem registros da Comissão – em particular a correspondência original, livros de cartas e registros de libertação dos escravos, e documentos referentes à adjudicação de navios. As referências desta série de documentos podem ser encontradas em microfilme no *FO 605*.

LONDRES

FO 610 – **Foreign Office: Passport Office, 1795 to 1948**
410 volumes
Docs. em inglês
Existem poucos meios de identificar os emigrantes e outros viajantes dos portos britânicos. Uma possibilidade é que seja feita através da solicitação de passaportes, porém os emigrantes do século XIX que partiam para os países estrangeiros, inclusive para o Brasil, raramente viajavam com passaportes britânicos, pelo contrário, viajavam com passaportes emitidos pelos consulados do país de destino. Esta série contém registros de passaportes emitidos em ordem cronológica, mostrando o país de destino pretendido e detalhes pessoais (inclusive a ocupação) do solicitante. O Brasil raramente aparece como país de destino. Os índices dos nomes [*FO 611*] fornecem as datas da emissão e o número de série de cada passaporte dos anos de 1851–62 e 1874–98.

Embassy and Consular Archives
As embaixadas, os consulados e os adidos britânicos mantinham seus próprios arquivos, até o momento em que estes eram, em geral, devolvidos ao Foreign Office em Londres e eventualmente transferidos para o PRO. No entanto, com exceção do consulado da Bahia [*FO 268*], os arquivos consulares que foram parar no National Archives são, de modo geral, inconsistentes, o que sugere a deliberada ou não-intencional destruição ou disposição das coleções, enquanto ainda no Brasil. As coleções consulares que sobreviveram podem ser complementadas pela consulta aos importantes volumes e séries "Consular" no *FO 128* (ver abaixo), bem como no *FO 13* (ver pp. 143–44) e, após 1905, no *FO 369* (ver pp. 146–47). A consulta das classes *General Correspondence and Embassy and Consular* irá complementar as lacunas na documentação e também pode fornecer diferentes interpretações dos eventos.

Nota: As séries da *General Embassy and Consular* são descritas, primeiro, seguindo a ordem alfabética de acordo com o nome dos lugares, depois pelas séries dos distritos consulares específicos e as séries das comissões especiais.

FO 128 – **Foreign Office: Embassy and Consular: General Correspondence, Brazil, 1821 to 1956 (não contém correspondência relativa aos anos 1914–31)**
481 volumes e conjuntos documentais
Docs. em inglês (alguns em português)

LONDRES

Esta série contém os documentos feitos pelo pessoal da Embaixada Britânica e dos consulados no Brasil. Esta série representa a mais extensa – e para muitos postos a mais importante – fonte de registros consulares relativos ao Brasil. É também importante, pela gama de documentos feitos por contatos locais das embaixadas e consulados, as instruções vindas de Londres e as cópias ou minutas de respostas. Os assuntos cobertos são extremamente variados, mas estes conjuntos são de especial valor para análises e descrições de eventos em geral além dos ocorridos do Rio de Janeiro. Por exemplo, muitos relatórios de rebeliões nas províncias e revoltas de escravos na década de 1830 são de leitura fascinante, assim como muitos relatórios das comunidades britânicas e dos interesses comerciais britânicos em partes remotas do país. Estes documentos são especialmente importantes onde os negócios ou outros tipos de registros específicos não estão disponíveis para assuntos tão diversos quanto a construção da Ferrovia Madeira-Mamoré no oeste do Amazonas e o estabelecimento de imigrantes ingleses no Paraná. Em termos gerais, a coleção consiste em:

- Despachos e telegramas recebidos pela Embaixada no Rio de Janeiro do Foreign Office em Londres, e minutas de despachos (ou cópias) para respostas.

- Correspondência de e para os consulados e vice-consulados britânicos espalhados pelo Brasil.

- Correspondência com o Ministro das Relações Exteriores do Brasil.

- Correspondência com indivíduos e agências no Brasil, incluindo os oficiais brasileiros, representantes de interesses britânicos ou de outros comerciantes no Brasil, e as reclamações ou pedidos de assistência ou opinião sobre outros assuntos britânicos.

- Correspondência com indivíduos e agências no exterior solicitando a assistência ou a opinião, sobre os indivíduos no Brasil ou as condições econômicas do país.

LONDRES

Até 1940, a maior parte dos documentos foi colocada em volumes anuais, assim etiquetados: "To the Embassy", "From the Embassy", "Brazilian Government", "Treaties and Commercial", "Consulates" e "Miscellaneous". Alguns dos arquivos permanentes eram também mantidos e agrupados com o número de outros volumes e etiquetados simplesmente como "Processes" (em geral, as reclamações por assunto ou as companhias britânicas contra as autoridades brasileiras). Alguns processos mais demorados geraram documentação suficiente para os volumes serem etiquetados separadamente com o nome do processo, tais como *Porto Alegre and New Hamburg (Brazilian) Railway Co. Ltd, 1906 to 1913* [*FO 128 /312*].

A partir de 1940, os conjuntos foram mantidos separadamente, e os assuntos dos mesmos estão identificados de forma clara nas listas das séries e acessíveis com a busca pelo catálogo eletrônico. Alguns destes arquivos são extremamente densos, incluindo correspondência e anexos do corpo diplomático e contatos locais, enquanto outros conjuntos contêm apenas uma simples carta. Exemplo dos conjuntos:

- *FO 128 / 387–390 e 395* – Atividades dos inimigos (alemães) no Brasil, 1940–41.

- *FO 128 / 402* – Brasil – Rússia: Relações políticas, 1942.

- *FO 128 / 433* – Forças Expedicionárias Brasileiras, 1944.

- *FO 128 / 463* – Exilados políticos no Brasil, 1947.

- *FO 128 / 478–480* – Brasil: Situação política interna, 1956.

FO 129 – Foreign Office: Consulates: Letter Books, Brazil, 1828 to 1863
17 volumes
Docs. em inglês
Estes documentos são cópias de cartas enviadas pelos consulados britânicos por todo o Brasil e podem ser melhor analisadas em conjunto com os volumes para os mesmos anos do *FO 128*.

LONDRES

FO 130 – Foreign Office: Consulates: Register of Correspondence, Brazil, 1828 to 1912
15 volumes
Docs. em inglês
Estes são registros de cartas recebidas e enviadas pelos consulados contidos dentro de *FO 128*. O *FO 130 / 9* é um índice para as correspondências das Reclamações Britânicas no *FO 306* (ver p. 155).

FO 131 – Foreign Office: Consulates: Miscellanea, Brazil, 1820 to 1885
18 volumes *(já em microfilmes)*
Docs. em inglês
Despachos, minutas e documentos diversos relativos ao tráfico de escravos (1820–81), negociações de tratados comerciais (1842–45), uma missão especial para a Argentina e Uruguai (1847), e outros documentos como contas, etc.

FO 268 – Foreign Office: Consulates: Bahia: General Correspondence, 1812 to 1905
50 volumes
Docs. em inglês e português
A Bahia (Salvador) foi um importante consulado e o único cujo acervo de documentos foi mantido por um longo período. Os conjuntos de documentos incluem cartas e material suplementar recebidos pelo consulado. Além de cópias de despachos do consulado de Londres, os conjuntos contêm despachos do Foreign Office e a correspondência de Ascension Island (uma base naval britânica de importância para a intercepção de navios negreiros) e outros postos. A correspondência inclui o preço dos escravos.

Os volumes não estão indexados, mas podem ser identificados pela data e pela fonte mais geral do documento (assim como, "From Presidents and Captains General", "From Foreign Office", "From British Legation, Rio de Janeiro", "From Brazilian Authorities", "From Board of Trade", "From Various"). Este ultimo inclui correspondência de e para pessoas físicas e jurídicas na Grã-Bretanha e no Brasil. Além do arquivo "From Foreign Office (Slave Trade)", não existe nenhum volume sobre um assunto específico. A referência está no FO 270.

LONDRES

FO 269 – Foreign Office: Consulates: Bahia: Letter Books, 1853 to 1906
13 volumes
Docs. em inglês
Este conjunto inclui cópias de cartas enviadas pelo consulado da Bahia. Os volumes individuais (identificáveis por ano) estão divididos em seções: "To Legation, Rio de Janeiro", "To President", "To Foreign Office", "To Board of Trade" e "To Various". Este ultimo inclui correspondência de e para pessoas físicas e jurídicas na Grã-Bretanha e no Brasil.

FO 270 – Foreign Office: Consulates: Bahia: Register of Correspondence, 1891 to 1909
1 volume
Docs. em inglês
Este volume é o registro da correspondência do Consulado Britânico na Bahia.

FO 271 – Foreign Office: Consulates: Bahia: Shipping Records and Naval Court Proceedings, 1853 to 1915
33 volumes
Docs. em inglês
Esta série contém registros de navegação e procedimentos da Tribunal Naval do Consulado Britânico na Bahia. Os volumes são registros de movimentos de navegação, protestos de e para as autoridades locais, e ordens e relatórios de pesquisas e procedimentos da Tribunal Naval.

FO 272 – Foreign Office: Consulates: Bahia: Miscellanea, 1875 to 1915
6 volumes
Docs. em inglês (alguns em português)
Estes volumes incluem contas, documentos relativos à propriedades de espólios britânicos, declarações, certificados, etc.

FO 843 – Foreign Office: Consulates: Pernambuco: General Correspondence, 1821 to 1912
20 volumes (não existe documentos do período de 1824–63)
Docs. em inglês
A maior parte dos documentos são cópias de cartas enviadas ao Adido Britânico no Rio de Janeiro sobre a economia local, comércio, navegação, política e questões referentes a residentes e assuntos de britânicos em visita ao Brasil. Existem algumas cartas recebidas, sobretudo do Adido Britânico, e também de órgãos em Londres tais como a Board of Trade (Ministério de Comércio) e de autoridades locais brasileiras. Ver também *FO 865* abaixo.

LONDRES

FO 865 – Foreign Office: Consulates: Recife (Pernambuco): Various Papers, 1927 to 1948
7 arquivos
Docs. em inglês
De abrangência extremamente limitada, os documentos que restaram referem-se à inspeção do consulado (1927-31) e assuntos relativos à Igreja Anglicana e ao cemitério. Ver também *FO 843* acima.

FO 587 – Foreign Office: Consulates: Porto Alegre: Letter Books, 1868 to 1900
3 volumes
Docs. em inglês
Estes, são livros de registro de cópias de cartas enviadas, e despachos a elas associados cobrindo as atividades usuais do consulado. Também estão incluídas declarações regulares da chegada e partida de navios, dados de comércio e preços de escravos.

FO 588 – Foreign Office: Consulates: Porto Alegre: Register of Correspondence, 1881 to 1935
6 volumes
Docs. em inglês
Estes, são livros de registro de cartas recebidas e enviadas pelo Consulado Britânico. A correspondência não foi preservada.
O valor, portanto, é limitado à identificação das principais questões tratadas pelo consulado durante este período e o nome dos correspondentes.

FO 589 – Foreign Office: Consulates: Porto Alegre: Miscellanea, 1881 to 1916
1 volume
Docs. em inglês
Este livro de registros de procedimentos diversos contém cópias de cartas enviadas e anotações de atos do consulado. Os movimentos de navegação e as obrigações consulares rotineiras (tais como o registro de indivíduos britânicos e a emissão de passaportes) constituem a maior parte do volume.

FO 743 – Foreign Office: Embassy and Legation, Rio de Janeiro: General Correspondence and Registers of Births, 1815 to 1950
41 volumes e conjuntos documentais
Docs. em inglês
Os primeiros dez volumes desta série [*FO 743/1–10*] são Registros

LONDRES

de Correspondência para o Consulado do Rio de Janeiro no período de 1897–1934 – cartas enviadas e recebidas estão listadas por assunto, data e nome do correspondente. O livro de cópia das cartas não foi mantido. Os volumes restantes e os arquivos desta série, na sua maioria, apresentam documentos feitos pelo próprio distrito consular do Rio de Janeiro e também documentos herdados dos distritos consulares do Pará e do Maranhão.

Vale a pena destacar os conjuntos documentais da década de 1930 [*FO 743 / 16–18*] referentes ao desaparecimento do explorador inglês Coronel Percy Fawcett no Mato Grosso; conjuntos de documentos resumidos [*FO 743 / 22–27*] das atividades do Conselho da Comunidade Britânica em apoio aos Aliados na Segunda Guerra Mundial e o recrutamento de voluntários britânicos; bem como os documentos do comitê [*FO 743 /12–13*].

FO 863 – **Foreign Office: Consulates: São Paulo: Register of Births and Marriages and Correspondence, 1919 to 1948**
13 arquivos
Docs. em inglês
Estes arquivos incluem registros de nascimento, 1932; registros de casamento, 1933; correspondência referente ao Cemitério dos Estrangeiros em Santos, 1919 e 1936; e correspondência relativa à nacionalidade, 1943.

FO 306 – **Foreign Office: Archives of the British and Brazilian Claims Commission, 1858 to 1877**
9 caixas
Docs. em inglês e português
Estes documentos são de reclamações, que obtiveram ou não êxito, contra autoridades brasileiras por perdas incorridas por indivíduos britânicos, especialmente durante os períodos de guerra e de insurreição no Brasil. As reclamações referem-se às primeiras décadas do século XIX e incluem pedidos de indenização por "encarceramento ilegal" de indivíduos britânicos, por perdas incorridas quando a Banda Oriental (Uruguai) fazia parte do Brasil (1827–28) e pelo "pagamento forçado e irregular de taxas" feitos por comerciantes britânicos no Maranhão.

O índice para a Comissão de Reclamações (incluindo datas e detalhes básicos sobre a natureza das reclamações) pode ser encontrado no *FO 130/9* (ver p. 152).

LONDRES

FO 308 – **Foreign Office: Archives of Commissions and Delegations: British and Portuguese Mixed Commission, 1817**
Docs. em inglês e português
Estes documentos são reclamações, que obtiveram ou não êxito, contra autoridades portuguesas pelas perdas e despesas incorridas por indivíduos britânicos. Os documentos relativos ao Brasil referem-se à intercepção de navios portugueses que carregavam escravos da África para a Bahia.

Other Foreign Office Classes
Dependendo do assunto e do período de interesse do pesquisador, as séries não-brasileiras podem conter relevantes documentos e devem também ser consultadas. No início do século XIX, os documentos portugueses são uma fonte óbvia, embora alguns deles sejam um pouco desapontadores. Por exemplo, não foram identificados documentos relativos ao Brasil entre os muitos registros do consulado britânico em Lisboa, 1809–1949 [*FO 173*]. Do mesmo modo, aparentemente não existem documentos relevantes entre os registros consulares britânicos de Ponta Delgada (Açores) 1807–67 [*FO 559*]. No entanto, as várias séries das Províncias Unidas do Rio da Prata (p. ex.: *FO 505*) podem ser úteis para alguns assuntos do início do século XIX. As séries de documentos dos países da Europa e América Latina regularmente apresentam documentos analisando aspectos de suas relações com o Brasil. A série *FO 63* (*Foreign Office: Political and Other Departments: General Correspondence, Portugal, 1781–1905*) foi resumida acima, e as outras séries que valem a pena considerar são descritas abaixo.

FO 505 – **Foreign Office: United Provinces of Rio de La Plata**
Docs. em inglês
Esta série contém alguns documentos [p. ex.: *FO 505 / 2*] referentes aos bloqueios brasileiros a Buenos Aires, 1826–28.

FO 811 – **Foreign Office, British Consulate, Funchal, Madeira, c. 1750 to 1931**
61 volumes e arquivos
Docs. em inglês
Esta série inclui pouquíssimos documentos identificáveis como relativos ao Brasil. No entanto, *FO 811 / 42*, contém uma breve carta do ano de 1851 relativa ao reparo de navios negreiros brasileiros em Madeira, enquanto que *FO 811 / 43* analisa as

intenções e desejos de Maria Amelia, Imperatriz Honorária do Brasil, sobre sua partida de Madeira, em 1853.

Foreign Office Private Papers
Até meados do século XX, Ministros das Relações Exteriores e diplomatas levavam, como sua propriedade, documentos não registrados relativos às suas atividades oficiais. Muitos destes documentos estão descritos em algum lugar deste guia, mas é aconselhável que, quando o nome dos indivíduos for conhecido, seja feita uma busca através do *website* do *National Register of Archives* (NRA) (ver p. 264). Algumas coleções dos chamados "documentos particulares" foram, no entanto, devolvidas ao Foreign Office antes de serem transferidas para o PRO. Algumas destas coleções são desapontadoras. Por exemplo, os documentos de George Villiers, quarto Marquês de Clarendon (Ministro das Relações Exteriores nos períodos de fevereiro 1853–fevereiro 1858, novembro 1865–julho 1866 e dezembro 1868–junho 1870), na série *FO 361* não contém nenhum documento relativo ao Brasil.

FO 355/1 and 6 – Aston Papers
Docs. em inglês
Sir Arthur Aston (1798–1859) serviu como secretário do Adido Britânico no Rio de Janeiro entre 1826 e 1833. A série *FO 355 / 1* contém minutas das correspondências do Rio de Janeiro (1827–32), enquanto a *FO 355 / 6* cobre um período maior (1827–43), incluindo alguma correspondência brasileira. A guerra entre Brasil e Argentina é um tópico freqüente e entre os correspondentes encontram-se Woodbine Parish (Adido Britânico em Buenos Aires; ver *FO 354 / 7–9*, p. 144) e os Lordes Granville e Palmeston.

FO 954 – Avon Papers
Docs. em inglês
Estes, são cópias microfilmadas de documentos particulares de Anthony Eden (1899–1977), reunidos enquanto era Ministro das Relações Exteriores (1936–38 e 1940–45). Os documentos originais são mantidos pela University of Birmingham Library, na qual o acesso é restrito (ver p. 11). Poucos itens referem-se ao Brasil – limitados a algumas cartas analisando as opiniões do Brasil sobre a situação política na França e na Itália em 1943 e mencionando as operações militares brasileiras no norte da África e na Itália.

LONDRES

FO 353 / 96 – Jackson Papers
Docs. em inglês
Sir George Jackson era um diplomata cujo final de carreira coincidiu com a abolição do tráfico de escravos. Em 1828, ele foi nomeado 1º juiz comissionário da Corte da Comissão Mista da Sierra Leone. No período de 1832–41 foi nomeado comissionário chefe da Convenção da Abolição do Tráfico de Escravos da África, no Rio de Janeiro. E manteve esta mesma posição no Suriname (1841–45) e Luanda (1845–59). Os relatórios de Jackson reportando suas atividades no Rio de Janeiro encontram-se em um único volume.

FO 354/7 to 9 – Parish Papers
Docs. em inglês
Sir Woodbine Parish (1796–1882) era um diplomata que serviu na Europa e América do Sul. Em 1823 foi nomeado cônsul-geral britânico em Buenos Aires, e em 1828 estava envolvido nas negociações do término da guerra entre Argentina e Brasil, e no estabelecimento do Uruguai como um Estado independente. Encontram-se, nesta série, correspondência entre o Foreign Office em Londres e o Adido Britânico no Rio de Janeiro.

PRO 30 / 22 – Russell Papers
Docs. em inglês
A carreira de Lord John Russell (1792–1878) inclui a sua posição como Primeiro-Ministro, por duas vezes, (1846–52 e 1865–66) e de Ministro das Relações Exteriores também por duas vezes (um período de três meses em 1852–53 e 1859–65).

Os documentos de interesse do Brasil são, principalmente, as cartas recebidas durante o segundo período de Russell como Ministro das Relações Exteriores, especialmente sobre assuntos relativos ao tráfico de escravos. Foi durante a gestão de Russell que o chamado "Christie Affair" (Caso Christie) aconteceu. William Dougal Christie, o ministro britânico do Brasil no início da década de 1860, enfureceu as autoridades no Rio de Janeiro, pressionando o Brasil a tomar medidas para o fim da escravidão. Em 1863, ordenou a captura por navios britânicos, de navios brasileiros fora do porto do Rio de Janeiro, para demonstrar a vontade britânica de aplicar a força contra a escravidão. Este episódio levou o Brasil a suspender as relações diplomáticas com a Grã-Bretanha. Existe considerável correspondência relatando o episódio – da aceitação de Christie para sua nomeação no Brasil [PRO 30 / 22 / 48] em agosto de 1859 até o restabelecimento das

LONDRES

relações diplomáticas em 1865 com a chegada, ao Rio de Janeiro, do novo ministro Edward Thornton [*PRO 30 / 22/33*]. (Ver também *Layard Papers* na British Library, pp. 112–13.)

FO 933 – Thornton Papers
Docs. em inglês

Sir Edward Thornton (1766–1852) serviu como embaixador britânico no Brasil da Coroa Portuguesa entre 1819 e 1821 [ver *FO 933 / 78–86*] e, subseqüentemente como Embaixador em Lisboa, em 1823 e 1824 [ver *FO 933 / 87–91*]. A correspondência, principalmente a duplicata dos documentos encontrados em outras séries do Foreign Office, podem ser úteis por preencher lacunas dos conjuntos. Os assuntos variam bastante, e existem muitos documentos sobre as relações do Brasil com Buenos Aires e sobre a apreensão de propriedade de comerciantes britânicos, em Pernambuco. O filho mais novo de Thornton, com o mesmo nome, Sir Edward Thornton (1817–1906), serviu como ministro do Brasil entre 1865 e 1867 [ver *FO 933 / 93*]. Contudo, os únicos documentos relativos ao Brasil referem-se à disputa sobre o resgate de um navio norte-americano de pesca de baleias, chamado *Canada*, que naufragou na costa de Pernambuco, em 1856.

- ## Colonial Office (CO)

Em geral, as administrações de colônias britânicas não entravam em contato direto com o Brasil; não existindo portanto quase nenhum contato direto com o governo brasileiro ou seus órgãos. Pelo contrário, os representantes eram, em geral, nomeados pela Embaixada Britânica ou consulados no Brasil através do Foreign Office, em Londres. A maior parte dos documentos está mantida no acervo do Foreign Office. Ocasionalmente, as administrações das colônias e os indivíduos residentes nas colônias britânicas solicitavam ajuda ou informação diretamente dos representantes britânicos no Brasil. Deve-se ressaltar que os assuntos da Índia nunca foram administrados pelo Colonial Office (Ministério das Colônias). Para informações sobre as relações entre Índia e Brasil deve-se consultar os arquivos do Foreign Office (ver pp. 140–59) e os do India Office (ver pp. 124–28); desde 1907, as relações entre o Brasil e os domínios britânicos eram administradas pelo Foreign Office e pelo Dominions Office (ver p. 162).

O comércio e as outras relações entre as colônias britânicas e o Brasil eram limitados, fato que se reflete na falta de registros no

LONDRES

Colonial Office. Uma importante área de interesse que ligava o Brasil e as possessões britânicas no exterior, era a longa disputa territorial sobre a Guiana Britânica, para as quais, muitas séries de documentos e conjuntos documentais em FO e CO, foram criadas. Os conjuntos documentais que existem em outros tópicos e lugares estão bastante espalhados, e os pesquisadores devem consultar a lista das séries apropriadas para a colônia ou possessão de seu interesse. Alguns documentos relativos ao Brasil encontram-se entre as séries do departamento da Palestina *CO 733*, enquanto o importante tratado do bacalhau seco de Newfoundland – Brasil encontra-se no *CO 194* (antes de 1922) e no *DO 35* (1922–49); e existem registros espalhados entre várias séries de Almirantados (ADM), CO e FO, referentes à Ilha de St.Helena, no meio do Atlântico devido ao seu papel na intercepção de navios negreiros. O arquivo da Board of Trade (BT) (ver pp. 168–70) inclui alguns arquivos relativos aos acordos comerciais entre as colônias e os domínios britânicos e o Brasil, e os acordos para a exportação, para o Brasil, de produtos específicos do Império, tais como a juta.

CO 1 / 1 and 2 – **Colonial Office: America and West Indies, Colonial Papers, 1574 to 1623**
2 volumes
Docs. em inglês
Embora estes volumes refiram-se aos esforços, de pouca duração, da Amazon Company, (Companhia da Amazônia, 1619–21) para estabelecer postos de comércio e colonização na região delta da Amazônia, existem apenas algumas menções nestes documentos de episódios desta aventura. Ver também na British Library, pp. 104, 106 e 109 e National Library of Ireland, p. 40.

CO 111 – **Colonial Office: British Guiana: Original Correspondence, 1781 to 1951**
825 volumes
Docs. em inglês
A Guiana Britânica foi o único território britânico que dividia fronteira com o Brasil, e partes do sul de seu território foram objeto de uma longa disputa territorial. Embora se relate que a exploração e a demarcação dos limites em disputa na região de Rio Branco, tenham sido feitas pelo Brasil entre 1754 e 1823, o requerimento litigioso foi trazido à tona por volta de 1838.

Existem várias dezenas de documentos dedicados à longa disputa territorial. Os documentos incluem correspondência entre os governos britânico e brasileiro relativos aos trabalhos das várias comissões de fronteira (por exemplo, relatórios detalhados sobre o recrutamento de pessoal local e outros detalhes operacionais), mapas, desenhos e fotografias. Um sistema de indexação precário torna a identificação dos documentos um processo muito difícil. Além da disputa territorial, existiam poucos pontos de contato político ou econômico entre o Brasil e a Guiana Britânica. Durante a década de 1920, no entanto, foram levados adiante os planos de construir uma ferrovia conectando a Guiana Britânica ao Brasil (Manaus), que foram descritos em vários e detalhados documentos. Uma lista impressa, descritiva das séries, e o catálogo eletrônico permitem a identificação de documentos relativos ao Brasil. Os documentos posteriores, do Colonial Office referentes à Guiana Britânica, encontram-se no *CO 1031* (ver abaixo). Outras correspondências referentes à disputa das fronteiras Guiana Britânica – Brasil podem ser encontradas nas séries FO, em particular *FO 13* (ver pp. 143–44) e *FO 371* (ver p. 130), muitas das correspondências foram agrupadas para distribuição como Impressos Confidenciais (ver *FO 881*, p. 127). (Ver também *British Guiana Papers* na British Library, pp. 107–9.)

CO 1031 – Colonial Office: West Indian Department: Original Correspondence, 1947 to 1966

Docs. em inglês

Este conjunto de documentos inclui todos os territórios das Índias Ocidentais Britânicas, inclusive a Guiana Britânica, para a qual existe um conjunto abrangendo cerca de 4 anos em *CO 111* (ver acima). Existem vários conjuntos documentais relativos às fronteiras entre a Guiana Britânica e o Brasil [*CO 1031 / 114*; *CO 1031 / 115*; *CO 1031 / 1852*] cobrindo os anos de 1950–56. Por outro lado, parece existir apenas um arquivo sobre um outro assunto: um plano de 1953 referente à migração das Índias Ocidentais Britânicas para o Brasil [*CO 1031 / 1137*]. O plano não foi concretizado, devido, sobretudo, às preocupações raciais das autoridades brasileiras. Outras correspondências relativas às Índias Ocidentais (referente, em geral, a indivíduos procurando informações sobre as possibilidades de comércio e referente às disputas de fronteira com a Guiana Britânica) podem ser encontradas dentre as várias séries FO e, em particular, *FO 128* e *FO 371*.

LONDRES

- **Dominions Office (DO)**

Em 1907, o Colonial Office foi dividido entre a Crown Colonies Division e a Dominions Division. Em 1925, a Dominions Division tornou-se independente da Colonial Office sob o nome de Dominions Office (Ministério dos Domínios). Além dos Domínios que possuíam administração própria (Austrália, Canada, Nova Zelândia e África do Sul), o Departamento era também responsável por Bechuanaland, Basutoland e Swaziland, Southern Rhodesia, Eire (Irlanda), Newfoundland e Nauru.

CO 532 – Dominions Office: Original Correspondence, 1907 to 1925
325 volumes
Docs. em inglês
Embora fossem, originalmente, uma série do Colonial Office, estes conjuntos documentais apresentam correspondência do Dominions Office, no período de 1907–25.

DO 35 – Dominions Office and Commonwealth Relations Office: Original Correspondence, 1915 to 1971
10.914 volumes e conjuntos documentais
Docs. em inglês
A correspondência geral do Dominions Office (1925–47), incluindo a correspondência sobre as relações dos Domínios com o Brasil, encontra-se nesta série. Embora as relações fossem extremamente limitadas, existem alguns documentos da década de 1930 cobrindo o comércio do Brasil com a Irlanda, Austrália, Nova Zelândia, África do Sul, Canadá e, especialmente, Newfoundland. As relações comerciais eram significativas apenas com este ultimo, e existem vários conjuntos documentais detalhados contendo cartas e outros documentos, analisando questões sobre a importante exportação de bacalhau seco de Newfoundland, que fornecia, particularmente, para o Nordeste brasileiro.

Nota: Antes de 1922 os arquivos de Newfoundland estavam no *CO 194*. Outros conjuntos documentais detalham discussões sobre a abertura das relações políticas diretas entre o Brasil e os Domínios (i.e., sem interferência de Londres), especialmente com o Canadá. A lista da série *DO 35* inclui uma breve descrição de assuntos e conjuntos de pequenos conjuntos documentais que foram colocados juntos.

LONDRES

- **Foreign and Commonwealth Office (FCO)**

   São mantidos os registros do Foreign and Commonwealth Office e do Foreign Office, do Commonwealth Office e do Diplomatic Service Administration Office no período no qual eles operavam sob um esquema de registro único. Os conjuntos documentais estão descritos por data e por assunto; alguns possuem apenas uma única carta, enquanto outros possuem muitos documentos, incluindo correspondência para e da Embaixada e/ou do Foreign Office, relatórios de análise, artigos de jornais, fotografias, etc. Todas as descrições podem ser acessadas eletronicamente através de uma busca por assunto usando o catálogo eletrônico.

   FCO 7 – Foreign Office and Foreign and Commonwealth Office: American and Latin American Files, January 1967 to October 1968
   Docs. em inglês
   Esta série inclui todos os países das Américas, embora os conjuntos documentais de cada país estejam agrupados e listados juntos, para cada ano.

   - *FCO 7 / 1–118* – Os conjuntos referem-se aos países da América Latina e às questões regionais, especialmente no que diz reipeito ao comércio e às relações e observações políticas. Esta série inclui, também, relatórios de visitas ao país pelos diplomatas britânicos residentes e visitas oficiais ou semi-oficiais da Grã-Bretanha, tal como a visita da Rainha Elizabeth II, em 1968, ao Brasil e Chile.

   - *FCO 7 / 275–336* – Os conjuntos documentais incluem avaliações dos assuntos políticos no Brasil, o sentimento anti-americano, as disputas de fronteira (envolvendo a Guiana e a Venezuela), o comércio (Britânico e não-britânico), as reclamações referentes à infra-estrutura que antes pertenciam aos britânicos (incluindo portos e ferrovias), a visita oficial da Rainha Elizabeth, e a expedição científica britânica na bacia Amazônica. As relações entre o Brasil e os outros países são algumas vezes analisadas nos despachos de outras embaixadas (por exemplo, as relações Argentina–Brasil são detalhadas no *FCO 7 / 134*; as relações Brasil–Chile são detalhadas no

LONDRES

> *FCO 7 / 353*; as relações Brasil – Venezuela em *FCO 7 / 899*; também ver um documento de 1971 analisando as relações Brasil–Paraguai em *FCO 7 / 2136*. Qualquer análise de um país que não seja das Américas pode ser encontrada fora destas séries (por exemplo, as relações Brasil–Dinamarca, em *FCO 9 / 275*; as relações Brasil–Portugal em *FCO 9 / 360*.
>
> - *FCO 7 / 322 and 1120* – Documentos (1967–69) relativos às reclamações contra a São Paulo Railway Company (Santos–Jundaí Railway) – Companhia Ferroviária São Paulo (Ferrovia Santos–Jundiaí), incluindo um documento que resume a história da disputa financeira.

FCO 4 – Foreign Office and Foreign and Commonwealth Office: Consular Department: Registered Files, 1963 to 1973
501 conjuntos documentais
Docs. em inglês
Esta série consiste em registros de documentos do Departamento Consular do Foreign Office (janeiro a março 1967), do conjunto dos departamentos consulares do Foreign/Commonwealth Office (março 1967 a outubro 1968), e dos Departamentos Consulares do Foreign and Commonwealth Office (de outubro de 1968 em diante). Em Londres, eles são a base da correspondência com os representantes consulares do Reino Unido no exterior. A correspondência brasileira é extremamente limitada, contendo pouquíssimos documentos semelhantes aos dos tipos encontrados no antigo registro do Departamento Consular do Foreign Office [ver *FO 13* e *FO 369*]. Existem, no entanto, relatórios gerais sobre as condições da comunidade britânica no Brasil [*FCO 47/368*] e um relatório sobre as condições dos cemitérios britânicos no Brasil [*FCO 47/367*]. A referência é por lista de série ou através do catálogo eletrônico.

- **Admiralty (ADM)**

Os arquivos do Admiralty contém os arquivos do Almirantado, das Forças Navais, da Marinha Britânica, da Guarda Costeira e órgãos relacionados. Durante os tempos de guerra, o Almirantado comandava os navios mercantes. Embora uns poucos livros de bordo de alguns navios estejam incluídos nesta série, outros são mantidos no National Maritime Museum (ver pp. 179–84).

LONDRES

ADM 1/19–53 – **Admiralty and Ministry of Defence, Navy Department: Correspondence and Papers: Brazil Station, 1807 to 1839**
34 volumes
Docs. em inglês

ADM 1 é a correspondência oficial dirigida ao secretário do comando da marinha para manter informado o "lord admiral" ou os "lords commissioners". Com o tempo, esta série se tornou a coleção de correspondências para, de e entre os departamentos do Almirantado. O *ADM 1 / 19–53* refere-se à correspondência relativa à "Brazil Station".

A "Brazil Station" (ou "South America Station"), nos anos de 1807 até 1839, cobriu tanto a costa leste como a costa oeste das Américas do Sul e Central, além do Caribe. A "Station" deve o seu começo à ida da Família Real portuguesa para o Brasil em antecipação à invasão dos exércitos de Napoleão. Os primeiros relatórios (ver especialmente *ADM 1 /19*) são dos esquadrões que escoltaram a Família Real portuguesa para o Brasil e foram enviados de Lisboa, aos Açores e ao Brasil.

A cobertura geográfica dos esquadrões era grande, mas o maior número de documentos eram encaminhados a partir do Brasil, em particular do Rio de Janeiro e da Bahia. Além dos relatórios sobre a ida da Família Real, outros importantes assuntos referem-se aos conflitos com as Províncias Unidas do Rio da Prata e ao tráfico de escravos. No entanto, um grande número dos documentos é rotineiro, com análises sobre fornecimentos, movimentos de navios e as dificuldades dos marinheiros britânicos detidos em prisões brasileiras.

A referência dos volumes da "Brazil Station" encontram-se no *Admiralty Index and Digest* na principal Sala de Referência do National Archives. Estes volumes fornecem índices por assunto e nomes das cartas do *ADM 1* juntamente com um sumário de seu conteúdo. *ADM 12/55* é um índice de assuntos desde o ano de 1808.

ADM 123 / 177 and 182 – **Admiralty: Africa Station: Correspondence, Southern Division, Cape Verde, Brazil, Cuba and Native Chiefs, 1857 to 1860**
Docs. em inglês

Estes relatórios referem-se à intercepção e libertação de escravos, embora poucos documentos forneçam mais do que menções de passagem, mesmo assim indiretas, sobre o Brasil. As tabelas que listam o número de escravos que desembarcaram no porto da Bahia e as intercepções de escravos em alto-mar, são de particular importância. O Índice de Correspondência (1845–1918) se encontra nos quatorze volumes do ADM 124.

LONDRES

ADM 53 – **Admiralty, and Ministry of Defence, Navy Department: Ships' Logs, 1799 to 1972**
Docs. em inglês
Estes diários, são livros mantidos pelo "Officer of the Watch" de cada navio em comissão da Marinha Britânica. Estes diários fornecem um registro permanente e diário dos movimentos e posições dos navios, registrando todas as ordens de direções e telegráficas, do clima enfrentado e outros acontecimentos, tais como sobre os empregados da companhia de navegação, as mortes a bordo, as ações disciplinares (i.e. a leitura de garantias de punição), as perdas ou os danos nos carregamentos e outros itens de interesse, como as visitas de autoridades ou de oficiais estrangeiros.

As listas são mantidas por ano e mês, quando possível, e de cada navio em ordem alfabética. Tais listas podem ser pesquisadas através do catálogo eletrônico. Embora os navios tenham velejado regularmente pelos portos brasileiros, não é possível identificar os movimentos dos navios utilizando o catálogo.

- **High Court of the Admiralty (HCA)**

O Tribunal Superior do Almirantado (HCA) tinha originalmente como competência (no século XVI), principalmente, casos de pirataria. Posteriormente, a sua competência foi largamente ampliada, incluindo casos de navios que assaltavam e roubavam outros navios e outros assuntos que poderiam resultar n captura de navios e/ou cargas e, ocasionalmente, dos comandantes e donos dos navios.

HCA / 6 – **High Court of Admiralty: Instance Court: Assignation Books, Series II, 1767 to 1810**
Docs. em inglês
Estas duas grandes caixas de documentos de processos não indexados referem-se a 28 reclamações relativas ao Brasil que foram selecionadas e que são concernentes às ações britânicas sobre a supressão do tráfico de escravos.

HCA / 36 – **High Court of Admiralty: Slave Trade: Additional Papers, 1837 to 1876**
Docs. em inglês
Estes oito conjuntos de documentos incluem minutas, contas e correspondência original usada para preparar relatórios que sancionavam a captura de navios engajados no tráfico de escravos.

LONDRES

A correspondência inclui, cartas de Edward Thornton e de George Buckley Mathew da Legação Britânica, Rio de Janeiro (1865–71), documentos de processos referentes a reclamações relativas ao Brasil e um memorando sobre as relações com o Brasil (1865).

- **Supreme Court of Judicature (J)**

Durante o século XIX uma série de reformas legais foram instituídas afetando a jurisdição das cortes pelos processos de falência e outros procedimentos de liquidação de companhias. Como resultado, o Tribunal das Companhias foi fundado, em 1890, como parte do Tribunal Superior. Os casos estão listados em ordem cronológica e apresentam-se alfabeticamente, dentro do ano do processo, sob a letra inicial da companhia a que o caso se refere. Os casos podem ser identificados através das listas da série ou através do catálogo eletrônico, buscando-se pelo nome da companhia (se conhecido) ou palavras-chave tais como "Brazil" ou "Brazilian". Os casos são dos anos de 1886 até 1945. Todas as classes descritas a seguir incluem casos envolvendo companhias britânicas que operavam no Brasil:

- *J 13* – Supreme Court of Judicature: Tribunal Superior de Justiça, Tribunal das Companhias: Processos (liquidação) de Companhias, 1883–1995.

- *J 90* – Supreme Court of Judicature e antigas Tribunais Superiores: Departamento Central: Documentos anexos ou apresentados ao Tribunal, c. 1700–1953.

- *J 10* – Supreme Court of Judicature: Tribunal Superior de Justiça, Tribunal das Companhias: Anotações de Protocolo, 1893–1948.

Os documentos encontrados nestes conjuntos incluem cópias de mandados, declarações, anotações do juiz, mapas, planos, catálogos ou prospectos e certificados de ações. O conteúdo raramente oferece informações sobre as operações da companhia e, apenas ocasionalmente, oferece informações adicionais relevantes às informações administrativas específicas referentes à liquidação da companhia.

LONDRES

● **Treasury (T)**

O Treasury (Ministério da Fazenda) (T) era e é responsável pelo controle e administração das receitas e despesas públicas do governo britânico. O material relativo ao Brasil é diversificado, com documentos indicados por nome e data nas listas de séries e identificáveis através do catálogo eletrônico. Mais de 130 conjuntos documentais referem-se diretamente ao Brasil; sendo que a maior parte deles encontram-se no *T 160* e refere-se às operações de câmbio e financeiras entre o Brasil e a Grã-Bretanha durante a Segunda Guerra Mundial. Outros conjuntos referem-se às disputas entre diferentes departamentos do governo britânico – por exemplo, entre o Foreign Office e o Colonial Office, que versa sobre a responsabilidade pelos custos de repatriação de indivíduos britânicos em condições de miserabilidade. Em alguns casos, o Treasury apresenta-se como responsável pelo contacto com autoridades brasileiras em benefício de companhias britânicas. Exemplos de documentos deste tipo são:

- *T 1/ 12754* – Atos de violação do tráfico de escravos pela St John d'El Rey Mining Co. (Companhia de Mineração de São João del Rey); libertação dos escravos de Cata Branca, 1880.

- *T 190/ 128* – Lazard Bros.., Ltd (São Paulo Water Service – Serviços de Água de São Paulo), 1925–26.

- *T 236/4087 and 4089* – São Paulo Railway Co. Ltd (Companhia Ferroviária de São Paulo): pagamento de compensação pelo governo brasileiro devido à desapropriação, 1947–49.

● **Board of Trade (BT)**

O Board of Trade (Ministério do Comércio) era responsável por muitos aspectos do comércio exterior britânico, inclusive pelos contratos de comércio com países estrangeiros, envolvendo colônias e domínios britânicos. Os transportes, marítimo e aéreo, eram áreas de responsabilidade da Câmara, incluindo a supervisão dos movimentos de mercadorias e passageiros e a investigação de naufrágios e de acidentes aéreos. Boa parte da correspondência do Board of Trade pode ser encontrada nas classes FO, embora, muitas vezes, arquivadas separadamente.

LONDRES

*BT 11 – **Board of Trade and successors: Commercial Relations and Exports Department and predecessors, 1866 to 1975***
Docs. em inglês
Grande parte dos documentos nesta série é do século XX, sendo os documentos relativos ao Brasil, sobretudo, das décadas de 1920–40. Os documentos referem-se, principalmente, aos acordos de comércio entre Grã-Bretanha e Brasil (e também entre os domínios britânicos e do Brasil), mas alguns referem-se a serviços específicos de transporte ou produtos agrícolas ou industriais. Nesta série, encontram-se incluídos, por exemplo, alguns documentos importantes (*BT 11 / 1432* e *BT 11 / 1654*) referentes à liquidação dos assuntos financeiros da Companhia Ferroviária do Brasil, na década de 1940.

*BT 2 – **Board of Trade: Seagoing Passenger Lists, Outwards, 1890 to 1960***
Docs. em inglês
Este conjunto de listas contém os nomes, idades, ocupações e, algumas vezes, endereços das pessoas que deixavam os portos do Reino Unido com destino final fora da Europa. Os navios que recebiam passageiros nos portos europeus a caminho de seu destino final, faziam relatórios com detalhes desses passageiros. Os navios deixavam Liverpool e outros lugares do Reino Unido e, freqüentemente, paravam em Vigo (e ocasionalmente no Porto e em Lisboa). Estes registros podem ser úteis para identificar os imigrantes da Península Ibérica que foram ao Brasil, no entanto, a razão ou o tempo de estadia dos passageiros no seu destino final não era registrado. Estas listas são cópias fornecidas pelos comandantes dos navios, como requerido pela lei, aos oficiais dos portos. As listas estão organizadas pelo nome de cada porto de partida. Embora esta série cubra basicamente o período de 1890–1960, encontram-se também algumas listas de anos anteriores a este período. A pesquisa nestas listas pode ser bastante demorada, uma vez que não existem índices de nomes e a maior parte das listas não está em ordem alfabética. É praticamente impossível fazer uma busca pelo nome de um passageiro, se o pesquisador não tiver a data aproximada da partida.

*BT 31 – **Board of Trade: Files for Dissolved Companies, 1856 to 1948***
Docs. em inglês
São arquivos de companhias societárias britânicas dissolvidas de todos os tipos. As companhias que aparecem foram incorporadas

entre 1856 e 1931 e dissolvidas, sobretudo, antes de 1932 (embora alguns arquivos se refiram a companhias desfeitas entre 1933 e 1948). São exemplos de arquivos relativos ao Brasil:

- BT 31/993/1508C – Ceará (North Brazil) Water Company Ltd, 1864
- BT 31/13177/ 108727 – Rubber Corporation of Brazil Ltd., 1910.

Os arquivos geralmente incluem memorandos e artigos particulares da associação e dos documentos de constituição das companhias que contêm informações específicas sobre a formação das companhias, cópia dos certificados de incorporação, declaração do capital social nominal e a lista dos acionistas e dos documentos de liquidação e dissolução.

Embora existam arquivos relativos à dissolução de várias companhias britânicas (sobretudo companhias ferroviárias) que operavam no Brasil, há pouca informação sobre as operações destas companhias no Brasil, limitando tais informações a meros aspectos técnicos financeiros de sua incorporação e dissolução.

BT 4 – Board of Trade: Companies Registration Office: Files of Joint Stock Companies Registered under the 1844 and 1856 Acts, 1844 to c. 1860
Docs. em inglês
Este conjunto documental tem conteúdo similar ao encontrado nos arquivos *BT 31*, mas refere-se às companhias societárias abertas entre 1844 e, aproximadamente, 1860.

- **Home Office (HO)**

A maior parte da limitada documentação do Home Office (Ministério do Interior) relativa ao Brasil encontra-se na série de documento *HO 45*. Alguns deste documentos são meras cópias dos arquivos do Foreign Office, mas a maior parte da documentação relativa ao Brasil, caso existente, aparentemente foi produzida por ou sob a direção do Home Office. Embora os arquivos sejam poucos em número, eles são muitas vezes substanciais e valiosos.

LONDRES

HO 28 / 1 to 63 – Home Office: Admiralty Correspondence
Docs. em inglês
Esses volumes, cobrindo os anos de 1762 a 1840, consiste de cartas originais dos Lords do Almirantado para o Home Office e esboços de cartas do Home Office para o Almirantado. Embora o material relativo ao Brasil seja limitado e disperso, existem alguns itens. Por exemplo, *HO 28 / 2*, inclui a correspondência de 1782 relacionada às tentativas da Grã-Bretanha em anexar as ilhas de Trinidade (ver também *ADM 1 / 54*).

HO 45 / 4565 – Recruitment to Brazilian Navy
Docs. em inglês
Esse conjunto documntal refere-se ao "escandaloso tratamento" de meninos recrutados em 1852, em Liverpool, para a Marinha Brasileira e a eventual repatriação para a Inglaterra de alguns dos sobreviventes.

HO 45 / 10502 / 123556 – Foreign: Free State of Counani, and its self-styled President
Docs. em inglês e francês
Esta importante série refere-se às atividades, entre 1904–15, de Adolph Brezet, o autodenominado "Presidente" do então chamado "Estado Independente de Counani", um disputado território localizado no atual Amapá, na fronteira com a Guiana Francesa. Neste conjunto, encontram-se documentos e correspondência diplomática do Brasil com a Grã-Bretanha, relatórios da Polícia Metropolitana e artigos de jornais britânicos detalhando as atividades dos "emissários" de Counani e de Brezet (descrito em um relatório como um "aventureiro e charlatão estrangeiro") em "exílio", em Londres. Outros importantes arquivos do National Archives sobre Counani são *FO 13/862* e *MEDPO 2 / 776*. O arquivo *FO* contém 5 documentos de 1903. O arquivo *MEDPO* (policia metropolitana em Londres) concentra-se em relatórios detalhados da inteligência sobre Brezet e a sua equipe em Londres, e ainda inclui recortes de jornal.

HO 161 – Diaries of Sir Roger Casement, 1901 to 1911
5 volumes (já em microfilme)
Roger Casement (1864–1916) era um diplomata de carreira que serviu como cônsul britânico em Santos/São Paulo (1906–8), Pará/Belém (1908–9) e Rio de Janeiro (1909–13). As investigações de Casement sobre os abusos contra a população indígena no

LONDRES

Congo Belga e no Peru foram premiadas com um título de nobreza, em 1911. Todavia, Casement foi executado na Inglaterra, em 1916, por alta traição, devido a uma suposta trama para ajudar a invasão alemã da Irlanda.

Os diários de Casement consistem em três diários particulares, um caderno de anotações e livros de contabilidade que foram confiscados pela polícia, em Londres. Além das anotações sobre as condições de escravos da população nativa no Congo e trabalhadores nas propriedades de borracha no Peru, os diários contêm detalhes gráficos de encontros homossexuais, incluindo muitos registros no Brasil. Os diários não foram exibidos em juízo, mas foram usados para denegrir a imagem de Casement em face da campanha para o seu pedido de anistia. (Ver também na National Library of Ireland, pp. 40–41.)

HO 294 / 133 and 134 – Czechoslovak Refugee Trust: Records – Brazil, 1940 to 1948

Docs. em inglês (alguns em português e alemão)
O Czechoslovak Refugee Trust (Fundo para Refugiados da Checoslováquia) foi criado a 21 de julho de 1939, conjuntamente, pelo governo britânico e pelo predecessor do Fundo, o British Committee for Refugees from Czechoslovakia (Comitê Britânico dos Refugiados da Checoslováquia). O Fundo objetivava ajudar as pessoas que estivessem fugindo de processos na Checoslováquia, ocupada pelos nazistas, e quando fosse o caso, ajudar os refugiados a acharem uma moradia permanente.

Existem centenas de arquivos do Fundo, muitos dos quais são arquivos relativos a determinados refugiados e suas famílias. Dois grandes conjuntos referem-se ao re-assentamento de refugiados da Checoslováquia (checos, slovacos, judeus e alemães) no Brasil, entre 1940 e 1948. Cartas e outros documentos analisam as possibilidades de assentamento na área rural de São Paulo e do Paraná, como também as possibilidades de serem empregados como trabalhadores do comércio e da indústria. Existem listas de alguns dos indivíduos que solicitaram o estabelecimento no Brasil e alguma informação sobre o seu passado.

HO 213 / 759 – Polish ex-servicemen

Docs. em inglês
Esta série concentra-se na questão da emissão de documentos de viagem para ex-soldados poloneses que foram exonerados na Grã-Bretanha e procuravam se estabelecer no Brasil, 1946–48.

LONDRES

● **Ministry of Labour (LAB)**

O Ministry of Labour (Ministério do Trabalho) foi criado, em 1916, para assumir as funções dos Departamentos de Trabalho da Board of Trade. Em 1920, a International Labour Division (Divisão Internacional de Trabalho) foi criada, e foi renomeada como Departamento do Exterior, em 1942. Neste mesmo ano, o Serviço de Adido do Trabalho foi criado com a nomeação em Washington, D.C. do seu primeiro adido. Imediatamente após a Segunda Guerra Mundial, os adidos do trabalho foram nomeados para as embaixadas britânicas em vários lugares do mundo, incluindo a Cidade do México, Buenos Aires e Rio de Janeiro. A função dos adidos era principalmente política e envolvia o estabelecimento e a manutenção de relações de trabalho com líderes industriais e administradores, com líderes sindicais e seus membros, e com especialistas do governo em assuntos trabalhistas.

*LAB 13 – **Ministry of Labour: International Labour Division and Overseas Department: Registered Files, 1923 to 1979***
Docs. em inglês (alguns em português)
Existem pelo menos quatorze conjuntos documentais relativos aos adidos do trabalho britânicos no Brasil, abrangendo os anos de 1946 até 1974. Estes conjuntos são, de modo geral, substanciais e contêm cópia mimeografada dos relatórios dos adidos elaborados para circulação limitada dentro do Ministry of Labour, do Foreign Office e dos círculos do governo britânico. As séries incluem, também, correspondência dos adidos do trabalho, artigos de jornal, fotografias e outros documentos não reproduzidos nos relatórios em si. Cópias duplicadas de alguns dos relatórios – incluindo alguns que estão faltando no *LAB 13* – podem ser encontradas listadas no *FO 371* (ver pp. 144–46) muitas vezes com anotações do Foreign Office.

Os relatórios bianuais geralmente apresentam tabelas estatísticas, detalhando os custos de vida e os salários no Brasil, e analisam questões como as condições de trabalho, migrações internas e internacionais, e a legislação trabalhista. Uma atenção especial é dada às companhias controladas por britânicos (tais como as minas de ouro, em Minas Gerais), porém, em geral, são analisadas as relações trabalhistas, em particular, as atividades dos sindicatos brasileiros, e são feitas avaliações de personalidades importantes no Ministério do Trabalho do Brasil, nos sindicatos e nas organizações dos empregadores. Embora as opiniões expressas sejam geralmente focadas no Rio de Janeiro, os adidos viajavam freqüentemente para outras partes do Brasil e apresentavam relatórios baseados nessas viagens.

- **War Office (WO) and Air Ministry (AIR)**

   Esta série inclui os registros criados ou herdados do War Office (Ministério da Guerra), das forças armadas e de órgãos correlacionados, 1568–1990. Aparentemente, existem poucos documentos relativos ao Brasil entre as várias séries do WO e do AIR, pois os documentos relativos aos interesses do Brasil nas forças armadas britânicas estão reunidos nos arquivos do Admiralty (ADM) (ver pp. 164–66). No entanto, podem ser encontrados alguns documentos que cobrem a participação das Forças Expedicionárias Brasileiras na Segunda Guerra Mundial.

   *WO 32 – **War Office and successors: Registered Files (General Series)***
   Docs. em inglês
   Os documentos desta série relativos ao Brasil limitam-se à premiação de condecorações militares da Aliança aos membros da Força Expedicionária Brasileira que serviram na Europa durante a Segunda Guerra Mundial.

   *WO 204 – **War Office: Allied Forces, Mediterranean Theatre:***
   Military Headquarters Papers, Second World War, 1941 to 1947
   Docs. em inglês
   Existem 23 séries relativas ao Brasil espalhadas dentro do conjunto de documentos, que vieram da Allied Forces Headquarters Liaison Section. A maior parte desses conjuntos (alguns pequenos, outros mais substanciais) refere-se a detalhes operacionais das atividades da Força Expedicionária Brasileira, na Itália, em 1943–45.
   WO 204 / 2332 e inclui a história detalhada do Brazilian Liaison Detachment, que se aproxima muito da própria história das Forças Expedicionárias Brasileiras.

   *AIR 50 – **Air Ministry: Combat Reports, Second World War***
   *AIR 51 – **Mediterranean Allied Air Forces: Microfilmed Files 1941 to 1945***
   Docs. em inglês
   Estas séries incluem vários documentos que analisam longamente os detalhes operacionais do Esquadrão Brasileiro de Combate que serviu na Itália nos anos 1944–45.

LONDRES

- **Security Services (KV)**

    Os documentos do Serviço de Segurança relativos aos anos da Segunda Guerra Mundial ainda estão sendo abertos gradualmente. Os *KV2* (Personal Files) parecem possuir a maior base de dados relativas ao Brasil e devem ser pesquisados através do catálogo eletrônico. Um destes conjuntos, já aberto, é o seguinte:

    - *KV2 / 285* – Albrecht Gustav Engels, representante da Abwehr no Brasil, que usou os pseudônimos de Alfredo Reis e Walter Golderrnann. Esta série cobre os período de 31 de dezembro de 1941 até 14 de maio de 1946 e contém relatórios detalhados (em inglês) sobre Engels e outras atividades de agentes alemães no Brasil.

- **Government Communications Headquarters (HW)**

    Esta série contém registros da Government Communications Headquarters, GCHQ (Central de Comunicações do Governo), parte principal do serviço de inteligência no Home Office. O GCHQ foi criado como a Government Codes and Cypher School, GCCS (Escola de Governo de Códigos e Enigmas), em 1919. Posteriormente, a inteligência de sinais se expandiu, enormemente, com o violento ataque na Segunda Guerra Mundial, em 1939. É nesta área que se encontram os documentos relativos ao Brasil no HW.

    *HW 1 – **Government Code and Cypher School: Signals Intelligence Passed to the Prime Minister, Messages and Correspondence, 1940 to 1945***
    Docs. em inglês
    Aproximadamente, uma centena de séries relativas ao Brasil encontram-se neste conjunto de documentos, que contém sumários de alguns sinais de intercepções feitas pelo serviço de inteligência, traduzidas para o inglês quando necessário.

    Os documentos podem ser identificados usando-se o catálogo eletrônico. As intercepções cobrem os anos anteriores e posteriores à entrada do Brasil na Guerra contra a Alemanha, a Itália e o Japão. Cada conjunto documental, geralmente, inclui uma nota de apresentação, junto com o documento (em geral são mensagens telegráficas ou relatórios) e anotações que foram feitas pela Escola de Governo de Códigos e Enigmas e enviadas pelo chefe do M16

LONDRES

de Churchill (ou, na sua ausência, o Lord "Privy Seal" ou o "Deputy Prime Minister). Muitas das mensagens foram interceptadas em territórios neutros (por exemplo, referentes às opiniões e atividades dos brasileiros na Suíça) ou criadas por potências neutras no Brasil (por exemplo, o relatório enviado pelo embaixador da Espanha, no Rio de Janeiro, para Madri). Algumas intercepções referem-se a planos específicos de Guerra (em particular, relativos a percepção do Brasil sobre o controle de Vichy no Oeste da África e nos territórios das colônias francesas).

- **Captured Records of the German, Italian and Japanese Governments (GFM)**

    Este conjunto documental contém cópias dos documentos capturados pelas forças britânicas e americanas relacionados à Segunda Guerra Mundial. Os documentos originais alemães foram devolvidos à Alemanha, entre 1950 e 1958, e os documentos italianos foram, também, devolvidos à Itália, em 1947. O único documento relativo ao Brasil parece ter sido encontrado nos arquivos do Ministério das Relações Exteriores da Alemanha (GFM). Como os documentos originais dos arquivos do GFM podem ser encontrados em outras séries, foram abordadas aqui apenas as informações gerais sobre a abrangência destes documentos.

    GFM 33 – German Foreign Ministry Archives: Photostat copies, 1867 to 1945
    Docs. em alemão
    Devem existir aqui 79 séries diretamente relacionadas ao Brasil, a maioria cobrindo, principalmente, os anos de 1936–56, embora possam ser encontrados alguns documentos relativos à década de 1920. A maior parte dos documentos refere-se às relações comerciais e políticas entre o Brasil e a Alemanha, sendo que outros assuntos também são tratados. Aproximadamente, dez conjuntos tratam da posição do Brasil em relação aos conflitos da Alemanha com a Liga das Nações, dois conjuntos examinam as relações Brasil–Estados Unidos, e um cobre as relações culturais da Alemanha com a comunidade alemã no Brasil. Os títulos dos conjuntos e os anos podem ser identificados usando o catálogo eletrônico, através de uma busca por "Brazil".

    Observa-se que para solicitação de um conjunto documental é necessário entrar em contato com antecedência de, pelo menos, dois dias.

- **United Kingdom Atomic Energy Authority and its Predecessors (AB)**

  Apenas dois conjuntos tratam dos intercâmbios entre o Reino Unido e o Brasil sobre energia atômica. Os documentos se referem, sobretudo, às visitas e ao intercâmbio de pessoal. Os conjuntos são:

  - *AB 38 / 767* – Brasil: desenvolvimento nuclear, correspondência, 1969–82.
  - *AB 57 / 117* – Brasil: relações políticas relativas à energia atômica, 1968–71.

- **Ministry of Agriculture and Food / Ministry of Agriculture and Fisheries (MAF)**

  Existem aproximadamente 24 conjuntos relativos ao Brasil nos arquivos do MAF, sendo os de maior importância os relativos à compra de suprimentos alimentícios pela Grã-Bretanha durante e imediatamente após a Segunda Guerra Mundial, e também o monitoramento das vendas brasileiras para outros países, em especial, para a União Soviética. Exemplos destes documentos são:

  - *MAF 74/349* – Comércio com Brasil, 1939–40.
  - *MAF 74/112–113* – Compras de carne com vários países: Brasil, 1939–40.
  - *MAF 83 / 2121–2122* – Brasil: fornecimento de café, 1945–46.
  - *MAF 88 / 88–93* – Compra em atacado de carne em lata do Brasil, 1940–1952.
  - *MAF 86/ 158 e 161* – Laranjas do Brasil, 1940–45.

LONDRES

- **British Council (BW and various)**

Nas instruções do Foreign Office, o British Committee for Relations with Other Countries (Comitê Britânico das Relações com outros Países) foi estabelecido em 1934. Logo após, o "Committee" (Comitê) foi substituído pelo "Council" (Conselho) e, em 1936, a organização se tornou conhecida simplesmente como "British Council" (Conselho Britânico). Os registros das atividades do Conselho Britânico são bem limitados em abrangência e em número, bem como os das entidades relacionadas ao Brasil, devido à triagem interna e aos termos de transferência para o PRO. A maior parte dos registros encontra-se na classe *BW* do Conselho Britânico, mas as séries *FO 370*, *FO 924* e *FCO 13* (pp. 147 e 178–79) também devem ser investigadas.

BW 16 – British Council: Registered Files, Brazil 1935 to 1967
Docs. em inglês
Este conjunto documental inclui aproximadamente dez conjuntos de correspondência do Brasil. A maior parte deles refere às análises sobre as contribuições para a Bienal de São Paulo (1950–67). Além disso, existem documentos referentes à St Paul's School (escola britânica em São Paulo), nos anos de 1937–46 e às atividades da Sociedade Paulista de Cultura Anglo Brasileira dos anos de 1935–45.

BW 2 – British Council: Registered Files, GB Series, 1942 to 1986
Docs. em inglês
Existem seis conjuntos sobre questões administrativas relativas à seleção e envio das exibições britânicas para a Bienal de São Paulo nas décadas de 1950 e início da década de 1960.

FO 924 – Foreign Office: Cultural Relations Department: Correspondence and Papers, 1944 to 1966
Docs. em inglês
Esta série contém correspondências e documentos do Cultural Relations Department (Departamento das Relações Culturais), sobretudo sobre as atividades do Conselho Britânico e as relações britânicas com a UNESCO (Organização das Nações Unidas para Educação, Ciência e Cultura). Existem várias séries anuais por país que documentam as atividades do Conselho Britânico no Brasil. Além destes, existem conjuntos de menor importância que contém apenas simples correspondência sobre um assunto específico. Exemplos destes documentos são:

LONDRES

- *FO 924 / 178* – Atividades do Conselho Britânico no Brasil, 1945.

- *FO 924 / 1606* – Brasil: Participação do Reino Unido no Festival Internacional de Música Popular, Rio de Janeiro, 1966.

- *FO 924 / 967* – Brasil: Anotações sobre o sistema educacional brasileiro, oferecimento para criação de uma cátedra de estudos sobre o Brasil na University of London.

As referências estão por lista de séries e pelo catálogo eletrônico.

FCO 13 – **Foreign and Commonwealth Office: Cultural Relations Departments: Registered Files, 1967 to 1971**
Docs. em inglês

- *FCO 13 / 36* – Televisão educacional no Brasil, 1967.

- *FCO 13 / 55* – Brasil: transformação da Residência Britânica, em Petrópolis, em um colégio de treinamento para professores, 1967.

- *FCO 13 / 157* – Festivais de música no Brasil: participação britânica, 1967–68.

◆

NATIONAL MARITIME MUSEUM
Caird Library
Greenwich
London SE 10 9NF

www.nmm.ac.uk

Tel.: (020) 8312 6691 (Manuscripts) • (020) 8312 6528 (General Library)
E-mail: manuscripts@nmm.ac.uk

Funcionamento: Segunda–Sexta, 10:00hs–16:45hs, fechado nos feriados e na terceira semana de fevereiro.

Admissão: Apenas com agendamento e exige-se documento de identidade. Observe que para pesquisar uma das coleções, descritas abaixo, é necessário a solicitação dos documentos com duas semanas de antecedência.

LONDRES

Introdução:

No National Maritime Museum existe uma documentação relativa à marinha. O museu é um arquivo, não-oficial, depositário de documentos. Os registros oficiais da Marinha encontram-se no National Archives (pp. 164–67); outros arquivos que possuem documentos relativos à Marinha também são importantes, como o Merseyside Maritime Museum (ver pp. 86–88), o Royal Naval Museum (pp. 233–34) e, para Companhia das Índias Orientais, deve-se ver a India Office Library (p. 125). O Museu possui uma Picture Library separada (picturelibrary@nmm.ac.uk; tel. 8312 6631) onde pode-se ter acesso a uma das maiores coleções de arte marítima do mundo. Entre as milhares de fotografias, litografias, aquarelas e pinturas a óleo, encontram-se centenas de imagens ligadas ao Brasil.

Coleções:

O National Maritime Museum (NMM) possui uma coleção de manuscritos relativa ao Brasil dispersa, mas substancial, com documentos datando do início do século XVI até o século XX. A coleção inclui documentos isolados relativos às primeiras viagens de exploração, sendo os pontos fortes a abolição do tráfico, a imigração internacional e a história comercial, além dos livros de viagem.

A coleção pode ser acessada no catálogo *online* do NMM tanto para os documentos impressos quanto para os manuscritos. Muitos dos diários e cadernos mantidos pelo arquivo têm alguma relação com o Brasil, mas apenas os itens que são considerados importantes são descritos aqui. Além disso, existe um catálogo *online* que lista o acervo de pinturas do NMM, incluindo algumas aquarelas e muitas pinturas de assuntos relativos ao Brasil.

DEY – D'Eyncourt Papers
Docs. em inglês

Sir Eustace Tennyson D'Eyncourt (1868–1951) foi um engenheiro que se tornou diretor da indústria de construção naval na Inglaterra. O material relativo ao Brasil inclui documentos relatando o seu trabalho para Armstrong Whitworth (Elswick) entre os anos de 1902 e 1912, especialmente desenhos de navios de guerra para a Marinha Brasileira [*DEY/9*], e suas visitas ao Brasil em 1910 e 1911 para assegurar e rever o contrato para os couraçado *Rio de Janeiro* e *Minas Gerais* [*DRY/10*]. Existem, também, alguns livros pequenos de desenhos de plantas do *Minas Gerais* [*DRY/90 and 99*] e um relatório de uma visita ao Brasil em 1928 [*DRY/63*].

LONDRES

*HAM – **Hammond Papers***
Docs. em inglês
A longa carreira do oficial da Marinha Sir Graham Eden Hammond levou-o ao Brasil em muitas ocasiões. Em 1823, ele escoltou o diplomata Sir Charles Stuart ao Rio de Janeiro em sua missão de mediador do Tratado para a Independência do Brasil. Quando estava no Brasil, Hammond foi promovido a contra-almirante e voltou para a Inglaterra. Na sua volta à Inglaterra, levou ao Rei de Portugal o Tratado de Separação entre o Brasil e Portugal. Entre 1834 e 1838, Hammond serviu como comandante-chefe no Posto Naval da América do Sul. Apesar da coleção incluir considerável correspondência que cobre os anos de 1834–46 [*HAM/19*], parece existir poucos documentos relativos ao Brasil.

*ELL – **Minto Papers***
Docs. em inglês
Os documentos relativos ao Brasil de Gilbert Elliot, segundo Conde Minto (1782–1849), cuja carreira diplomática e política culminou com a posição de Ministro da Marinha, são muito limitados e parecem estar contidos nos seguintes itens:

- *ELL/263* – Recrutamento para a Marinha Brasileira em Orkney e Shetland, 1836 – Este pequeno conjunto documental é constituído de dois avisos e três cartas detalhando os termos de recrutamento, em Orkney Islands e, especialmente, em Shetland Islands, de homens para a Marinha Brasileira – que oficialmente viajavam para o Brasil para o estabelecimento da indústria de baleia na ilha de Santa Catarina. (Ver também em Shetland Archives, p. 82.)

- *ELL / 264* – Relatórios de Escravidão, 1839 – Este conjunto contém cópias de cartas de Lord Minto para Palmerston (Ministro das Relações Exteriores) e cópias de cartas de vários oficiais descrevendo a ação do navio HMS *Columbine* no naufrágio de dois navios negreiro brasileiros que velejavam com a bandeira portuguesa no Congo.

LONDRES

RMS – Royal Mail Steam Packet Company (1839–1932) and Royal Mail Line Ltd (1932–69)
Docs. em inglês
Em 1850, a Royal Mail Steam Packet Company (RMSPC) inaugurou uma linha mensal entre a Inglaterra e o Rio de Janeiro, e dali, os passageiros e as cargas eram transportados por um navio a vapor da companhia para Montevidéu e Buenos Aires. Em 1878, o RMSPC adicionou à rota, Vigo (Galícia, noroeste da Espanha) para a América do Sul, passando a transportar, assim, emigrantes espanhóis e portugueses, além de outros passageiros e cargas. Esta linha, que servia o Rio de Janeiro, era a principal linha de navegação que servia à costa leste da América do Sul, e por esta razão era de extrema importância para o desenvolvimento da companhia.

O arquivo inclui, também, um conjunto de livros de atas de reunião do conselho de administração (1839–1934, 3 vols.) e de assembléias gerais (1842–1933), e um conjunto, incompleto, de relatórios de diretores (1850–1902). Contratos de correios, correspondência geral relativa a transporte de correios e de passageiros, material de publicidade e recortes de jornais estão incluídos na coleção, muitos dos quais relacionam-se direta ou indiretamente com o Brasil.

Nota: Este material está armazenado fora da sede e é necessário, pelo menos, duas semanas a partir do pedido de consulta para se ter acesso aos documentos. A coleção está muito bem indexada por assunto e deve-se consultar o *website* para identificar as cotas e solicitar os documentos.

TAI – Tait Papers
Docs. em inglês
Os documentos do Almirante Sir William Eric Campbell Tait (1886–1946) incluem uma lista de observações importantes feitas por ele, relativas à Marinha Brasileira de modo geral, e aos oficiais navais em particular, e também à Missão Naval norte-americana no Brasil, que ele encontrou durante sua visita aos portos da Bahia e do Rio de Janeiro, em 1930 [*TAI/6*]. Tait ficou impressionado com os brasileiros devido à sua "indolência e antipatia ao longo da viagem", porém achou que os oficiais norte-americanos deram o melhor de si para trabalhar com eles.

LONDRES

HIS/38 – **Vernon Narrative**
"*Narrative of a voyage by Captain George Vernon (nascido c. 1787), Commander of the Alert of Liverpool, Privateer, to Pernambuco and the Brazils and the Mediterranean, 26 December 1806 to June 1810*".
Docs. em inglês
Embora não tenha sido ainda transcrita, a narrativa tem a forma de uma série de cartas enviadas, nas mais variadas oportunidades, pelo Capitão Vernon para seu pai na Inglaterra. O carregamento do navio mercante em Liverpool é descrito em detalhes, e existem ótimas descrições sobre a vida social e dos negócios dos comerciantes britânicos e irlandeses na cidade e na província de Pernambuco, ("Na maioria das casas, pendura-se nas paredes quadros com paisagens inglesas e tudo é feito de modo a lembrar aquele feliz país") e observações sobre a sociedade de Pernambuco (diz-se que os escravos recebem um "tratamento muito humano").

- **Ships' Logs and journals**

O NMM tem centenas de diários de bordo e diários pessoais, pertencentes a capitães de navios e seus lugares-tenentes. Alguns desses itens foram indexados, e muitos outros ainda não, o que torna difícil a identificação dos diários de bordo ou dos diários pessoais produzidos no que diz respeito às entradas nos portos brasileiros. Comumente, os diários de bordo e os diários pessoais contêm apenas pequenas informações sobre material de navegação.

JOD/4 – **Edward Barlow's journal**
Docs. em inglês
Edward Barlow (nascido em 1642 em "alguma vila perto de Manchester") deixou um diário de suas viagens pelo Atlântico e Índia Oriental, entre os anos de 1659 e 1703. O diário de Barlow é extremamente detalhado e muitas de suas páginas são ilustradas com aquarelas retratando criaturas do mar, paisagens e cenas urbanas. Em 1663, o navio de Barlow aportou no Rio de Janeiro; e seu diário é um dos mais antigos manuscritos da coleção do NMM que inclui a descrição de uma cidade. Acompanhando o texto escrito encontram-se duas páginas aquareladas "do estilo da cidade e do porto de Regeneire [sic] no Brasil e na América". Existe, também, uma breve nota sobre Fernando de Noronha, com uma ilustração da ilha na qual aparecem três navios holandeses ao longe.

DRY/11 – **HMS Dryad, HMS Narcissus, HMS Spiteful and HMS Brecon**
Docs. em inglês
Existem os diários de bordo (1864–70) de quatro navios que faziam parte do Posto da Armada Real para a América do Sul, que serviam em águas do Brasil, Argentina e Paraguai. Observa-se, em particular, as aquarelas de insetos brasileiros, como também do Uruguai e das ilhas Falkland (Malvinas), além de cenas urbanas e da costa, e uma lista de navios de Guerra do Brasil engajados na Guerra do Paraguai.

MCL – **McClintock Papers**
Docs. em inglês
Entre os papéis que documentam a longa carreira na Real Marinha do Almirante Sir Leopold McClintock existem apenas uns poucos itens relativos ao Brasil. Um envelope [*MCL/2*] contém uma miscelânea de mapas, desenhos de bicos de pena de portos e outras características da costa entre os anos de 1830 e 1840. Existem poucas imagens como essas do Brasil – limitadas a vistas de pouca qualidade de Alagoas (Maceió) e Bahia (Salvador). A coleção também inclui diários de bordo [*MCL/6*] dos anos de 1843–44 do HMS *Gorgon*, que serviu na South American Station. Muitos desses diários de bordo, em sua grande maioria, possuem apenas informações sobre dados de navegação.

MLN – **Milne Papers**
Docs. em inglês
Nestes documentos do Almirante da Armada Sir Alexander Milne (1806–96), o material relativo ao Brasil está limitado a dois conjuntos documentais: o *MLN/101/2* contém um diário de bordo do HMS *Conway*, uma notificação da autoridade da brigada e um livro de sinais do navio HMS *Cadmus* do ano de 1820, enquanto o *MLN/179/7* inclui um manuscrito que relata o percurso do navio *Cadmus* na costa brasileira, 1827–29.

RCE/4 – **Rice Papers**
Docs. em inglês
O diário de William McPerson Rice, escriba de bordo, inclui uma boa descrição do Rio de Janeiro dos anos de 1824–25.

SIS/4 – **Sison Papers**
Docs. em inglês
O lugar-tenente James Sison produziu seu diário enquanto servia no HMS *Peterad*. No diário encontram-se algumas preciosas descrições da cidade do Rio de Janeiro do ano de 1872.

LONDRES

NATURAL HISTORY MUSEUM
Cromwell Road
London SW7 5BD

 www.nhm.ac.uk

Tel.: (020) 7942 5207 • **Fax:** (020) 7942 5559
E-mail: genlib@nhm.ac.uk

Funcionamento: Segunda-Sexta 10:00hs–16:00hs, fechado nos feriados.
Admissão: É necessário agendamento e exige-se documento de identidade.

Introdução:

O Natural History Museum tem suas origens em 1753, no mesmo ano em que foi fundado o British Museum. Mas apenas no século seguinte, ou seja, século XIX, teve um edifício especialmente construído para abrigar sua coleção que crescia rapidamente. Finalmente foi instalado, em 1880, em South Kensington.

O museu tem cinco bibliotecas, cada uma com suas próprias instalações, mas todas trabalham conjuntamente (exceto a Picture Library, que é administrada por uma companhia privada). Cada uma delas tem substanciais coleções de livros sobre o Brasil, relatórios científicos e artigos de jornais, com considerável acervo anterior ao século XX. As coleções estão divididas entre a General Library, a Zoology Library, a Tring Library (incluindo material de ornitologia, as viagens antes de 1940 e histórias em geral) e a Botany Library.

Coleções:

O acervo de manuscritos está ligado a naturalistas que viajaram ao Brasil para coletar espécimes fizeram ou parte de expedições de interesse cientifico mais amplo. Decepciona a falta de material sobre economia botânica (ver Royal Botanic Gardens, Londres, pp. 194–98). Os itens depositados no museu fornecem pouca coisa além dos itens especializados de interesse científico, faltando informações etnográficas ou topográficas das partes mais remotas do Brasil onde os naturalistas se aventuraram. O material manuscrito pode ser encontrado através do catálogo *online* das bibliotecas. Para maiores detalhes da coleção de manuscritos do museu ver Gavin D.R. Bridson, et al., *Natural History Manuscript Resources in the British Isles* (Londres, 1980).

LONDRES

Elizabeth Agassiz
Docs. em inglês
São cartas (1865-72) de Elizabeth Agassiz (nascida Cary) para Ida Higginson, escritas enquanto acompanhava seu marido, o naturalista Louis Agassiz, no Brasil. Naturalista, ao seu modo, Elizabeth Agassiz escreve sobre o trabalho que ela e seu marido fizeram, porém ela também oferece alguma informação sobre a dificuldade e dureza das viagens e da vida na Amazônia.

Henry Walter Bates
Docs. em inglês
Em abril de 1845, Henry Walter Bates (1825-92) e Alfred Russel Wallace (ver abaixo) partiram para o Pará, no Brasil, para coletar insetos e outras espécimes de história natural. Bates – que se tornou muito conhecido por seu livro *The Naturalist on the River Amazons* (Londres, 1863) – viveu de uma maneira muito difícil, tendo que vender seus espécimes na Europa para sobreviver. Ele coletou muitas e novas espécies, e sua contribuição para a taxonomia de "Lepidoptera" foi enorme. Ele também desenvolveu importantes idéias sobre a teoria da mimetização. A coleção de manuscritos de Bates compreende dois pequenos cadernos de anotações contendo importantes observações e notas feitas durante sua viagem à Amazônia, entre 1851 and 1859. Os cadernos de notas são ilustrados com muitos desenhos aquarelados de "Lepidoptera" e "Coleoptera". (Ver também British Library, p. 115.)

John Miers
Docs. em inglês
O Catálogo de madeiras do Brasil compilado por John Miers (1789-1879), está organizado alfabeticamente pelos nomes brasileiros das madeiras e indica sua localização nativa, suas dimensões, cores e marcas especiais, dureza, especificamente o peso, em função dos quais elas receberam seus nomes botânicos.

Alfred Russel Wallace
Docs. em inglês
Alfred Russel Wallace (1823-1913) foi biólogo e viajante e seu trabalho foi considerado vital para o entendimento do desenvolvimento da teoria da seleção natural de Charles Darwin. Em 1848, Wallace foi para o Brasil com seu amigo e colaborador Henry Walter Bates (ver acima) para explorar os rios Amazonas e

LONDRES

Negro, e para coletar espécimes da história natural. Para cobrir um território maior, os dois homens se dividiram, e Wallace enviava seus espécimes para Belém (Pará) para armazenagem. Em sua viagem de volta para a Inglaterra, em 1852, um desastre ocorreu: o navio de Wallace pegou fogo e teve que ser abandonado, tendo Wallace perdido sua coleção inteira e muitas de suas anotações.

A coleção de Wallace – pessoal e cientifica – é uma das maiores, porém muito pouco do que era relativo ao Brasil sobreviveu, fora uma série de desenhos a lápis, de peixes do Rio Negro feitos entre os anos de 1850–52. A biblioteca pessoal de Wallace contém além de exemplares de seus próprios livros – entre os quais se inclui o *Narrative of Travels on the Amazon and Rio Negro* (Londres, 1852), e os trabalhos sobre o Malaya e outras partes da Ásia oriental – várias anotações, fornecendo mais informações sobre o desenvolvimento de suas idéias. Muitos dos manuscritos contêm além dos relatos das viagens de Wallace, também relatos sobre a vida da família, mais tarde, na Inglaterra.

◆

POLISH INSTITUTE AND SIKORSKI MUSEUM
Archive Department
20 Princes Gate
London SW7 1PT

www.sikorskimuseum.co.uk

Tel.: (020) 7589 9249

Funcionamento: Terça–Sexta 9:30hs–16:00hs, fechado nos feriados e no período do Natal e do Ano Novo.
Admissão: Não é necessário agendamento.

Introdução:

O Polish Institute foi fundado em 1945, e seu arquivo é o maior arquivo de fontes primárias sobre o país existente fora da Polônia com ênfase na Segunda Guerra Mundial e nas atividades do governo polonês no exílio, 1945–90.

Coleções:

O material das coleções sobre o Brasil são relatórios de embaixadas, legações e consulados (1939–49), e memórias da desmobilização de soldados poloneses e aviadores que foram para o Brasil após a Segunda Guerra Mundial. Existe um índice geral para todas as coleções e um registro por assunto dos documentos (para muitas das coleções).

KOL. 48 – Maj. Gen. Francizek Arciszewski
Docs. em polonês (alguns em português)
Francizek Arciszewski (1890–1969) foi um oficial da Exército Polonesa tendo ocupado também a posição de Chefe da Missão Militar junto à Embaixada Polonesa no Rio de Janeiro, 1944–46. Inclui documentos pessoais, militares e diplomáticos, e recortes de jornais pertencentes ao titular do arquivo. São de especial significado, as informações sobre as atividades de Arciszewski enquanto permaneceu na América do Sul recrutando expatriados poloneses para as forças armadas polonesas junto ao serviço ativo, na Europa, durante a Segunda Guerra Mundial.

A. 11 – Polish Ministry of Foreign Affairs (Ministerstwo spraw Zagranicznych)
Docs. em polonês
Existem documentos avulsos do Ministério das Relações Exteriores Polonês cobrindo os anos de 1918–44 e arquivos completos do ano de 1945. Também estão incluídos os relatórios e cartas sobre todos os aspectos da política externa da Polônia, com muito material sobre as comunidades polonesas em outros países, incluindo o Brasil. Documentos relativos às relações exteriores do governo polonês no exílio (1939–90) também foram conervados; o principal assunto relativo ao Brasil refere-se às negociações e ajustes sobre a transferência para outros países, de soldados e aviadores poloneses e suas famílias que estavam na Grã-Bretanha no fim da Segunda Guerra Mundial – sendo o Brasil, Argentina e os Estados Unidos os principais países. As referências estão organizadas de acordo com a ordem cronológica dos acontecimentos.

Nota: Os arquivos da Legação Polonesa no Rio de Janeiro (1920–38) foram mantidos pelo Pilsudski Institute of America, New York [http://dione.ids.pl/~ijp/].

A.. 17 – Swiatpol – Swiatowy Zwiazek Polaków z Zagraniy (World Association of Poles Abroad)
Docs. em polonês
Existem documentos avulsos da Swiatpol dos anos 1940–46, período em que a associação foi reconstituída no exílio em

Londres. Também encontram-se alguns documentos (1940-55) relativos aos contatos entre os expatriados poloneses na América do Sul, incluindo o Brasil. Os arquivos Swiatpol dos anos 1923 e 1925-39 encontram-se no State Archives (Archiwum Panstwowe) em Varsóvia [www.archiwa.gov.pl].

◆

THE ROTHSCHILD ARCHIVE
New Court  www.rothschildarchive.org
St Swithin's Lane
London EC4P 4DU

Tel.: (020) 7280 5874 • **Fax**: (020) 7980 5657
E-mail: info@rothschildarchive.org

Funcionamento: Segunda-Sexta 10:00hs-16:15hs, fechado nos feriados.
Admissão: Apenas com agendamento. Devem ser enviadas duas cartas de recomendação antes da visita.

Introdução:

O Arquivo Rothschild foi fundado em 1978 para preservar e organizar historicamente os documentos de uma das mais influentes famílias de banqueiros do mundo. N.M. Rothschild, banco comercial com sede em Londres, data do início do século XIX, com conexões históricas com muitas partes do mundo. O banco começou seu relacionamento com o Brasil em 1824, com um empréstimo juros de 5%, para o então recém-independente governo brasileiro. Nas décadas subsequentes do século XIX, Rothschild era um dos maiores banqueiros do governo brasileiro. Em 1855, foi nomeado como agente financeiro do Brasil na Inglaterra e tinha o monopólio flutuante dos empréstimos do governo brasileiro até 1907. Além dos empréstimos para o governo, o banco fazia empréstimos para os serviços públicos (notadamente para ferrovias), como o empréstimo para a São Paulo Railway, em 1850, para a emissão de títulos da dívida com juros de 4% e, em 1901, para financiar a compra da Bahia and San Francisco Railway Company, a Conde D'Eu Railway Company e a Recife and San Francisco Railway Company (Pernambuco).
Durante o século XX, Rothschild manteve fortes relações de negócios com o Brasil, ajudando a financiar a iniciativa de valorização do café e de mais emissões de títulos de dívida.

LONDRES

Coleções:

Existe um catálogo eletrônico (que pode ser pesquisado na internet) com o conteúdo dos documentos listados por séries. Existe também uma excelente versão impressa do catálogo, *The Rothschild Archive: A Guide to the Collection* (Londres, 2000), embora a versão na internet seja mais detalhada. Os documentos relativos ao Brasil podem, em geral, ser identificados tanto no catálogo eletrônico quanto no catálogo impresso. No entanto, a maior parte das coleções de cartas individuais e outros documentos pode ser identificada usando-se os índices para os volumes das correspondências ou outros instrumentos de busca por nomes ou lugares. Também valioso é o artigo de Caroline Shaw, "Rothschilds in Brazil: An introduction to sources in The Rothschild Archive", *Latin American Research Review*, 40/1, 2005.

Os manuscritos que se referem ao Brasil, direta ou indiretamente, estão bem representados no conjunto, mas os documentos do século XIX, de modo geral, são livros de contas de vários tipos, que oferecem informações do, muitas vezes, obscuro mundo dos financiamentos do governo. Embora, ao longo do século, a principal e mais conhecida área de atuação de Rothschild tenha sido a emissão de títulos como um modo de obter financiamentos para o governo, os pesquisadores ficam frustados com a quantidade limitada de correspondência entre o banco, os agentes brasileiros e o governo brasileiro, que poderia conter episódios extremamente delicados e preciosos como, p. ex.: a Guerra do Paraguai, de 1864–70, durante a qual Rothschild levantou vários empréstimos. Os documentos do banco relativos aos negócios envolvendo o Brasil no início do século XX são de maior utilidade prática.

Accounts Current Department: Government Accounts
Docs. em inglês

Rothschild mantinha um grande número de contas em nome do governo brasileiro. Os registros destas contas encontram-se em livros de contas que contêm detalhes dos juros mensais, balanços e pagamentos. Exemplos de tais documentos de registros de conta são:

- *1/26/1–5 – Brazilian Agency Balance, 1895–1916 –* Balanços mensais da conta corrente do governo brasileiro com Rothschild.

LONDRES

- *1/25/1–2 – Brazilian Agency Cargo (Brazilwood), 1855–58 –* Registro dos transportes e vendas de pau–brasil: dois volumes.

- *1/62/1–7 – Bahia & Timbó Railway Co., Bahia and San Francisco Railway Co. and São Paulo Railway Co. accounts, 1858–1918 –* Livros de contas contendo contas gerais, de capital e de adiantamento de capital: sete volumes.

Correspondence: Banks and Governments
Docs. em inglês e português
Estas caixas contêm documentos de registros de rotina relativos à autorização de pagamentos em nome dos clientes (bancos e governos). Dentre eles, encontram-se o Banco da República dos Estados Unidos do Brasil, 1892–1906 [*XI/43/0–3*] – renomeado como Banco do Brasil, 1907–16 [*XI/44/0–5*], Banco Internacional do Brasil, 1886–88 [*XI/38/25*] e outros.

Existem 32 caixas de documentação sobre a conta do governo brasileiro, 1825–1919 [*XI/65/0–13*] com o Rothschild. Estes documentos estão divididos em duas seções. A primeira (1825–34) consiste em cartas de membros do Legação Brasileira, em Londres, dando instruções para que os títulos fossem encaminhados a eles para que assinassem, e o desconto da conta do governo brasileiro com o Rothschild. A segunda (1840–1919), consiste em cartas do Ministro das Finanças no Rio de Janeiro e refere-se à administração da conta do governo em Londres. Existem treze caixas [*XI/66/0–5*] contendo correspondências sobre a conta separada do Legação Brasileira em Londres, 1855–1918, sobre solicitações rotineiras de pagamento.

Sundry Correspondence (incoming)
Docs. em inglês (em francês e outras línguas)
Esta série consiste em mais de mil caixas de cartas recebidas que cobrem os anos de 1802–34 [*XI/112*] e 1835–1918 [*XI/113–129*]. Cartas de caráter privado de Rothschild foram encontradas aqui e são geralmente breves instruções relativas a contas, e registros de pequenos negócios – por exemplo, apoio a uma firma particular através de um empréstimo – também encontram-se neste arquivo. Um índice de nomes e lugares foi organizado (mas não se encontra disponível *online*), e permite a identificação da correspondência originária do Brasil.

LONDRES

Outgoing Correspondence
Docs. em inglês
Existem várias tipos de correspondências enviadas relativas ao Brasil, embora a legibilidade seja extremamente difícil e os assuntos sejam, em regra, de rotina, mesmo quando o assunto refere-se a empréstimos para o governo brasileiro ou o envio de mercadorias. A maior série de correspondências enviadas é a da *Brazilian Agency Letter Copy Books*, 1855–1918 [*XI/142/0–13*], endereçadas, sobretudo, ao ministro ou embaixador brasileiro, em Londres, ou ao Ministro das Finanças, no Rio de Janeiro.

Special Subject Correspondence
Docs. em inglês
Os documentos relativos ao Brasil, desta série, referem-se, sobretudo, a negócios de indivíduos que foram financiados por Rothschild, ou à inteligência política e econômica sobre uma parte em particular do país, ou sobre o setor da economia. Embora, apenas as séries XI [*XI/1 11/103–435*] incluam documentos relativos ao Brasil (quase sessenta no total, cobrindo os anos de c. 1918–30), muitos deles contêm relatórios, cartas e outros documentos de assuntos gerais, ao invés de assuntos específicos de interesses financeiros. Exemplos destes arquivos são:

- *X1/111/103* – Correspondência relativa à instabilidade política, "à natureza enganosa do programa da Rio de Janeiro Harbour & Dock Co. Ltd para a concessão de um empréstimo a juros de 7.5% garantido pelo café do governo brasileiro". E também correspondência referente às melhorias dos portos no Brasil e às solicitações de financiamento, 1914–23.

- *XI/111/168* – Relatórios sobre a produção de trigo no Rio Grande do Sul, sobre a situação financeira no Brasil, câmbio e as ferrovias que pertenciam aos britânicos, 1921–22.

- *XI/111/204* – Correspondência de Sir Henry Lynch (Rio de Janeiro) sobre a situação do café, açúcar e algodão brasileiros, a situação política no Rio de Janeiro e Rio Grande do Sul e as celebrações do centenário da Independência do Brasil, 1921–23.

LONDRES

- *XI/111/285* – Correspondência sobre a situação financeira das ferrovias e a proposta de colônias agrícolas de judeus no Rio Grande do Sul "devido a violentos protestos civis", 1926.

- *XI/111/307* – Relatórios, balanços e contratos sobre a Brazil Victoria Minas Railway e Itabira Iron Ore Co., 1918–26.

- *XI/111/401* – Correspondência sobre a Missão D'Abernon na Argentina, Brasil e Uruguai, 1929.

Major Correspondents
Docs. em inglês e francês

Rothschild operava com a assistência de uma extensa rede de bancos ou agentes oficias, semi-oficiais ou que serviam como correspondentes informais ao redor do mundo. As coleções dos documentos relativos aos colaboradores no Brasil são muito limitadas, e não existe nenhum documento em separado sobre Sir Henry Lynch – membro de uma antiga família anglo-brasileira, sócio de uma firma de exportação, importação, que operava muitas vezes com Rothschild e com os ministros do governo brasileiro, durante o século XIX e o início do século XX. As séries das atividades de correspondentes no Brasil são limitadas às seguintes:

- *XI/38/167, 3 caixas – Leuzinger & Co., 1830–40* – Baseado no Rio de Janeiro, Leuzinger prestava muitos serviços a Rothschild inclusive aceitando contas e comprando mercadorias para serem vendidas na Europa. Rothschild também fornecia informações sobre produtos locais, mercado de capitais e de ouro, a situação política, e a produção de café, açúcar e outros grãos, tudo isto encontra-se refletido na coleção.

- *XI/38/215, 2 caixas – Samuel, Phillips & Co., 1815–16, 1819–33, 1841–43* – Baseada no Rio de Janeiro, a companhia operava em relação ao Rotschild da mesma forma que a Leuzinger & Co. A coleção contém várias avaliações detalhadas da economia brasileira e observações relativas ao desenvolvimento político e, especialmente, referente aos movimentos da independência de Portugal.

LONDRES

ROYAL BOTANIC GARDENS, KEW
The Library and Archives
Richmond
Surrey TW9 3AE

www.rbgkew.org.uk/collections/archives

Tel.: (020) 8332 5417 • **Fax:** (020) 8332 5430
E-mail: archives @rbgkew.org.uk

Funcionamento: Terça–Quinta 10:00hs–13:00hs e 14:00hs–17:00hs, fechado nos feriados.
Admissão: Apenas com agendamento. Deve-se entrar em contato, com a maior antecedência possível, para confirmar o agendamento feito por escrito.

Introdução:

O Royal Botanic Gardens localiza-se em Kew, subúrbio ao sudoeste de Londres. Embora o Kew Gardens, como é geralmente chamado, tenha sido fundado no início do século XVIII, foi somente no fim deste século que gradualmente desenvolveu uma função mais científica. A grande variedade de plantas brasileiras, adquiridas desde o início do século XIX, podem ser encontradas no parque e estufas do Kew Gardens, e sementes, bulbos e espremeduras encontram-se no Herbarium.

Os documentos manuscritos são variados e incluem documentos sobre exploração, descoberta e investigação de plantas e fungos pelo mundo, particularmente nos séculos XIX e XX. Desenhos botânicos e pinturas também podem ser encontrados no Kew Gardens, incluindo importantes trabalhos relativos à Amazônia brasileira por Marianne North (1830–90) e Margaret Mee (1909–88).

Coleções:

O conjunto documental mantém muitos cadernos de anotações, incluindo alguns feitos por estudiosos de plantas no século XIX que viajaram pela Amazônia e outras partes do Brasil em colaboração com o Royal Botanic Gardens. Embora de contínua importância para os botânicos profissionais que buscavam identificar plantas, estes volumes fornecem pouco ou nenhum texto que possa ser de interesse para não-especialistas. Estes cadernos de anotações, em geral, são listas das plantas coletadas e catalogadas, com identificação através de uma combinação de código, local e lugar onde foram encontradas, cor e outras descrições. São de especial importância os catálogos de plantas dos botânicos William Burchell, Charles Carlisle, George Gardner e Richard Spruce.

Sir William Hooker Correspondence and Directors' Letter Books
Docs. em inglês (alguns em alemão, francês e português)
Existe neste conjunto de documentos um pequeno número de correspondência oficial do Kew anterior a 1840. Durante o século XIX, o primeiro diretor oficial do Kew Garden, Sir William Hooker (1785-1865), seguido por seu filho, Sir Joseph Hooker (1817-1911), realizaram a maior parte do trabalho administrativo, e a correspondência deles forma a base dos conjuntos documentais de hoje. A correspondência se encontra em volumes de conjuntos de cartas de Sir William Hooker e inclui as cartas recebidas quando ele servia como professor de botânica na University of Glasgow e, também, mais tarde como diretor do Kew (1841-65). Cartas de Sir Joseph Hooker, que sucedeu seu pai como diretor (1865-85) e, após o seu desligamento, seu genro, William Thiselton-Dyer (1843-1928), fazem parte desta série.

Os "Livros de Cartas do Diretor" contêm, sobretudo, as cartas recebidas e os anexos, e está organizado por região e data, embora alguns documentos relativos ao Brasil possam ser encontrados em outros volumes. Existe um índice da correspondência, e a localização das cartas em cada volume pode ser identificada por autor (p. ex.: Wickham, Henry).

Os botânicos mais importantes do século XIX mantiveram, em algum momento, correspondência com Sir William (ou seus sucessores). Muitas dessas cartas incluem relatórios de viagens de colecionadores de plantas, ou relacionados com a economia da botânica. Existe também considerável correspondência que fornece informações sobre as relações de Kew com as instituições brasileiras durante o século XIX e início do século XX, tais como o Jardim Botânico do Rio de Janeiro e o Museu Goeldi, em Belém/Pará.

A carta mais antiga que existe no arquivo foi enviada do Brasil para Sir William e parece ser um relatório de William Burchell (1781-1863) de Goiás, datado de 25 de abril de 1828 [*Vol. 66*]; Burchell era um botânico que viajou muito pelo Brasil entre os anos 1825 e 1829. Outras cartas relativas ao Brasil para Hooker incluem aquelas enviadas por George Gardner (1812-49) escritas entre 1836 e 1841 na Serra dos Órgãos, no Rio de Janeiro, e em Minas Gerais, e as escritas por Richard Spruce (1817-93), que viajou também muito pela América do Sul (especialmente ao Brasil) coletando plantas entre 1849 e 1864. Correspondências posteriores dos "livros de Cartas dos Diretores" incluem os relatórios detalhados de botânica e topografia de Robert

LONDRES

Cunningham, escritos na Patagônia e no Rio de Janeiro (1867), e os de Charles Carlisle que coletava mudas de ceringueira na Amazônia (1897). Também podem ser encontradas cartas de importantes botânicos que não eram britânicos, incluindo a correspondência da década de 1860 (em inglês) dos alemães Fritz Müller e Victor Gartner, que viveram e trabalharam em Blumenau e Itajaí, na então Província de Santa Catarina.

- **Sir Henry Alexander Wickham**

    Docs. em inglês
    Cartas de Henry Alexander Wickham (1846–1928) – mais conhecido como o contrabandeador de sementes de ceringueira (*Hevea brasiliensis*) do Brasil para o *Kew* e o seu subsequente envolvimento com as plantações de ceringueira no Ceilão e Malásia – podem ser encontradas no "Directors Correspondence" e podem ser identificadas pelo índice. A primeira dessas cartas parece ser aquela datada de 22 de março de 1872 [*Vol. 215*] na qual Wickham, escrevendo da Fazenda Piquiatuba (sua plantação de cana de açúcar perto de Santarém), apresenta-se e oferece seus serviços para coletar e encaminhar sementes de ceringueira para Kew. Outras cartas de Wickham que encontram-se no "Directors Correspondence" referem-se à seleção e ao envio de sementes e plantas e à sua introdução na Ásia. Além disso, a correspondência de Wickham e a correspondência relacionada à cerigueira encontram-se nos dois volumes descritos abaixo. (Ver também no Wolverhampton Archives, p. 250.)

    India Office – Caoutchouc: Misc. Reports (1873–1901)
    Docs. em inglês
    Esta é a correspondência entre Henry Wickham e o Royal Botanic Gardens sobre o envio de sementes da ceringueira do Brasil para Kew e a introdução da mesma no Ceilão. A correspondência inclui cartas datadas de 1873 de Wickham sobre os termos financeiros, e outras cartas e documentos que comentam sobre os resultados do cultivo experimental da borracha na Ásia.

    Brazil – Balata Gum & Rubber: Correspondence (1877–1900)
    Docs. em inglês
    Este volume contém cartas, relatórios impressos e jornais, e outros artigos analisando a coleta, cultivo e uso da borracha, especialmente no Brasil.

LONDRES

- **Other Economic Botany**

A economia botânica sempre foi uma importante preocupação da Royal Botanic Gardens. Além da ceringueira (ver acima), outras plantas brasileiras atraíam o interesse de Kew. Tradicionalmente, havia muitos contatos entre os jardins botânicos pelo mundo, e a relação entre o Kew e o Jardim Botânico do Rio de Janeiro não era exceção, e resultou em uma numerosa correspondência.

3/Braz/M – **Brazil – Miscellaneous (1928–44)**
3/Braz/Ma – **Brazil – Miscellaneous (1945–54)**
Docs. em inglês
Estes arquivos consistem predominantemente em cartas de indivíduos ou instituições no Brasil, seja procurando, ou colocando à disposição plantas e sementes.

3/Braz/2 – **Brazil – Coroa coffee (1932–33)**
Docs. em inglês
Estas cartas referem-se à identificação, no Espírito Santo, do que se acreditava ser um novo tipo de café. Os correspondentes concluíram que a planta era, na verdade, simplesmente uma forma anormal do café árabe.

Brazil Misc. Reports – Cultural products (1852–1908)
Docs. em inglês
Este volume contém artigos, cartas e relatórios sobre os intercâmbios entre as colônias britânicas e o Brasil, de plantas com valor ou com potencial econômico, tais como o guaraná e o bambu. As cartas também analisam as doenças que afetam o café e a cana de açúcar. A maior parte dos itens data de anos posteriores a c. 1880.

Brazil Misc. Reports – Jequié Maniçoba and general (1879–1912)
Docs. em inglês
Este volume contém artigos, cartas e relatórios sobre várias plantas brasileiras e seu potencial para o comércio e para uso industrial.
    A maior parte do volume refere-se à Jequié Maniçoba (uma ceringueira indígena do Estado da Bahia) e o possível suprimento de plantas para a Jamaica ou Índia. Também discute-se sobre o envio do Cânhamo Braziliensis Perini ("Brazilian linen"), uma outra excelente planta brasileira.

LONDRES

Brazil – Miscellaneous Correspondence, etc. (1909–28)
Docs. em inglês
Este volume contém artigos, cartas e relatórios sobre o potencial econômico de plantas brasileiras incluindo a ceringueira, a araroba, a jabuticaba, o maracujá e as orquídeas.

● **Jardim Botânico, Rio de Janeiro**

Além do conjunto *Directors Correspondence* (ver acima), existem duas séries de documentos do Kew que retratam as relações, no século XX, com o Jardim Botânico do Rio de Janeiro.

3/Braz/1 – **Brazil – Jardim Botânico, Rio de Janeiro (1928–39)**
3/Braz/1A – **Brazil – Jardim Botânico, Rio de Janeiro (1940–54)**
Docs. em inglês
Estes conjuntos documentais contêm correspondência relativa à troca de bulbos e plantas para os jardins e herbários, e também solicitações de ajuda na identificação das plantas.

◆

ROYAL GEOGRAPHIC SOCIETY ARCHIVES
1 Kensington Gore   **www.rgs.org**
London SW7 2AR

Tel.: (020) 7591 3000 • **Fax:** (020) 7591 3001
E-mail: archives@rgs.org

Funcionamento: Segunda–Terça 11:00hs–16:00hs, fechado nos feriados e na semana entre o Natal e o Ano Novo.
Admissão: Apenas com agendamento. Todas as solicitações devem ser feitas por escrito.

Introdução:

A Royal Geographic Society (RGS) foi fundada em 1830 para incentivar a pesquisa na ciência geográfica. Desde então, a RGS tem apoiado a pesquisa, a educação e o treinamento. Um importante aspecto do seu trabalho é o patrocínio e a organização de expedições e de pesquisas. Os conjuntos documentais do RGS consistem em documentos originados dos seus negócios e dos manuscritos relativos às pessoas e a assuntos de especial interesse. Existem poucos documentos anteriores à fundação do RGS. Embora as coleções individuais sejam de rara abrangência,

LONDRES

elas complementam as coleções de outras instituições. A documentação é útil, sobretudo, as das biografias dos viajantes, dos historiadores sociais e dos geógrafos históricos do século XIX e do início do século XX.

Nota: A RGS também possui uma pinacoteca (tel. 020 7591 3060; pictures@rgs.org). Existem várias centenas de imagens relativas ao Brasil, sobretudo em fotografias (c. 1900–30) relativas à Amazônia, ao Mato Grosso e às ferrovias.

Coleção:

Os documentos relativos ao Brasil estão muito espalhados pelas coleções de documentos da RGS. Existe um projeto em andamento para disponibilizar na Internet os catálogos de todos os arquivos e a documentação da RGS. Até que se finalize este projeto, uma grande parte da documentação da RGS pode ser pesquisada usando o *A2A: Access to Archives* (ver p. 262). A documentação relativa ao Brasil na RGS é bem menor se comparada à documentação de outros países ou regiões, tais como a África. No entanto, a coleção tem particular importância pelas informações sobre a contribuição britânica na exploração científica no Brasil, especialmente do século XIX e início do século XX. O conjunto documental da RGS está dividido em sete grandes séries de documentos. A série denominada *Administrative Papers* e *Institute of British Geographers Records* contém, apenas, referências de passagem sobre o Brasil, mas os outros grupos fornecem itens de grande interesse.

Correspondence Files
Docs. em inglês

Esta série contém cartas, desde 1830, para os funcionários da RGS solicitando ou oferecendo opiniões ou informações. Enquanto as cartas são, em geral, breves e contêm pouca informação substancial sobre o Brasil, os itens relativos ao Brasil, por vezes, contêm trechos ou referem-se a manuscritos ou projetos em preparação que valem a pena ser pesquisados. A correspondência típica nesta série relativa ao Brasil é semelhante à seguinte:

- CB2/342 – O Rei da Bavária encaminha um atlas da Bavária e explica que está preparando uma publicação sobre plantas medicinais do Brasil e pergunta sobre o uso de alguns mapas brasileiros, 9 de novembro de 1840.

LONDRES

- *CB6/891* – Gibbs, Antony and Sons, encaminha informações do Embaixador do Peru sobre os planos do Coronel Church para desenvolver uma ferrovia que ligasse o Brasil à Bolívia, 4 de outubro de 1871.

- *CB6/1598* – Juan B. Minchin (La Paz) procura ajuda ou opiniões sobre sua proposta para exploração e mapeamento dos rios entre Bolívia e Brasil, 11 de maio de 1876.

- *CB6/2430* – Thomas Bigg-Whiter oferece um documento sobre as suas explorações no Paraná, 30 de junho de 1877.

Journal Manuscripts
Docs. em inglês

Esta série é formada por manuscritos, alguns publicados, semipublicados ou não publicados que foram submetidos à apreciação para publicação no *Journal* ou *Proceedings* da RGS, a partir de 1830. O primeiro documento relativo ao Brasil, que foi encaminhado, parece ser uma tabela do ano de 1831 descrevendo o comércio no Pará [*JMS/6/7*]. A região amazônica (especialmente referente às fronteiras internacionais) continuava a ser o foco de muitos dos documentos enviados, tais como o artigo de 1880 do Dr. Jules Crévaux sobre a disputa da fronteira entre a Guiana Francesa e o Brasil [*JMS/6/125*], e vários manuscritos menores do naturalista Richard Spruce. Alguns documentos encaminhados parecem-se mais com diários de viagem (p. ex.: o envio de anotações soltas de uma viagem ao norte do Brasil em 1894 [*JMS/6/148*]) e outros examinam aspectos geo-econômicos (p. ex.: uma descrição de 1850 sobre as minas de diamantes de Santa Isabel de Paraguassa [*sic*] no interior da Província da Bahia).

Library Manuscripts
Docs. em inglês

Os manuscritos da Library Manuscripts estão dispersos em pequenos grupos de diversos documentos, diários, livros de anotações e cartas que não têm, necessariamente, conexão com a RGS, mas que têm potencial interesse para historiadores de geografia. Os documentos relativos ao Brasil podem ser um simples dossiê dentro de um grupo maior ou pode ser o tema de uma coleção inteira. Existem alguns importantes manuscritos que,

LONDRES

quando são relacionados à Guiana Britânica, relatam o procedimento da disputa da fronteira com o Brasil (mais notadamente os Relatórios de Robert H. Schomburgk sobre a viagem à Guiana, 1836–40; ver também na University of Birmingham, p. 11 e British Library, p. 109). A catalogação está incompleta, porém, podemos indicar os seguintes exemplos da Library Manuscripts referentes ao Brasil:

- Navarro y Campos – Relatório de viagem da Bahia para o Rio de Janeiro, 1808.

- *LMS/W/11* – Capitão W. Wellesley – Livro de cartas enviadas do navio HMS *Saphire* na viagem Inglaterra-Brasil-Nova Scotia; onde está incluído um relatório sobre a ceringueira da Índia e uma descrição da costa norte do Brasil, 1830–33.

- Capitão William Smyth – Relatório sobre os rios Amazonas e Negro.

- F.C.P.Vereker (Comandante) – Diários e livros de anotações relativos ao serviço dos navios de pesquisa da Marinha Britânica, incluindo muitos registros sobre o Brasil.

- Dr. Hamilton Rice – Anotações sobre a Amazônia Brasileira e a expedição à Venezuela e à Guiana, 1925.

- *LMS/W/15* – J.J. Whitehead – Diário mantido durante uma pesquisa interrompida pelo explorador Coronel Percy Fawcett, que desapareceu no Mato Grosso (ver abaixo em *Special Collections*), 18 fevereiro–19 setembro 1928.

Special Collections
Docs. em inglês

A *Special Collections* são correspondências, diários e outros documentos de personalidades associadas à RGS. Historicamente, talvez sejam as coleções mais importantes referentes aos exploradores britânicos da África, tais como David Livingstone e H.M. Stanley. Os documentos relativos ao Brasil dentro da coleção estão limitados aos seguintes:

LONDRES

- *Barclay Collection* – Dentro desta coleção encontram-se vários itens não correlatos mas que se referem ao Brasil, dentre eles um relatório de 1912, feito por F.D. Cardoso sobre as ferrovias do Estado do Ceará, um relatório de 1919, feito por M. de Souza Bandeira sobre os portos brasileiros, e um relatório de 1919, feito por R.C. Simonson sobre a indústria da carne e do gado no Brasil.

- *Burton Collection* – Restam poucos documentos manuscritos sobre o explorador, tradutor e diplomata, Sir Richard Burton (1821–90), uma vez que após a sua morte a maior parte dos documentos foi destruída por sua mulher. Existe um livro de anotações feitas por Burton, de março a outubro de 1868, período no qual serviu como cônsul britânico em Santos (1865–69).

- *Fawcett Collection* – Correspondência entre o explorador Coronel Percy Harrison Fawcett (1867–1925), a RGS e sua mulher; dezoito pastas contendo cartas e outros documentos que se referem à busca por Fawcet, que desapareceu em Mato Grosso, 1921–51. Existem, também, muitas outras cartas (1906–39) na *Correspondence Collection* relativas a Fawcett.

Observations Files
Docs. em inglês
Esta série contém relatórios de natureza técnica com notas detalhadas de astronomia, meteorologia e topografia. As localidades brasileiras estão bem representadas, sendo, um exemplo típico, a série do período entre 1908–10 intitulada "Astronomical observations, Brazilian/Bolivian border" [*PHF/25*].

SCHOOL OF ORIENTAL AND AFRICAN STUDIES LIBRARY
Archives and Special Collections
University of London
Thornhaugh Street
Russell Square
London WC1H 0XG

www.soas.ac.uk/Archives/home

Tel.: (020) 7898 4180 • **Fax:** (020) 7436 2388
E-mail: docenquiry@soas.ac.uk

Funcionamento: Segunda–Quinta 9:00hs–19:00hs; Sexta 9:00hs–17:00hs (no periodo de verão e de férias, Segunda–Sexta 9:00hs–17:00hs), fechado nos feriados e uma semana em junho.
Admissão: Exige-se uma carta de recomendação para o público em geral; para funcionários e estudantes de universidades britânicas, suas carteiras de identificação da universidade.

Introdução:

Colecionando documentos desde 1917, a biblioteca da School of Oriental and African Studies (SOAS) possui mais de um milhão de itens relacionados aos estudos da Ásia, África e Oriente Médio. Os livros e periódicos relacionados ao Brasil são mantidos quando existe uma relação direta com os interesses da SOAS, por exemplo, junto a temas como escravidão na África ou migração internacional japonesa.

Coleções:

A biblioteca da SOAS possui importantes documentos sobre as missões cristãs e organizações de ajuda, negócios, diplomatas e administradores de colônias, estudiosos e viajantes. Duas coleções parecem possuir documentos relativos ao Brasil, mas após uma minuciosa análise, apenas uma possui material relevante.

PP MS 14 – Sir Charles Stewart Addis Papers
Docs. em inglês
Charles Stewart Addis (1861–1945) era um banqueiro que no início de sua carreira trabalhou com, ou em relação à China. Em dezembro de 1923, ele viajou para o Brasil em uma missão dos banqueiros britânicos, liderada pelo antigo ministro do Gabinete

LONDRES

Britânico, Edwin Montagu, tendo feito visitas ao Ministério do Tesouro e aos bancos, para fazer um relatório sobre o comércio e as finanças. Os documentos sobre a sua estada no Brasil (janeiro–fevereiro 1924) consistem nos diários e cartas particulares de Addis para membros de sua família, nos quais ele registra seus encontros com banqueiros e políticos brasileiros, analisa seu relatório sobre a dívida interna brasileira e descreve excursões turísticas e a hospitalidade que ele e outros membros da missão receberam. Outras cartas e relatórios relativos à Missão Montagu estão nas séries datadas do período 1923–23, no arquivo do Bank of England (ver p. 95).

PP MS l/CORR1/104 (Box 26) – **Captain J.M. Lachlan Letters**
Docs. em inglês
Entre os documentos de Sir William Mackinnon (co-fundador da British India Steam Navigation Company em 1862 e presidente da Imperial British East Africa Company de 1883 a 1895) encontram-se 12 cartas (46 folhas) datadas de 1888–91, do Captain Lachlan (administrador geral do U.S. & Brazil Mail Steamship Company). Os únicos detalhes operacionais da companhia de navegação a que se referem as cartas são sobre a engenharia dos navios encomendados e a menção das compras de carvão britânico.

◆

UNIVERSITY COLLEGE LONDON LIBRARY
Special Collections   www.ucl.ac.uk/Library/special-coll
140 Hampstead Road
London NW1 2BX

Tel.: (020) 7679 5197 • **Fax:** (020) 7679 5157
E-mail: spec.coll@ucl.ac.uk

Funcionamento: Segunda–Quinta 9:00hs–17:00hs; Sexta 9:00hs–16:45hs, fechado nos feriados e na semana entre o Natal e o Ano Novo.
Admissão: Apenas com agendamento.

Introdução:
A Special Collections da University College London Library é um importante centro depositário de documentos relativos à América Latina,

LONDRES

especialmente sobre registros da história comercial. Embora os conjuntos documentais relativos aos bancos sejam particularmente importantes, também podem ser encontrados documentos de outras companhias e de algumas pessoas com interesses na América Latina.

Coleções:

Existe uma documentação substancial relativa ao Chile, Peru e Argentina, com menor, embora também significativo, número de coleções de manuscritos relativos ao Brasil, Cuba, México e Uruguai. Os arquivos do Bank of London & South America (BOLSA) têm especial importância, encontrando-se aí depositados uma parte substancial desses documentos, incluindo alguns documentos dos bancos que, posteriormente, fundiram-se para formar o BOLSA.

Dois conjuntos de catálogos de registros de comércio da América Latina encontram-se disponíveis para consulta na biblioteca – sendo um deles da coleção da América Latina e o outro do conjunto do BOLSA. Embora não exista índice por assunto, cada volume de correspondência ou de outros documentos manuscritos podem, em geral, ser identificados por ano e lugar.

Bahia and San Francisco Railway Co. Ltd
Docs. em inglês
A coleção está limitada aos documentos da liquidação de 1901, que fornecem pouquíssimas informações sobre as operações (técnicas ou financeiras) da companhia ferroviária.

Brougham Manuscripts
Docs. em inglês
Esta coleção baseia-se na correspondência (1809–65) de Henry Peter Brougham, primeiro Barão de Brougham e Vaux (1778–1868), que foi membro do Parlamento Britânico e ativo defensor do movimento anti-escravista. Brougham se correspondeu com muitos dos líderes políticos britânicos e defensores da campanha anti-escravista daquela época. Embora os manuscritos (aproximadamente 60.000 cartas, algumas com anexos, incluindo-se os prospectos de empresas) reflitam a variedade de interesses de Brougham, a maior parte das cartas refere-se à questão da escravidão no Brasil e às relações gerais e de comércio que foram escritas, aproximadamente, entre 1830 e 1866. A coleção está indexada pelo nome do remetente.

LONDRES

Edward Johnston & Co. Ltd
Docs. em inglês
Em 1827, vindo da Inglaterra, Edward Johnston foi ao Rio de Janeiro, e ali, no ano de 1842, fundou uma empresa de exportação de café. Em 1881, seus filhos abriram uma firma de exportação de café em Santos sob o nome de Edward Johnston & Sons. A coleção consiste em dois volumes de livros de cópias de cartas particulares enviadas de Santos para London entre 1892 e 1904. As cartas referem-se a todos os aspectos do negócio do café, embora concentrem-se nos negócios de Edward Johnston & Co. Os resultados dos negócios são discutidos em detalhes, como também as compras de café do Brasil e o seu envio para o exterior. De especial interesse são os relatórios do interior do Estado de São Paulo e as análises referentes ao estabelecimento, pela companhia, de seus centros de compra.

Western Telegraph Co. Ltd
Docs. em inglês
A Western Telegraph Co. Ltd surgiu em 1884, tendo desenvolvido ligações de cabo com o Brasil desde 1873 sob o nome de Brazilian Submarine Telegraph Co. Em 1929, a Western Telegraph Co. fundiu-se com a Eastern Telegraph Co. para formar a Cable & Wireless Ltd.

A coleção consiste em quatorze caixas de livros de cartas cobrindo os anos de 1883 a 1947. A correspondência é da sede brasileira, no Rio de Janeiro, para os escritórios espalhados pelo Brasil (do Maranhão ao Rio Grande do Sul) e também de Londres para o Brasil (sobretudo instruções para o Rio de Janeiro, e também, diretamente, para os escritórios das outras partes do país). Embora não exista índice da correspondência, os documentos estão divididos por data e local de origem da correspondência. Os assuntos tratados na correspondência são, em sua maioria, relativos a assuntos locais – sendo muito poucas as informação técnica ou financeira fornecidas. São assuntos típicos as discussões sobre as propriedades da Western Telegraph (tanto dos escritórios quanto das acomodações dos empregados), o planejamento da contabilidade, e os materiais – do papel do escritório às colheres. Podem ser encontradas algumas informações sobre os empregados (tanto brasileiros quanto estrangeiros) – detalhes de salários, solicitações de permissão para casar, saúde e disciplina (sobretudo relacionadas ao álcool). Os relatórios de inspeção dos prédios da

LONDRES

Western Telegraph e as instruções para a manutenção são detalhadas até o nível de responsabilidade dos métodos sobre o modo correto de lavagem dos vasos sanitários.
Ver também Cable & Wireless Archive (pp. 230–32), onde existe considerável número de documentos relativos ao Brasil, referentes à Western Telegraph e às companhias coligadas.

- **Bank of London & South America (BOLSA) Business Archive**

O Bank of London & South America foi formado, em 1923, como resultado de uma fusão do London & Brazilian Bank e do London & River Plate Bank, com a absorção de outros bancos britânicos operando na América Latina no decorrer dos anos posteriores. Este conjunto documental possui documentos de muitos dos bancos que formaram o BOLSA, com forte concentração de livros de cartas, com correspondência referente a problemas de empregados, condições de negócios local e nacional, e informações sobre clientes. Registros adicionais referentes ao BOLSA e aos bancos que o formaram são mantidos pelo Lloyds TSB Group Archives (ver pp. 130–33).

London & Brazilian Bank (1862–1923)
Docs. em inglês
Fundado em Londres, em 1862, para financiar os exportadores de café brasileiro, açúcar, pele e cereais, o banco abriu uma filial no Rio de Janeiro em 1863 e, em seguida, filiais em Pernambuco (Recife) e mais tarde, naquele mesmo ano, na Bahia (Salvador) e, em 1864, no Rio Grande. Em 1923, o banco fundiu-se com o London & River Plate Bank para formar o Bank of London & South America (BOLSA). O banco chegou a ser, por um período, o maior e mais respeitado banco no Brasil. Os livros de carta existentes incluem correspondência da sede em Londres para a filial no Rio de Janeiro (1868–1923), e também das filiais brasileiras para Londres (1876–1923).

Brazilian and Portuguese Bank Ltd (1863–66)
Docs. em inglês
Fundado em Londres em 1863, o Banco abriu uma filial no Rio de Janeiro um ano após a sua fundação, e uma agência na cidade do Porto (Portugal), que foi fechada em 1866. Em 1867, uma filial foi aberta em Pernambuco (Recife). Poucos documentos foram salvos, mas são quase ilegíveis.

LONDRES

English Bank of Rio de Janeiro (1866–91)
Docs. em inglês
Com o fechamento da agência da cidade do Porto (Portugal) em 1866, o Brazilian and Portuguese Bank mudou o seu nome para English Bank of Rio de Janeiro. Este conjunto documental consiste basicamente em cartas de Londres para o Rio de Janeiro sobre empréstimos comerciais e posições financeiras do banco, e cartas para todo o Brasil, tanto da sede no Rio de Janeiro quanto das filiais brasileiras. Os documentos são de difícil, e muitas vezes impossível leitura, sendo que os documentos mais antigos não se encontram disponíveis para leitura devido à sua grande fragilidade.

British Bank of South America (1891–1920)
Docs. em inglês
Este foi o sucessor do English Bank of Rio de Janeiro, e o conjunto documental contém correspondência das filiais do Banco no Brasil, bem como livros e pacotes de cartas de São Paulo para Londres, Rio de Janeiro e filiais, 1886–88 e 1890–1927 e de Londres e das filiais para São Paulo, 1892–1913. As cartas incluem, muitas vezes, detalhadas avaliações das perspectivas das condições econômicas locais, dos negócios locais e dos clientes do banco. Questões referentes aos empregados também são tratadas, inclusive problemas de indivíduos, tais como as tendências para a "intemperância". O controle do banco foi passado para o Anglo-South American Bank, em 1920.

London & River Plate Bank (1865–1923)
Docs. em inglês
Entre os muitos livros de cartas relativos ao Brasil que sobreviveram, encontra-se uma série de volumes de correspondência de Buenos Aires para o Brasil (1869–1924), do Rio de Janeiro para as filiais brasileiras (1893–1930), do Rio de Janeiro para Londres (1891–1922), e da Bahia para Londres (1913–21); cartas gerais para o Rio de Janeiro (1891–1930), e de Londres para as filiais brasileiras (1919–22).

Bank of London & South America – BOLSA (1923–37)
Docs. em inglês
Os documentos relativos ao Brasil relacionados ao BOLSA, desde a sua criação em 1923, são limitados a livros e conjuntos de cartas. Estes volumes incluem correspondência do Rio de Janeiro para Londres e outros lugares (1922–33), das filiais brasileiras para

Londres (1923–33), da Bahia (Salvador) para o Rio de Janeiro e Londres (1926–35), do Pará (Belém) para Londres, Rio de Janeiro e as filiais brasileiras (1919–37), de Porto Alegre para o Rio de Janeiro (1923–30), de São Paulo para o Rio de Janeiro, Londres e filiais brasileiras (1919–30), e de Vitória (Espírito Santo) para Londres (1931–33).

◆

THE WIENER LIBRARY
Institute of Contemporary History
4 Devonshire Street
London W1W 5BH

www.wienerlibrary.co.uk

Tel.: (020) 7636 7247 • **Fax:** (020) 7436 6428
E-mail: library@wienerlibrary.co.uk

Funcionamento: Segunda–Sexta 10:00hs–17.30hs, fechado nos feriados.
Admissão: Embora não seja necessário agendamento, pessoas que visitam pela primeira vez devem mostrar documento de identificação com foto e comprovante de residência.

Introdução:

A Wiener Library é a mais antiga instituição memorial do Holocausto do mundo, datando sua história de 1933. Alfred Wiener, um judeu alemão que trabalhou na *Central Verein deutscher Staatsbürger jüdischen Glaubens*, fugiu da Alemanha para Amsterdã em 1933. Junto com David Cohen, ele montou o Jewish Central Information Office, colecionando e disseminando informações sobre a Alemanha nazista. A coleção foi transferida para Londres em 1939, com Wiener disponibilizando recursos para os órgãos de inteligência do governo britânico. Depois da guerra, a reputação acadêmica da biblioteca aumentou e as políticas de colecionamento se ampliaram para incluir material relativo ao Holocausto, suas causas e conseqüências.

Coleções:

A Wiener Library tenta colecionar de modo abrangente nas seguintes áreas: historiografia e documentação do Holocausto; refugiados judeus e exílios na Grã-Bretanha; e resistência contra a perseguição de judeus por nazistas e colaboradores. Mais de setecentas coleções de docu-

LONDRES

mentos já foram catalogadas, e existem centenas de coleções adicionais aguardando para serem catalogadas. O volume das coleções varia, desde uma única carta até muitas caixas, tanto em forma de manuscrito original como microfilme, pastas soltas e volumes encadernados. O material relativo ao Brasil encontrado no acervo da biblioteca diz respeito principalmente à situação dos judeus refugiados durante os anos de 1930.

949 / 1–6 – Reports on South America as a haven for refugees from Nazi Germany, 1937
Docs. em inglês
Esta coleção de relatórios focaliza a América do Sul (especificamente Argentina, Brasil e Uruguai), como um refúgio para imigrantes alemães judeus. Os relatórios, publicados nos Estados Unidos, foram produzidos por Bruno Weil, vice-presidente da *Central Verein*, que viajou pela Améria do Sul em nome da organização. Os primeiros relatórios [*949 / 1–3*] cobrem o Brasil e discutem clima, geografia, população e política, e as perspectivas de estabelecimento dos judeus.

1532 / 3 – The present status of Jewish settlement and Jewish migration to Brazil and the Argentine
Docs. em inglês
Este relatório de setenta páginas (c. 1937) sobre a situação dos imigrantes alemães judeus no Brasil e Argentina foi escrito por Cecilia Razovsky Davidson para o Central British Fund for the Relief of German Jewry. Relatórios menores nesta série cobrem a posição dos alemães judeus na Venezuela [*1532 / 1*] e na Colômbia [*1532 / 2*].

915 – Olga Benario
Docs. em alemão (alguns em português)
Olga Benario (1911–42) foi uma alemã judia e militante do partido comunista. Em 1928 ela foi para Moscou, onde encontrou o revolucionário brasileiro Luiz Carlos Prestes e, em 1934, o acompanhou ao Brasil. Esta coleção de documentos genealógicos da família Belnario, composta de cópias de documentos oficiais e uma carta de Prestes, informa sobre a vida de Olga até sua expulsão do Brasil em 1936, e finalmente sua morte em um campo de concentração na Alemanha em 1942.

LONDRES

1411 – **Reg Freeson: Correspondence and cuttings re. the death of Josef Mengele**
Docs. em inglês, alemão e português
Reg Freeson (1926–2006) foi um jornalista e membro do parlamento do Labour Party que se interessou pelo destino de Josef Mengele (1911–79), o famigerado médico da SS responsável pela morte de milhares de prisioneiros em Auschewitz. Esta pasta detalha as tentativas de Freeson em confirmar que o corpo exumado de uma sepultura em 1985 em Embu, São Paulo, era o de Mengele. Os documentos, que cobrem os anos de 1985–91, incluem cópias de relatórios forenses da polícia brasileira e interligam Freeson e as autoridades brasileiras, alemãs, israelitas e norte-americanas.

1366 – **Kaye Family Documents**
Docs. em inglês
Os papéis nesta coleção documentam a vida de uma família austríaca judia – Walter e Hansi Finkler e a filha Eveleyn Kaye – que conseguiram escapar dos nazistas e foram para a Inglaterra em 1939. Também incluída está a correspondência (final dos anos 1930) do irmão de Walter, Max, descrevendo sua chegada e sua vida no Brasil, e suas tentativas de adquirir permissão para Walter e Hansi imigrarem para lá [*1366 / 7* e *1366 / 11*].

MANCHESTER

JOHN RYLANDS UNIVERSITY LIBRARY OF MANCHESTER
Special Collections
University of Manchester
150 Deansgate
Manchester M3 3EH

rylibweb.man.ac.uk/spcoll

Tel.: (0161) 275 3754 • **Fax:** (0161) 275 8746
E-mail: jrul.special-collections@manchester.ac.uk

Funcionamento: Segunda–Sábado 10:00hs–17:00hs; fechado nos feriados e na semana entre o Natal e o Ano Novo.
Admissão: É aconselhável entrar em contato com antecedência.

Introdução:

A Special Collections da John Rylands University Library of Manchester (JRULM) era mantida na antiga John Rylands Library no centro da cidade de Manchester. Os assuntos e os períodos abrangidos pelas coleções de manuscritos são vastos, incluindo os registros da própria Manchester University, documentos de famílias e negócios locais, e documentos de organizações sociais, religiosas e comerciais de importância nacional.

Coleções:

Com poucas exceções, é difícil identificar os itens relativos ao Brasil nas coleções da JRULM, sendo que o catálogo geral fornece muito pouca ajuda. Em virtude da importância das exportações de Manchester (não só para a América do Sul) no século XIX, e com tantos conjuntos documentais sobre produtores e comerciantes têxteis locais e regionais, seria difícil não encontrar documentos relativos ao Brasil. Por exemplo, sinais de exportação para o Brasil, especialmente entre 1805 e 1829, podem ser encontrados nos livros de contabilidade e entre os documentos da empresa de equipamentos de fiar algodão McConnel & Kennedy.

Hodgson, Robinson and Co.
Docs. em inglês
As relações da companhia, com sede em Manchester, Hodgson, Robinson and Co., de importação e exportação com a América do

MANCHESTER

Sul, eram sobretudo com a Argentina, onde ela tinha considerável negócios de pecuária. Os documentos incluem correspondência, cadernos de anotação pessoal, livros de vendas e outros registros financeiros, estando o conteúdo relativo ao Brasil concentrado no período entre 1820 e 1830. Encontra-se disponível uma lista detalhada do material.

Owen Owens and Son
Docs. em inglês
A companhia Owen Owens and Son, foi criada em Manchester na década de 1790, inicialmente manufaturando e vendendo forros de chapéu e artigos de costura. A partir de 1810, a companhia diversificou a sua produção iniciando a produção de guarda-chuvas e, a partir de 1815, as exportações começaram a se tornar cada vez mais importantes, com o envio de seus produtos (chapéus, têxteis e guarda-chuvas) para representantes na América do Norte e do Sul. Durante as décadas de 1830 e 1840, o negócio mais lucrativo da companhia era com a Argentina, Uruguai tornando-se porém cada vez mais lucrativo com o Brasil. Representantes na Bahia (Salvador) e Pernambuco (Recife) tinham especial importância, sendo os pagamentos muitas vezes feitos em mercadorias, tais como açúcar ou café. Os registros dos negócios da companhia no Brasil encontram-se em livros de cartas enviadas desde 1820 e algumas cartas recebidas a partir de 1838, bem como vários livros de contabilidade e financeiros para o qual existe uma detalhada lista.

◆

LABOUR HISTORY ARCHIVES AND STUDY CENTRE
www.nmlhweb.org/archive.htm
National Museum of Labour History
103 Princess Street
Manchester Ml 6DD

Tel.: (0161) 228 7212 • **Fax:** (0161) 237 5965
E-mail: archives@nmlhweb.org

Funcionamento: Segunda–Sexta 10:00hs–17:00hs, fechado nos feriados.
Admissão: Somente com agendamento.

MANCHESTER

Introdução:

O Labour History Archives e o Study Centre é um arquivo especializado na política do movimento dos trabalhadores e contém manuscritos e outros documentos relativos à sua especialização. As coleções dos documentoss complementam os objetos, fotografias e "banners" que se encontram nas coleções do National Museum of Labour History.

Coleções:

O arquivo possui uma extensa coleção, que cresce a cada dia, de panfletos políticos, jornais, recortes de imprensa e registros de manuscritos, sobre as organizações políticas de trabalhadores desde os "Chartists" até os dias de hoje. Os documentos relativos ao Brasil são, contudo, bem limitados.

CP/CENT/INT/32/02 – **Communist Party of Great Britain: International Department**
Docs. em inglês
Esta coleção inclui relatórios e correspondências relativos ao Partido Comunista do Brasil, entre 1946 e 1980.

Judith Hart Papers
Docs. em inglês
Judith Hart (1924–91) foi membro do Partido dos Trabalhadores no Parlamento, fazia campanhas e foi Ministra de Desenvolvimento do Exterior. Seus documentos pessoais incluem várias séries [ver especialmente *LP/HART/05/20* e *LP/HART/05/24*] algumas das quais contêm documentos sobre a situação política no Brasil, entre 1964 e 1985.

NORTHALLERTON

NORTH YORKSHIRE COUNTY RECORD OFFICE
Malpas Road
Northallerton
North Yorkshire DL7 8TB

www.northyorks.gov.uk/archives

Tel.: (01609) 777 585 • **Fax:** (01609) 777 078
E-mail: archives@northyorks.gov.uk

Funcionamento: Segunda, Terça, Quinta 9:00hs–16:45hs; Quarta 9:00hs–20:45hs; Sexta 9:00hs–16:15hs, fechado nos feriados.
Admissão: Somente com agendamento.

Introdução:

O North Yorkshire County Record Office é um arquivo que possui documentos do governo, igreja e negócios locais, bem como documentos pessoais de pessoas e de famílias que possuem relação com o condado.

Coleções:

A única coleção que parece possuir documentos relativos ao Brasil é a coleção de documentos da família Beresford-Peirse.

ZBA 21/8, MIC 586 – *Admiral Sir John Poo Beresford Papers*
Docs. em inglês (alguns em francês e em português)
A carreira de Sir John Poo Beresford (1766–1844) foi registrada nos seus documentos pessoais, que cobrem os anos de 1781 até 1844.
Nos documentos relativos ao Brasil encontra-se um documento de dezoito páginas escrito pelo Contra-Almirante Beresford intitulado "Private Remarks, Rio de Janeiro". Trata-se de um relatório (datado de 28 de dezembro de 1814 a 9 de abril de 1815) de sua fracassada missão de convencer o Príncipe Regente, D. João, a retornar à Lisboa, tendo, inclusive, colocado à disposição de D. João, o seu navio HMS *Achilles*. Existem outros documentos que são cinco rascunhos de cartas de Beresford para D. João, nas quais tenta convencer D. João à retornar à Europa. Um dos rascunhos refere-se ao desejo do Príncipe Regente em usar soldados portugueses para defender as fronteiras do Sul do Brasil (Rio Grande).

NORWICH

NORFOLK RECORD OFFICE
The Archive Centre
Martineau Lane
Norwich NR1 2DQ NR1 2DQ

archives.norfolk.gov.uk

Tel.: (01603) 222 599 • **Fax:** (01603) 761 885
E-mail: norfrec@norfolk.gov.uk

Funcionamento: Segunda–Sexta 9:00hs–17:00hs; Sábado 9:00hs–12:00hs, fechado nos feriados e nas duas semanas do final de novembro e início de dezembro.
Admissão: É aconselhável o agendamento.

Introdução:

O Norfolk Record Office documenta a história das pessoas e do condado de Norfolk. Documentos relativos aos países estrangeiros são geralmente mantidos se o autor do documento possuía alguma relação com o condado do Norfolk.

Coleções:

Apenas uma coleção parece possuir documentos relativos ao Brasil, e está limitada a um único documento dentro da coleção de documentos relativos às propriedades e à família Walsingham (Merton), que é uma coleção bem grande e variada.

WLS/LXX/112/481 x 8 – **Southern Gold Trust Ltd**
Docs. em inglês
Um relatório datilografado, em 1902, por Augusto Federico de Svacerdo analisa, com certo detalhe, as propriedades de minas de ouro localizadas em Minas do Rio de Contas, no estado da Bahia, que pertenciam à companhia Southern Gold Trust Ltd.

NOTTINGHAM

UNIVERSITY OF NOTTINGHAM
Manuscripts and Special Collections   www.nottingham.ac.uk/mss
Hallward Library
King's Meadow Campus
Lenton Lane
Nottingham NG7 2NR

Tel.: (0115) 951 4565 • **Fax:** (0115) 846 8651
E-mail: mss-library@nottingham.ac.uk

Funcionamento: Segunda–Sexta 9:00hs–17:00hs, fechado nos feriados e na semana entre o Natal e o Ano Novo.
Admissão: Exige-se apresentação de documento de identidade.

Introdução:

A Hallward Library da University of Nottingham concentra seus esforços em colecionar manuscritos que documentem a história de Nottingham e da grande East Midlands. Dentre os documentos encontram-se os relativos às famílias e suas propriedades, cartas e diários de pessoas locais, registros eclesiásticos, registros de negócios e de órgãos locais, documentos literários e registros de hospitais. Com poucas exceções, os manuscritos da coleção referentes a outros países só são guardados se possuem uma relação direta com a indústria e o comércio da East Midlands.

Coleções:

Nottingham já foi famosa pela produção de renda, e no século XIX a cidade era uma importante produtora de meias-calças. Os documentos relativos ao Brasil que se encontram nas coleções de empresas da Library parecem ser extremamente limitados, mas podem fornecer alguns sinais de relações comerciais.

Ha – *J & H Hadden & Co. Ltd*
Docs. em inglês

Dentre os documentos desta pequena coleção encontram-se dois livros de contabilidade, excepcionalmente bem conservados e informativos, que detalham as exportações, inclusive para o Brasil, desta importante produtora de meias-calças de Nottingham. São eles:

NOTTINGHAM

- *Ha A 7 – Ledger, 1805–17* – Os números de exportação mostram que as relações do comércio exterior de Haddens eram basicamente com o Brasil, Portugal e Alemanha

- *Ha A 8 – Ledger, 1851–66* – Os números de exportação mostram que Haddens continuou a manter suas exportações com a América Latina, incluindo o Brasil, como também com a Austrália.

MS 428 – A Ransome & Co. Ltd
Docs. em inglês
Documentos e correspondência de A. Ransome & Co. Ltd, grupo de Newark, Nottinghamshire, dedicado às atividades de serraria e fundição de ferro. Esta coleção inclui a correspondência de 1921 a 1930 com clientes brasileiros (*MS 428 / 11 / 1 and 2*) discutindo a provisão de maquinarias.

Pw F 4895 – Affidavit of Capt. William Robertson, 2 August 1770
Doc. em inglês
Declaração juramentada relativa à captura do navio *Argyle* pelas forças portuguesas no Rio de Janeiro em 1770. O Capitão Robertson dá detalhes do carregamento do navio, do seu suposto destino e explica as circunstâncias que o levaram ao Rio, onde o carregamento foi confiscado e ele e sua tripulação presos.
O Capitão Robertson acusa os portugueses de pirataria e relata que enviou um protesto por escrito para o vice-rei do Brasil, o qual não foi aceito porque estava redigido em inglês.

OXFORD

ALL SOULS COLLEGE

The Codrington Library
High Street
Oxford OX1 4AL

www.all-souls.ox.ac.uk/library

Tel.: (01865) 279 299 • **Fax:** (01865) 279 299
E-mail: codrington.library@all-souls.oxford.ac.uk

Funcionamento: Apenas com agendamento. Fechado nos feriados.
Admissão: É necessário que se entre em contato com antecedência, para identificação e reserva dos documentos.

Introdução:

Fundada em 1438, o All Souls College é uma instituição basicamente de pesquisa e faz parte da University of Oxford. A Codrington Library é usada por pesquisadores do College, embora pesquisadores que não sejam do College possam ter acesso através de agendamento.

Coleções:

A coleção de manuscritos, de documentos diplomáticos do século XIX que é mantida pela Codrington Library, parece possuir alguns documentos relativos ao Brasil.

Sir Charles Richard Vaughan Papers (1804–48)
Docs. em inglês
Esta é a correspondência particular e semi-particular de Sir Charles Richard Vaughan (1774–1849), diplomata britânico que serviu na Espanha, França, Suiça e Estados Unidos. A correspondência da coleção relativa ao Brasil aparenta ter sido produzida durante e, imediatamente após o período em que Vaughan serviu como Embaixador Britânico em Washington (1825–26). Os documentos estão catalogados e organizados por missão diplomática e data, sendo difícil a identificação por assunto. O acesso aos poucos manuscritos relativos ao Brasil (a maior parte refere-se às primeiras relações diplomáticas entre os Estados Unidos e o Brasil) é mais fácil de ser obtido consultando-se a lista preparada por Peter Walne

OXFORD

em seu livro: *A Guide to Manuscript Sources for the History of Latin America and the Caribbean in the British Isles* (Londres, 1973).

◆

BODLEIAN LIBRARY
Department of Special Collections
and Western Manuscripts
University of Oxford
Broad Street
Oxford OX1 3BG

www.bodley.ox.ac.uk

Tel.: (01865) 277 158 • **Fax:** (01865) 277 182
E-mail: western.manuscripts@bodley.ox.ac.uk

Funcionamento: Segunda–Sexta 9:00hs–22:00hs (no período de férias até às 19:00hs); Sábado 9:00hs–13:00hs; fechado na semana entre o Natal e o Ano Novo, no feriado da Páscoa, no feriado bancário em agosto (na última segunda-feira do mês).
Admissão: Para aqueles sem relação direta com a universidade, exige-se uma carta de referência confirmando a necessidade da pesquisa. O Admissions Office fica no Clarendon Building, na esquina da Broad Street e Catte Street, e fica aberto de segunda a sexta das 9:30hs–16:30hs e sábado das 9:30hs–12:30hs. Maiores informações sobre a admissão e o processo de registro podem ser obtidas no Admissions Office, tel.: (01865) 277 180 ou no e-mail: admissions@bodley.ox.ac.uk.

Introdução:

A Bodleian Library é a principal biblioteca da University of Oxford. A biblioteca coleciona documentos impressos desde 1602 e tornou-se uma das bibliotecas de depósito legal nacional, em 1610.

Coleções:

Sendo uma das maiores bibliotecas britânicas, a Bodleian Library apresenta, sem dúvida, uma das mais importantes coleções de livros relativos ao Brasil, muitos dos quais têm a importância de livros raros. Existe também uma grande coleção de publicações oficiais, incluindo o que acredita-se ser alguns documentos importantes do Congresso brasileiro. A coleção de mapas da Bodleian Library é uma das maiores do mundo e inclui muitos itens raros, alguns dos quais referem-se ao Brasil. Nunca foi feita uma busca sistemática dos documentos, mapas e manuscritos da Bodleian Library relativos ao Brasil, em parte, devido à difícil e confusa catalogação. Existem quatro catálogos gerais dos manuscritos ocidentais mantidos pela Bodleian Library e muitos catálogos especializados, publicados e não-publicados. Enquanto os catálogos dos livros podem ser agora acessados *online*, o projeto para produzir um catálogo de manuscritos *online* ainda está em fase inicial. No entanto, os muitos catálogos de manuscritos por assunto permitem identificar alguns documentos relativos ao Brasil, embora muitos dos documentos sejam apenas cartas isoladas encontradas dentro de uma série mais abrangente. Alguns documentos importantes foram identificados, mais precisamente, algumas cartas da metade do século XVII que analisam os privilégios comerciais da Inglaterra e as perspectivas de colonização no norte do Brasil.

Ashmole Manuscripts
Docs. em inglês
Dentre os manuscritos doados para a University of Oxford pelo funcionário da corte e colecionador Elias Ashmole, encontram-se vários itens relacionados aos interesses holandeses e ingleses nas Guianas, incluindo relatórios contemporâneos das viagens de Sir Walter Raleigh e Sir Francis Drake pela região. Um catálogo e um índice, em separado, permitem a identificação de tais documentos. Um item refere-se especificamente ao que hoje é o território brasileiro:

- MS Ashmole 749, n°. II – Um relatório sobre uma colônia projetada para a Guiana Inglesa e a Amazônia, assinada por Richard Thornton, 1629.

Clarendon Manuscripts (1st Earl)
Docs. em inglês (alguns em espanhol)
Os manuscritos de Clarendon [*MSS. Clar.*], são os documentos oficiais do historiador e presidente de Governo, Edward Hyde, Primeiro Marquês de Clarendon (1609–74), sendo, talvez, o mais importante conjunto de documentos para estudo das políticas interna e externa da Inglaterra, no século XVII.

OXFORD

Embora os documentos estejam catalogados no livro *Calendar of the Clarendon State Papers Preserved in the Bodleian Library* (Oxford, 5 vols., 1869–1970), de O. Ogle W.H.Bliss et al., o acesso aos manuscritos dispersos relativos ao Brasil é mais fácil de ser obtido através da listagem publicado por Peter Walne, *A Guide to Manuscript Sources for the History of Latin America and the Caribbean in the British Isles* (Londres, 1973). Parecem existir, aproximadamente, 20 cartas e outros documentos relativos ao Brasil dentro desta coleção, cobrindo os anos de c. 1614 até 1661, especialmente a partir de 1635, com enfoque no comércio e nas rivalidades entre os países da Europa e o norte e o nordeste brasileiros. Os documentos a seguir, são exemplos significativos daqueles relativos ao Brasil localizados na coleção *Clarendon Manuscripts*:

- Clar. MS 18, ff. 206–7: Cal. I, 199 – Carta de Sir Arthur Hopton (Madri) para Sir Francis Windebank relatando as notícias da destruição pelos holandeses das plantações de açúcar dos espanhóis no Brasil, 15–25 de junho de 1640.

- Clar. MS 73, ff. 247–48: Cal. V, 56 – Minuta de carta do Rei Charles II da Inglaterra para a Rainha de Portugal, perguntado sobre a recompensa dos indivíduos britânicos em viagem pelo Brasil, que atrasaram a viagem porque pararam em São Miguel, para serem interrogados, outubro 1660.

- Clar. MS 76, ff. 93–94: Cal. V, 153 – Carta de Bishop Russell para Clarendon sobre o comércio com o Brasil sob o tratado Anglo-Português de 1654, datada de outubro 1661.

- Clar. MS 92, ff. 177–79: Cal. V, 91–92 – Relatório de Sir Balthazar Gerbier Douilly sobre o lucro a ser obtido nas minas de prata em *"Chiara"*, (provavelmente Ceará) perto de Pernambuco no Brasil", incluindo mapa, datado de março 1660/1.

Clarendon Papers (4th Earl)
Docs. em inglês

Estes são os documentos oficiais e semi-oficiais de George Villiers, IV Marquês de Clarendon (1800–70), um diplomata de carreira que

OXFORD

serviu por três períodos como Ministro das Relações Exteriores (1853–58, 1865–66 e 1868–70). Os documentos estão agrupados por país, por grupo de países e por ano de correspondência, além de estarem divididos entre cartas recebidas e enviadas. Não existe índice de assunto ou nominal, mas existe um catálogo, em separado, que lista os volumes por ano e por país ou região. Apenas no ano de 1853 e no período de 1856–58, existem correspondências, em maior número, relativas ao Brasil, embora existam também, alguns documentos nos outros anos agrupados no item geral "South America".

De Bunsen Papers
Docs. em inglês

Maurice William Ernest De Bunsen (1852–1932) era um diplomata britânico de carreira que foi enviado para uma missão especial na América do Sul entre 12 de abril e 30 de setembro de 1919. A missão está documentada em 45 cartas e um diário, e inclui, apenas, poucos documentos relativos ao Brasil. A coleção ainda não foi totalmente catalogada e não existe número de acesso.

Kimberley Papers
Docs. em inglês

Esta coleção é baseada na correspondência de John Wodehouse, primeiro Marquês de Kimberley (1826–1902). A longa carreira política de Kimberley inclui um breve período em que serviu como Ministro das Relações Exteriores (1894–95). Estes documentos estão indexados e incluem alguma correspondência com a Legação Britânica no Rio de Janeiro [MS Eng. c. 4392, ff. 71–76], e sobre as disputas territoriais do Brasil com a França, na fronteira da Guiana Francesa.

Rawlinson Papers
Docs. em inglês

Os Rawlinson Papers [MSS Rawl. A. 1–73] são documentos acumulados por John Thurloe (1616–68), Secretário do Conselho de Estado para Oliver Cromwell. Um catálogo detalhado intitulado *A Collection of the State Papers of John Thurloe*, foi editado por Thomas Birch (Londres, 1742, 7 vols.). O catálogo apresenta um índice, e outros importantes documentos da coleção também estão listados no guia *A Guide to Manuscript Sources for the History of Latin America and the Caribbean in the British Isles* (Londres, 1973), de Peter Walne. Entre os muitos documentos relativos aos assuntos militares e comerciais da América do Sul e, sobretudo, das Índias Ocidentais, o Brasil é assunto de pouquíssimos documentos. Podemos contudo indicar como um exemplo notável de um documento relativo ao Brasil na coleção, o seguinte:

- *MS Rawl. A. 176, f. 355* – "Uma descrição histórica e geográfica do grande Rio Amazonas e de vários outros grandes rios e afluentes, e das muitas nações que habitam este famoso país" feito pelo Coronel J. Scott, c. 1670 e anos seguintes.

◆

OXFAM ARCHIVE
Oxfam GB
274 Banbury Road
Oxford OX2 7DZ

www.oxfam.org.uk/about_us/archives

Tel.: (01865) 312 610
E-mail: rdodd@oxfam.org.uk

Funcionamento: Segunda–Sexta 10:00hs–17:00hs, fechado nos feriados.
Admissão: Apenas com agendamento. É necessário apresentar requerimento, por escrito, ao arquivista através do endereço ou e-mail acima indicados. O arquivo está localizado em Bicester, Oxfordshire, mas a documentação pode ser disponibilizada para consulta em Oxford.

Introdução:

A campanha internacional e o desenvolvimento da organização Oxfam tem suas origens em 1942 e no estabelecimento do Oxford Committee for Famine Relief. O comitê buscava angariar fundos e conscientizar os refugiados e outras pessoas fugidas da Grécia e de outros lugares da Europa abalada pela guerra. Na década de 1960, o Oxfam (como o comitê era informalmente chamado, pois só adotou este nome, oficialmente, em 1965) mudou, e concentrou suas atividades na África, Asia e América Latina, tendo se tornado uma das organizações de caridade britânica mais conhecidas.

OXFORD

O Oxfam trabalha em parceria com as organizações brasileiras desde 1968, mantendo um escritório em Recife. Embora as áreas de prioridade dos programas da Oxfam no Brasil tenham sido o Nordeste e a região da Amazônia, outras partes do país também receberam ajuda em seus projetos. O Oxfam trabalhou com os grupos mais vulneráveis do Brasil, como os índios, a população urbana pobre (incluindo mulheres e crianças de rua), os sem-terra e as populações rurais que eram mais pobres.

Nota: Um guia completo para usar o arquivo pode ser conseguido "baixando" os dados, em arquivo do tipo "*rtf*", através do "*website*."

Coleções:

Embora os registros dos primeiros anos do Oxfam sejam limitados, o arquivo possui registros históricos de sua fundação. As atas dos encontros do órgão de administração e dos comitês subsidiários estão relativamente completas para todo o período da história do Oxfam. A maior parte da documentação do conjunto é formada por 21.000 documentos de projetos, relativos à ajuda dada aos parceiros. Alguns documentos dos projetos datam de 1954, mas as séries estão mais completas a partir do início da década de 1960.

Os documentos têm sido mantidos em quase todos os programas do Oxfam no Brasil. Os registros (para os quais em geral não há data de fechamento) referem-se a muitas áreas de atividades. Incluem campanhas a favor dos índios, dos descendentes de escravos que fugiam, cuidando da demarcação das terras que tradicionalmente lhes pertenciam e da defesa de seus direitos culturais, línguas e recursos naturais, bem como dos projetos de combate à seca, para implantação de medidas sanitárias e para a educação popular.

OXFORD

RHODES HOUSE LIBRARY
University of Oxford
South Parks Road
Oxford OX1 3RG

www.bodley.ox.ac.uk/dept/rhl/

Tel.: (01865) 270 909 • **Fax:** (01865) 270 912
E-mail: rhodes.house.library@bodley.ox.ac.uk

Funcionamento: *Período de aulas:* Segunda–Sexta 9:00hs–19:00hs; Sábado 9:00hs–13:00hs. *Páscoa e férias de verão:* Segunda, Quinta 9:00hs–19:00hs; Sexta 9:00hs–17:00hs; Sábado 9:00hs–13:00hs. *Férias de Natal:* Segunda–Sexta 9:00hs–17:00hs; Sábado 9:00hs–13:00hs. Fechado nos domingos, na Páscoa, entre o Natal e o Ano Novo, e no sábado seguinte à semana do feriado bancário em agosto (a última segunda-feira do mês). A Biblioteca fecha às 17:00hs nos dois feriados bancários em maio (que caem na primeira e na última segunda-feira do mês).

Admissão: O acesso para leitores para períodos curtos, válidos por dois dias consecutivos, são emitidos pela Rhodes House Library mediante apresentação de credenciais acadêmicas. Para a admissão para períodos mais longos é necessário solicitar a carteira de leitor à Bodleian, disponível no Admissions Office do Clarendon Building na Broad Street (ver em Bodleian Library, p. 220).

Introdução:

A Rhodes House Library, que foi aberta em 1929, é uma biblioteca independente da Bodleian Library da University of Oxford, especializada em história e atualidades da Commonwealth, bem como de outras partes da Sub-Saharan África. Anteriormente, a biblioteca também cobria os EUA, mas este material foi transferido para a nova Vere Harmsworth Library do Rothermere American Institute da University of Oxford.

Coleções:

A biblioteca possui mais de 4.000 coleções de manuscritos e este conteúdo é extremamente rico no que se refere à documentação relativa à administração das colônias britânicas. Embora o Brasil não esteja dentro das áreas de interesse específico da biblioteca, existem dois importantes manuscritos contra a escravidão que possuem correspondências e outros documentos que analisam o país.

Anti-Slavery Society
(The British and Foreign Anti-Slavery and Aborigines Protection Society)

Em 1823, alguns homens, liderados por William Wilberforce e Sir Thomas Fowell Buxton (ver p. 229), começaram a encontrar-se regularmente, em Londres, para discutir o tráfico de escravos e a escravidão nos domínios britânicos. Destes encontros formaram-se, em 1835, vários comitês e sociedades informais, antes da organização da Anti-Slavery Society (Sociedade Anti-Escravidão).

A sociedade inicialmente concentrava sua atenção nas condições dos escravos recém emancipados nas colônias britânicas, o tráfico de escravos no Atlântico e a continuidade da escravidão na África e nas Américas. Posteriormente, mudou o foco de atenção para áreas como o trabalho forçado, a prostituição e a defesa dos aborígenes, campanhas estas que existem até hoje.

Uma lista dos documentos correspondente ao assunto mais geral e/ou datas pode ser usada para as pesquisas, mas não existe um índice por assunto ou nominal, para os documentos individuais que se encontram nestes conjuntos. As menções de passagem ao Brasil são feitas em muitas cartas antigas e outros documentos, tais como livros de atas e de cartas, e existem quatro conjuntos documentais dedicados especificamente ao Brasil.

E2/1–20 – Minute books of the Society, 1823–1935
Docs. em inglês
Este livro de atas dos encontros do comitê inclui breves resumos das discussões e das ações determinadas. Existe considerável material relativo ao Brasil, mas não existe índice por assunto.

E3/1–1O – Letter Books of the Society, 1869–99
Docs. em inglês
Este volume contém cópias das cartas enviadas. Existe um índice por assunto, mas pouco conteúdo relacionado ao Brasil.

G79 – Brazil: 1840–83
G80a – Brazil: 1888 and after
Docs. em inglês
Estas séries contêm documentos variados relativos ao Brasil no século XIX, como cartas, relatórios e memorandos sobre o tráfico de escravo, as condições dos escravos e os planos propostos para introdução de "contratos de trabalho". Embora as datas fornecidas para o arquivo *G80a* sejam para o ano de 1888 e seguintes, os documentos cobrem o período de 1881–88 sem divisão em função do assunto. Os assuntos tratados e os tipos de documentos incluem:

- Vários relatórios detalhados sobre os termos de referência da missão proposta ao Brasil (sem data, mas provavelmente 1840) de investigar as condições dos escravos, as pessoas de cor que estivessem livres e os indígenas americanos.

- Relatório sobre as defesas feitas pela Brazilian Mining Association (1840) e pela Imperial Brazilian Mining Association (1847 e 1851) em relação ao tratamento dos escravos.

- Notas sobre os imigrantes alemães e as suas necessidades na Bahia (sem data, mas aparentemente no período de 1872–73).

- Aproximadamente quinze cartas e vários outros documentos analisando a introdução da proposta de trazer "coolies", trabalhadores hindus ou chineses para o Brasil (1881 e 1883).

- Cartas (1887) do Rio de Janeiro, discutindo o fim da escravidão.

- Relatórios (1888) do Comitê Brasileiro de Emancipação em Lagos, Nigeria, sobre as celebrações dos "estrangeiros" para marcar o fim da escravidão no Brasil.

G80b – Brazil: 33 letters by or about Joaquim Nabuco, 1880–1900
Docs. em inglês
Trinta dos itens são cartas, todas em inglês, de Joaquim Nabuco (1849–1910), um líder abolicionista brasileiro, político liberal e diplomata, para Charles Allen, que serviu como secretário da Anti-Slavery Society de 1879 até 1898. As cartas, muitas vezes extensas, foram escritas em inglês, do Rio de Janeiro, Pernambuco, Londres e França, e discute os esforços abolicionistas no Brasil, os movimentos políticos em Pernambuco e os seus planos de viagem. Nabuco agradece a Anti-Slavery Society por sua ajuda e algumas das cartas incluem, em anexos, os artigos que Nabuco queria publicar em jornais britânicos.

G944 – Brazil: 1969–74
Docs. em inglês
Correspondências e seus anexos de brasileiros, antropólogos, membros do clero e outros, sobre as condições e a política do governo em favor dos índios.

OXFORD

Sir Thomas Fowell Buxton
Docs. em inglês
Junto com William Wilberforce, Sir Thomas Fowell Buxton (1786–1845) foi um líder da campanha pela abolição da escravidão na Inglaterra e fundador da Anti-Slavery Society (ver p. 227). Embora as atividades de Wilberforce tenham se concentrado quase inteiramente no império britânico e nos Estados Unidos, as atividades da campanha de Buxton eram bem abrangentes. Nos anos posteriores à abolição da escravidão nos domínios britânicos e à proibição de transportar escravos nos navios britânicos, Buxton concentrou sua atenção no amplo tráfico de escravo da África, tanto o interno, quanto o contínuo tráfico de escravos pelo Atlântico, especialmente para os EUA, Cuba e Brasil.

Os manuscritos (a maior parte cartas – algumas com anexos – para Buxton, com notas e cópias de algumas cartas enviadas) estão em 46 volumes e registram a vida de Buxton desde estudante em Dublin, em 1804, até a sua morte em 1845. Existe um índice completo (por nome e assunto) dos documentos, e cada item possui um resumo (verbete) detalhado. A correspondência relativa ao Brasil encontra-se no volume 29, representa apenas uma pequena parte da coleção de Buxton e cobre, principalmente, meados da década de 1830. Exemplos destes documentos são:

- Listas de navios negreiros brasileiros e portugueses interceptados em Sierra Leone, 1828–38.
- Lista de navios negreiros brasileiros e portugueses chegando ou partindo da Bahia (Salvador) para, ou vindo da África, 1838.
- Cartas e anexos detalhando o mau caráter de Sir George Jackson, o representante britânico na Comissão Mista, em relação ao tratamento por ele dado aos empregados de sua casa, no Rio de Janeiro, 1835.
- Correspondência com relatórios das crueldades impostas por proprietários de escravos britânicos e brasileiros no Rio de Janeiro, década de 1830.

PORTHCURNO

CABLE & WIRELESS ARCHIVE
Museum of Submarine Telegraphy
Eastern House
Porthcurno
Cornwall TR19 6JX

www.porthcurno.org.uk

Tel.: (01736) 810 811 • **Fax:** (01736) 810 640
E-mail: archive@tunnels.demon.co.uk

Funcionamento: Fechado nos feriados. Acesso, apenas com agendamento prévio.
Admissão: É necessário agendar.

Introdução:

O Cable & Wireless Archive localiza-se em Porthcurno, perto de Land's End na Cornualha, um importante local para a história das telecomunicações. Em 1870, o primeiro telégrafo internacional a cabo, foi instalado a partir da praia de Porthcurno, e uma estação de cabo foi aberta ali por Falmouth, Gibraltar and Malta Telegraph Company (FGMTC). Foi nesta estação de cabo que os aprendizes da companhia eram enviados para aprenderem a utilizar o telégrafo e para prepararem-se para seguirem para os postos estrangeiros. Em 1870, a FGMTC ganhou uma concessão para instalar e operar um telégrafo entre Porthcurno, Carcavellos (Portugal) e Gibraltar. Este fato, por sua vez, levou a abertura, em 1874, pela Brazilian Submarine Telegraph Company, de um cabo entre Portugal e Brasil, via Madeira e São Vicente (Cabo Verde), conectado pelo cabo Carcavellos–Porthcurno. Durante o resto do século XIX o sistema de cabo expandiu-se e incluiu cabos de Belém (Pará) até o Chuí, no Rio Grande do Sul, com conexões para o sul até o Uruguai e a Argentina, ao oeste, ao longo do Amazonas e, ao norte, através das Índias Ocidentais, até os Estados Unidos. Os primeiros operadores desenvolveram a Western Telegraph Co.; sendo que em 1929, esta companhia fundiu-se com a Eastern Telegraph Co. formando a Cable & Wireless Ltd.

PORTHCURNO

Coleções:

O Cable & Wireless Archive possui uma vasta documentação histórica relativa ao desenvolvimento dos negócios e tecnologia das comunicações internacionais. Enquanto o arquivo possui material a partir da década de 1850 até a presente data, o principal período coberto pelas coleções é entre c. 1870 e c. 1970. Ao longo desse período existiram várias mudanças nos nomes das companhias de cabo e suas subsidiárias, e existem documentos para a maior parte delas. A coleção inclui livro de atas (com Índices), livros de contabilidade e empréstimos, bem como documentos impressos (tais como literatura promocional, publicações comemorativas e relatórios anuais), artigos de jornais a partir da década de 1850, fotografias, mapas e gráficos. Também encontra-se uma série completa do *The Zodiac*, a revista dos funcionários que começou em 1906, e as revistas que a sucederam. Todos estes tipos de documentos incluem referências significativas às operações brasileiras e são as melhores para serem consultadas em conjunto com a documentação da Western Telegraph Co. da University College London (ver pp. 206–7). O catálogo do arquivo é totalmente acessível *online*: a busca por texto com palavras como "Brazil", "Brazilian" e "Amazon" resulta em mais de 130 documentos ou séries encontradas, todos em inglês. Exemplos significativos desses itens são:

- *DOC/WTC/12/3/* – *Western Telegraph Co.* – História da companhai no Brasil, sd.

- *DOC/BZSTC/6/1/* – *Brazilian Submarine Telegraph Co. Ltd.* – Correspondência com a *Western Telegraph Co.* que inclui cópia da mensagem de inauguração da Rainha Vitória para o Imperador do Brasil, 1873–74.

- *DOC/BZSTC/1/1/* – *Brazilian Submarine Telegraph Co.* – Livro de atas do Conselho de Administração, 1873–78. [*Nota*: Existem Livros de Atas (Minute Books) da Companhia com índices no período de 1873–1903.]

- *DOC/BZSTC/2/1/* – *Brazilian Submarine Telegraph Co.* – Balanço financeiro com documentos auxiliares, 1873–82. [*Nota:* Existem balanços financeiros (Balance Sheets) do período de 1873–99.]

- *DOC/AZTC/1/2/ – Amazon Telegraph Co. Ltd* – Relatórios Anuais, 1896–1929.

- *PHO/WTC/9/1 – Western Telegraph Co.* – Fotografias das instalações da Western Telegraph Co. no Rio de Janeiro e as plantas arquitetônicas do refeitório, salas de leitura e de bilhar, 1923.

- *DOC/WTC/4/I – Western Telegraph Co.* – Especificação para a construção de um novo prédio, Rio de Janeiro, c. 1930.

PORTSMOUTH

ROYAL NAVAL MUSEUM
HM Naval Base (PP66)
Portsmouth P01 3NH

www.royalnavalmuseum.org

Tel.: (023) 9272 7562 • **Fax:** (023) 9272 7575
E-mail: library@royalnavalmuseum.org

Funcionamento: Segunda–Sexta 10:00hs–16:00hs, fechado nos feriados.
Admissão: Apenas com agendamento. Exige-se apresentação de documento de identidade.

Introdução:

No departamento de manuscritos do Royal Naval Museum concentra-se a coleção de documentos, que é a fonte para a história social e operacional da Marinha Britânica, mais do que da história do desenvolvimento tecnológico. As descrições dos manuscritos que estão no museu encontram-se no M. Sheldon, *Guide to the Manuscript Collections of the Royal Naval Museum* (Portsmouth, 1997), no catálogo que está sendo elaborado "Catalogue of the Admiralty Manuscript Collection" e no "Manuscript Catalogue Database" que pode ser acessado pelo website do museu.

A coleção do museu possui muitos diários pessoais, memórias, cadernos de anotações e coleções de cartas desde o ano de 1780, alguns dos quais eram anteriormente mantidos pela Admiralty Library. Além de alguns itens isolados de documentos oficiais, a documentação do museu não inclui registros oficiais do Admiralty que são encontrados no National Archives (ver *Admiralty* [*ADM*], pp. 164–66).

Coleções:

Os documentos relativos ao Brasil formam uma parte bem pequena do acervo arquivístico do museu. Existem muitos mapas geográficos da costa leste da América do Sul, incluindo o Brasil, e vários mapas do século XVIII e esboços das ilhas de Fernando de Noronha, Trinidade e Martín Vaz. Somente um manuscrito substancial relacionado ao Brasil foi encontrado, mas o museu possui uma coleção grande de diários e livros de bordo do século XIX e inicio do XX originais. Alguns relacionados com viagens marítimas à América do Sul podem ser encontrados através da busca "South America" via "Manuscript Catalogue Database".

1984.347 – **Letters of the Admiral Sir Thomas Masterman Hardy**
Docs. em inglês
Sir Thomas Masterman Hardy (1769–1839) era um official da Marinha Britânica que serviu em muitas partes do mundo durante a sua carreira. A sua coleção consiste em dezenove cartas de Hardy para Henry Chamberlain, entre 1820 e 1823. Dezessete das cartas estão datadas entre os anos de 1822–23 quando Hardy era comandante encarregado das operações da Marinha Britânica na América do Sul e Chamberlain estava servindo como cônsul-geral britânico no Rio de Janeiro. As cartas são, em sua maior parte, despachos e relatórios sobre os movimentos pela independência do Brasil.

1981.390/3–4 – **Letters from Henry Chamberlain**
Duas cartas detalhando preparações para uma viagem maritima ao Brasil, também descrevendo a própria viagem, em 1814.

PRESTON

LANCASHIRE RECORD OFFICE
Bow Lane
Preston
Lancashire PR1 2RE

 www.archives.lancashire.gov.uk

Tel.: (01772) 533 039 • **Fax:** (01772) 533 050
E-mail: record.office@ed.lancscc.gov.uk

Funcionamento: Segunda, Quarta e Sexta 9:00hs–17:00hs; Terça 9:00hs–20:30hs; Quinta 9:00hs–17:00hs; fechado nos feriados.
Admissão: Exige-se apresentação de documento de identidade.

Introdução:
O Lancashire Record Office coleciona e preserva documentos relativos ao condado de Lancashire. Registros da administração local, igreja e particulares (pessoais, comerciais e da sociedade) são mantidos neste Record Office. Os documentos referentes a outras partes da Inglaterra e a outros países apenas são mantidos se o autor do documento, ou no caso das cartas, o receptor, tiver uma relação com Lancashire.

Coleções:
Embora muitas coleções tenham sido identificadas por possuírem documentos relativos ao Brasil, a maior parte possui apenas cartas isoladas referentes à exportação dos moinhos têxteis de Lancashire ou de contas comerciais. Existe uma lista manuscrita (número 17) disponível que enumera alguns dos documentos encontrados pelo pessoal do Record Office entre as coleções que se referem às Índias Ocidentais e à América do Sul, incluindo várias referências ao Rio de Janeiro e a outras partes do Brasil. Apenas uma coleção inclui assunto de importância relativo ao Brasil.

DDX 503/1 – **John Cottam Letters**
Docs. em inglês
Este livro de cartas consiste na correspondência de John Cottam, cobrindo o período de 17 de janeiro de 1856 a 7 de janeiro de 1869. Cottam foi vendedor da loja de tecidos Fleetwood, em

Lancashire, e foi também funcionário da ferrovia no Brasil, de onde muitas das cartas foram escritas.

*DDPSL – **Platt Saco Lowell***
Docs. em inglês
Datando do início do século XIX, a empresa Saco-Lowell tornou-se o grupo de produtores de equipamentos para fabricação de tecido mais importante da Grã-Bretanha. Das fábricas espalhadas em toda a região de Lancashire, máquinas e equipamentos eram enviados para o mundo inteiro. Em 1973, a Platt International dos Estados Unidos comprou a Saco-Lowell e criou a Platt Saco Lowell.

A coleção inclui documentos criados pelos vários fabricantes de maquinaria ligados a Saco-Lowell. Os registros especificamente relacionados ao Brasil foram identificados como:

- *DDPSL 5/2/5 Tweedales & Smalley Ltd of Castleton –* Cadernos de pedidos e preços incluindo breves descrições, Brasil, 1899–1937.

- *DDPSL 13/5/1 & 13/2/28– Textile Machinery Makers Ltd of Helmshore –* Correspondência relativa às exportações Brasileiras, 1953–58.

SOUTHAMPTON

SOUTHAMPTON ARCHIVES OFFICE
South Block
Civic Centre
Southampton SO14 7LY

www.southampton.gov.uk/
leisure/history/archives

Tel.: (023) 8083 2251 • **Fax:** (023) 8083 2156
E-mail: city.archives@southampton.gov.uk

Funcionamento: Terça–Sexta 9:30hs–16:30hs, fechado nos feriados.
Admissão: É aconselhável fazer agendamento.

Introdução:

O Southampton City Archives é o arquivo municipal que coleciona documentos relativos à cidade e ao porto de Southampton. Possui documentos que se referem a outras partes do Reino Unido ou outros países que tenham alguma relação com Southampton.

Coleções:

Apesar de Southampton ter sido um dos portos britânicos mais importantes, existem poucos registros relativos ao Brasil. Uma fonte geral relacionada aos portos, mantida pelo arquivo da cidade, é a lista dos marinheiros dos navios registrados em Southampton, que cobre o período de 1863–1913, vários dos quais fizeram viagens para o Brasil durante este período. Outra fonte relativa à marinha mercante é o *Central Index of Merchant Seamen, 1913–41*. Além das listas dos marinheiros britânicos da marinha mercante, existem registros dos estrangeiros e possivelmente registros dos serviços prestados aos brasileiros, caso eles tivessem estado a bordo de navios britânicos nesses anos. O *Central Index* está organizado alfabeticamente. Desta forma, exceto se for algum sobrenome conhecido, é muito difícil obter informações sobre os marinheiros brasileiros.

*SC/AG 14/15 – **Board of Guardians' Records: 'German Russens'***
Docs. em inglês
Em junho de 1878, um grupo de russos de descendência alemã emigrou para o Paraná. Desiludidos de imediato com as condições locais, muitos dos imigrantes recém-chegados resolveram deixar o Brasil. Em 9 de dezembro de 1879, um grupo de 90 emigrantes

chegou à Southampton vindos do Rio de Janeiro no navio RMS *Minho*. O governo russo inicialmente relutou em aceitar o grupo de volta, mas certamente foi persuadido a aceitá-lo e o grupo voltou para a Rússia em 3 de janeiro de 1880. Os documentos se referem à tentativa da Southampton Corporation e do Board of Guardians em recuperar os custos incorridos com o apoio aos emigrantes. Alem disso, encontra-se também a correspondência oficial (dezembro 1879–janeiro 1880) entre a Southampton Corporation, o Local Government Board, o Foreign Office e a Embaixada Russa. Existem também listas das quantidades de alimentos consumidas pelos emigrantes, um relatório detalhado do envio dos emigrantes de *Southampton* para a Rússia e uma carta de agradecimento para o povo da Inglaterra e Southampton assinada por seis "pobres emigrantes alemãs e russos".

*D/VT 10 – **Thornycroft (Brazil) Ltd***
Docs. em inglês
Entre os documentos do armador de navios John I. Thornycroft & Co. Ltd encontram-se registros (a maior parte financeiros) relativos à Thornycroft Ltd (Brasil). Estes registros incluem as contas anuais (1927–57), os balanços gerais anuais (1938–63), um relatório sobre a visita à sede e a outras lojas no Rio de Janeiro (1948) e plantas, fotografias dos prédios, escritórios e outros assuntos do Rio de Janeiro e São Paulo (1943–48).

◆

UNIVERSITY OF SOUTHAMPTON
Hartley Library
Archive and Special Collections
Highfield
Southampton SO17 1BJ

www.archives.lib.soton.ac.uk

Tel.: (023) 8059 2721 • **Fax:** (023) 8059 3007
E-mail: archives@soton.ac.uk

Funcionamento: Segunda–Sexta 9:00hs–17:00hs; Quarta 10:00hs–17:00hs, fechado nos feriados.
Admissão: Apenas com agendamento. É necessário encaminhar a solicitação, por escrito, pelo menos uma semana antes da primeira visita.

Introdução:

A coleção de manuscritos da Hartley Library da University of Southampton está concentrada em tópicos politicos e militares, nas comunidades judias na Inglaterra, na história marítima e na própria universidade. Entre a documentação do arquivo, encontram-se documentos particulares de várias figuras proeminentes do século XIX que tinham forte interesse em negociar com o Brasil. O catálogo inclui busca *online*.

Coleção:

Sem dúvida, as mais importantes coleções de manuscritos mantidas pela Hartley Library que apresenta documentos relativos ao Brasil é a Palmerston Papers e a Wellington Papers, duas importantes séries de documentos políticos particulares. A biblioteca também possui documentos de Richard Wellesley, primeiro Marquês (1760–1842), que serviu como Ministro das Relações Exteriores entre dezembro de 1809 e 1812. Embora nenhum documento relativo ao Brasil tenha sido identificado nesta coleção [*MS 63*], os documentos relativos ao Brasil, em outras coleções, tendem a refletir o passado marítimo de Southampton.

MS 62 – *Palmerston Papers*
Docs. em inglês

Os *Palmerston Papers* referem-se a, principalmente, Henry John Temple, terceiro Visconde de Palmerston (1784–1865). Como secretário de Guerra (1809–28), Ministro das Relações Exteriores (1830–34, 1835–41 e 1846–51) e Primeiro-Ministro (1855–58 e 1859–65), a carreira política de Palmerston abrange um período importante nas relações anglo-brasileiras, incluindo a época da Independência, a guerra com a Argentina, e a abolição e supressão do tráfico escravo. Mais ou menos três quartos da correspondência semi-oficial consiste nos documentos de Palmerston como Ministro das Relações Exteriores e é amplamente composto por sua correspondência particular, inclusive com os diplomatas britânicos, no Brasil e com os diplomatas brasileiros e portugueses, em Londres. Os documentos de Palmerston nos anos em que foi Ministro da Guerra e Primeiro-Ministro são extremamente fragmentados. O catálogo *online* indica descrições básicas da correspondência (recebida ou enviada, nome e posição do correspondente, e a data; o assunto nem sempre é indicado).
Os documentos relativos ao Brasil encontram-se muito dispersos e talvez seja bastante frustrante em quantidade e alcance.

SOUTHAMPTON

Os *Palmerston Papers* estão divididos em quatro séries: *General Correspondence* [GC], *Slave Trade* [SLT], *Dispatches* [BD] and *Memoranda* [MM], as duas últimas séries quase nada possuem de material relativo ao Brasil. Os documenos indicados abaixo indicam o alcance das correspondências relativas ao Brasil.

GC – General Correspondence

A correspondência geral é considerável, tendo o tráfico de escravos como o principal foco das discussões nas cartas recebidas que, em grande parte, são escritas pelos diplomatas britânicos. Na correspondência a seguir indicada, estão contidos os principais correspondentes e grupo de documentos relativos ao Brasil, mas existem também algumas cartas de caráter pessoal. Além disso, deve-se ressaltar as correspondências dos diplomatas britânicos no Uruguai e na Argentina, algumas das quais referem-se ao Brasil.

- *GC/BA/264 – 306 – Barry* – Cartas de Sir Francis Thornhill Barry, primeiro Lord do Almirantado, para Palmerston sobre a supressão do tráfico de escravos na América do Sul, 1849–51.

- *GC/F/27 – Forster* – Carta de Palmerston para William Forster (filântropo) referente à abolição da escravatura na África Portuguesa, 1849.

- *GC/FO/162– 170 – Fox* – Correspondência entre Palmerston e Henry Stephen Fox (Embaixador britânico no Brasil) sobre o tráfico de escravos, 1833–36.

- *GC/HO/147–89 – Hoppner* – Correspondência de Richard Beigrave Hoppner, servindo como cônsul geral britânico, em Portugal, que inclui observações sobre a renúncia de D. Pedro à coroa imperial brasileira, 1831–33.

- *GC/HU/1–52 – Hudson* – Correspondência entre Palmerston e James Hudson, secretário do British Legation no Brasil (1845–50) e Embaixador britânico no Brasil (l850–5l), relatando sobretudo a supressão do tráfico escravo, 1845–51.

- *GC/LA/118–134 – Lavradio* – Cartas de Francisco de Almeida Portugal Lavradio, Embaixador português na Grã-Bretanha, sobre o papel de Portugal na supressão do tráfico de escravos, 1851–64.

- *GC/OU/107–149 – Ouseley* – Cartas de William Gore Ouseley, secretário do Legação Britânica no Brasil (1833–45), inclui correspondência sobre o tráfico de escravos, sendo que a maior parte dos documentos data de 1833 e 1839–40.

SLT – Slave Trade
Esta grande categoria de documentos (1806–65) inclui correspondência, memorandos e notas sobre o tráfico de escravos e a sua abolição, especialmente na área do Atlântico, e reflete as atividades de Palmerston

SLT/18–34 – Slave Trade: Brazil
Os documentos que se referem diretamente ao Brasil são, sobretudo, a partir dos anos de 1836. Dentre os documentos incluem-se os seguintes:

- Memorando dos navios envolvidos no tráfico de escravos no Rio de Janeiro, outubro de 1836 até março de 1837.

- Opinião de oficiais de justiça sobre os direitos, poderes e obrigações do governo britânico sobre o tratado de 1826, com o Brasil, em relação aos navios e brasileiros envolvidos com o tráfico de escravos.

- Memorando confidencial, com uma cópia da proposta do Tratado sobre o Tráfico Escravo no Brasil em 1845 (minuta do Aberdeen Act).

- Memorando analisando as tentativas para persuadir Portugal a declarar o tráfico de escravos como "pirataria" e, portanto, ilegal, sob o direito internacional.

- Carta descrevendo o ressentimento brasileiro com as duras medidas britânicas para abolir o tráfico de escravos, março de 1846.

- Memorando do Foreign Office com estimativas do número de escravos africanos importados para o Brasil anualmente desde 1817 até agosto de 1864.

Wellington Papers
Docs. em inglês

Os *Wellington Papers* relatam a vida e a carreira militar, política e diplomata de Arthur Wellesley, primeiro Duque de Wellington (1769–1852). O catálogo eletrônico inclui um resumo de cada item na coleção que foi criada a partir de 1819. Além das cópias das correspondências enviadas e cartas recebidas por Wellington, há também cópias, ou originais, de cartas de outros correspondentes. Entre os correspondentes aparecem figuras-chave da política e diplomacia britânica da época, sendo a documentação relativa ao Brasil de considerável importância. Para a identificação dos manuscritos nesta extensa coleção, observa-se que, atualmente, os documentos se encontram divididos em três períodos de catalogação: 1790–1818, 1819–32 e 1833–52.

1790–1818
Este período cobre a carreira militar de Wellington, tendo o duque atingido o posto de *field marshall* em 1813 e as primeiras atividades de sua carreira diplomática. Como os documentos deste período só foram catalogados por data e com a descrição "Para o Duque" ou "Do Duque", é impossível estimar a quantidade dos documentos relativos ao Brasil. No entanto, como Wellington esteve no comando do Exército Britânico, em Portugal, em 1808, devem existir documentos relevantes.

1819–32
Estes anos incluem o primeiro período de Wellington como Primeiro-Ministro (1828–30), tendo um bom número da correspondência diplomática sido mantida ao longo destes anos. A correspondência foi bem catalogada na forma de um banco de dados eletrônico, podendo ser identificada uma parte considerável de documentos relativos ao Brasil. Os seguintes documentos indicam o alcance e os assuntos das correspondências:

SOUTHAMPTON

- Correspondência entre Wellington e George Canning, sobre o tráfico de escravos, década de 1820.

- Correspondência sobre a mediação britânica entre Portugal e Brasil, relativa à Independência, década de 1820.

- Correspondência que discute a permissão de afiliação ou não dos oficiais britânicos ao exército brasileiro, década de 1820.

- Cartas de Manuel de Sarratea (Embaixador das Províncias Unidas do Rio da Prata em Londres) para George Canning (Ministro das Relações Exteriores) que indentifica-o como um mediador entre o Brasil e as Províncias Unidas do Rio da Prata, sobre Montevidéu e a Banda Oriental, 1826.

- Carta de Lord Aberdeen (Ministro das Relações Exteriores) para Wellington sobre a mediação para a reconciliação entre Dom Miguel, de Portugal e Dom Pedro, do Brasil, 1828.

- Carta de Lord Aberdeen para Wellington discutindo sobre o Brasil e a abolição do tráfico de escravos, 1828.

- Carta de Wellington para Aberdeen sobre os emigrantes holandeses e alemães no Brasil, mas que ficaram retidos em Falmouth, Cornwall, 1828.

- Correspondência entre Wellington e os diplomatas portugueses sobre a transferência de Plymouth para o Brasil, de refugiados e soldados portugueses, 1828.

1833–52
A organização do catálogo torna a identificação de documentos relativos ao Brasil extremamente difícil (ver acima informações sobre o período "1790–1818"). No entanto, estes anos incluem o segundo período de Wellington (1834–35) como Primeiro-Ministro, quando assumiu o posto de Ministro das Relações Exteriores, e é provável que exista alguma correspondência referente ao Brasil. Pode-se esperar, no entanto, poucas menções ao Brasil na correspondência da década de 1840, anos em que Wellington permaneceu, principalmente, na Índia.

SOUTHAMPTON

MS 45 – Mogg Papers
Docs. em inglês

Nascido em Southampton, William Mogg (1796–1875) entrou para a Marinha Britânica como voluntário em 1811, tendo permanecido grande parte de sua carreira como funcionário em expedições de vigilância, mais notadamente com a segunda e a terceira expedições à Antártica, de Edward Parry. Os anos de 1821–33 foram passados, principalmente, nas águas da América do Sul, inclusive no navio HMS *Beagle* (1827–30), com Charles Darwin.

Entre 1811 e 1868 Mogg manteve um caderno de anotações particulares que chegou a 6 volumes durante a década de 1860. No volume 3 [*MS 45/AO183/3*] Mogg relata com profundidade suas viagens à América do Sul, especialmente à Patagônia. Também aparecem, curtas, mas vivas descrições do Rio de Janeiro, Santos, São Paulo, Paranaguá (todas em 1826) e da ilha de Santa Catarina (1830).

STAFFORD

STAFFORDSHIRE RECORD OFFICE

County Buildings
Eastgate Street
Stafford ST16 2LZ

 www.archives.staffordshire.gov.uk

Tel.: (01785) 278379 • **Fax:** (01785) 278384
E-mail: staffordshire.record.office@staffordshire.gov.uk

Funcionamento: Segunda, Terça, Quinta 9:00hs–17:00hs; Quarta 9:00hs–20:00hs; Sexta 9:30hs–16:30hs, Sábado 9:00hs–12:30hs, fechado nos feriados.
Admissão: Exige-se agendamento.

Introdução:

O Staffordshire Record Office documenta a história do condado e da população de Staffordshire. Os documentos relativos a outros países somente são mantidos se o autor do manuscrito tiver relação com Staffordshire.

Coleções:

Parece que apenas duas das coleções mantidas pelo Staffordshire Record Office possuem documentos relativos ao Brasil.

Papers of the Legge Family, Earls of Dartmouth: William, 2nd Earl of Dartmouth, First Lord of Trade, Secretary for the Colonies, 1772–75
Docs. em inglês
Estes documentos incluem um relatório [*DWI778/V/311*] do início da década de 1770, enviado ao Marquês, sobre o tabaco exportado por comerciantes portugueses, do Brasil para a África, e os impostos pagos por eles às autoridades holandesas no enterposto de Elmina, no Oeste da África.

Business Interests of 3rd Earl of Lichfield, Viscount Anson
Docs. em inglês
Esta coleção inclui uma coleção [*D615/PB/1*] de documentos impressos e manuscritos relativos à Great Southern Railway

Company of Brazil. Nesta coleção encontram-se relatórios de engenheiros (1883); memorandos de acionistas (1885); cópias de correspondências, e outros relatórios de engenheiros e diretores (1885–88); e correspondência sobre a ponte internacional sobre o Rio Quarahim, ligando o Brasil ao Uruguai (1885–88).

TRURO

CORNWALL RECORD OFFICE
Old County Hall
Truro
Cornwall TR1 3AY

www.cornwall.gov.uk

Tel.: (01872) 323 127 • **Fax:** (01872) 322 292
E-mail: cro@cornwall.gov.uk

Funcionamento: Terça–Sexta 9:00hs–16:30hs; fechado nos feriados.
Admissão: Exige-se apresentação de documento de identidade.

Introdução:

O Cornwall Record Office documenta a história do condado e da população da Cornualha. Os documentos relativos a outros países somente são mantidos se o autor do manuscrito tiver relação com a Cornualha.

Coleções:

A Cornualha tem uma longa história de mineração de cobre e estanho, com seus mineradores e engenheiros de minas viajando pelo mundo à procura de oportunidades de trabalho. Durante o século XIX e início do XX, empresas mineradoras britânicas operando na América Latina, especialmente no México e no Brasil, recrutaram extensivamente na Cornualha. Apesar dessas importantes conexões, poucos documentos relativos ao Brasil parecem ser mantidos pelo Cornwall Record Office. Existem alguns documentos isolados relativos a investimentos em ações no Brasil e papéis relacionados a pessoas da Cornualha que morreram no Brasil, mas apenas uma coleção relativamente substancial e importante foi identificada.

> *ADI 1730 – Thomas Martin, Mine Captain, Brazil*
> *Docs. em inglês (alguns em português)*
> Thomas Martin nasceu em 1799 em Gwennap, uma região de mineração de cobre que um dia já foi conhecida como "a milha quadrada mais rica no Velho Mundo". Mais tarde ele se mudou para Perranarworthal, local onde se fazia trabalho de fundição de estanho, de onde se juntou ao Imperial Brazilian Mining Association. Em 1827, enquanto trabalhava na mina de ouro do

TRURO

Gongo Soco (Minas Gerais), Martin foi nomeado "Head Captain and Superintendent of Mines" (Capitão Chefe e Superintendente de Minas). Ele viveu e trabalhou no Brasil até 1860 ou 1861 e, ao que parece, se estabeleceu mais tarde no País de Gales, onde faleceu em Dolgellau em 1870.

A coleção consiste de 68 documentos de 1827 a 1862, sendo a maioria cartas escritas para Thomas Martin. As cartas são significativas porque detalham como eram mantidas as relações financeiras e familiares entre a Cornualha e o Brasil.

WARWICK

WARWICKSHIRE COUNTY RECORD OFFICE
Priory Park
Cape Road
Warwick CV34 4JS

www.warwickshire.gov.uk/countyrecordoffice

Tel.: (01926)412735 • **Fax:** (01926)412509
E-mail: recordoffice@warwickshire.gov.uk

Funcionamento: Terça–Quinta 9:00hs–17:00hs; Sexta 9:00hs–17:00hs; Sábado 9:00hs–12:30hs, fechado nos feriados.
Admissão: Não é necessário agendamento; exige-se apresentação de documento de identidade.

Introdução:
O Warwickshire County Record Office documenta a história da condado e do povo de Warwickshire. Documentos relativos a países estrangeiros somente são mantidos pelo Record Office se o autor do manuscrito possuir alguma relação com Warwickshire.

Coleções:
Muitos poucos itens relativos ao Brasil foram identificados como existentes no Warwickshire County Record Office.

CR136/A/296 – *Diary of A.L. Newdigate*
Docs. em inglês
O diário de A.L. Newdigate, um engenheiro civil de Arbury, registra a viagem da Inglaterra ao Rio de Janeiro e de lá para a África do Sul, entre outubro de 1867 e fevereiro de 1868, e impressões detalhadas de ambos os lugares.

CR 114A/421 – *Sir George Francis Seymour Papers*
Docs. em inglês
Estes documentos são relatórios e anotações (1845–48) feitos por Sir George Francis Seymour enquanto comandava o Posto do Pacífico da Marinha Britânica. Embora o centro das operações fosse a costa oeste da América do Sul, existem descrições de visitas ao Rio de Janeiro.

WOLVERHAMPTON

WOLVERHAMPTON ARCHIVES
42–50 Snow Hill   www.wolverhampton.gov.uk/archives
Wolverhampton WV2 4AG

Tel.: (01902) 552480 • **Fax:** (01902) 552481
E-mail: wolverhamptonarchives@dial.pipex.com

Funcionamento: Segunda,Terça e Sexta 10:00hs–17:00hs;
Quarta 10:00hs–19:00hs; Sábado l0:00hs–17:00hs
(apenas no 1º e 3º sábados de cada mês), fechado
nos feriados.
Admissão: Exige-se apresentação de documento de identidade.

Introdução:

O arquivo coleciona documentos relativos a Wolverhampton, incluindo registros do governo local e registros de negócios associados com a cidade. Os documentos relativos a outras partes da Inglaterra ou outros países apenas são mantidos pelo Arquivo se o autor tiver alguma relação com Wolverhampton.

Coleção:

Apenas um item da grande coleção de história comercial da Records of Goodyear Tyre and Rubber Company (Great Britain) Ltd, relativo ao Brasil, foi identificado.

*DB–20/G/6 – **Lady Wickham's Diary***
Docs. em inglês
O diário da Sra.Wickham fornece mais informações sobre o começo da indústria das plantações de ceringueira na Malásia e as atividades de seu marido, Sir Henry Wickham, que coletava sementes de ceringueira na Amazônia e as contrabandeava, enviando-as para fora do Brasil, em 1870, para a sua propagação em Kew Gardens. (Ver também Royal Botanic Gardens, Kew, Londres, p. 196.)

ANEXOS I:
Ministros de Estado das Relações Exteriores
(dos anos de 1782 a 1945)

Até meados do século XX, a correspondência ministerial era considerada propriedade particular da pessoa que a recebesse. Como resultado, nem todos os documentos dos Ministros de Estado sobreviveram e, quando sobreviveram, nem sempre estavam completos. As duplicatas de correspondência de e para os Ministros das Relações Exteriores são, no entanto, muitas vezes encontradas dentro dos arquivos do Foreign Office, que são mantidos pelo National Archives, em Kew, Londres.

A lista dos Ministros de Estado das Relações Exteriores da Grã-Bretanha inclui referência às entradas relevantes do presente guia. Onde não existir referência à página, os documentos relativos ao Brasil, dentro da coleção, não foram identificados. Para localizar o material de tais ministros de estado, os leitores devem consultar o *website* do National Register of Archives (ver p. 264).

Março–Julho 1782
  Fox, Charles James

Julho 1782–Abril 1783
  Grantham, 2° Lord, Thomas Robinson

Abril–Dezembro 1783
  Fox, Charles James

19–22 Dezembro 1783
  Temple, 3° Conde, George Nugent Temple Grenville, posteriormente 1° Marquês de Buckingham

23 Dezembro, 1783–Abril 1791
  Carmarthen, Marques de, posteriormente 5o Duque de Leeds, Francis Godolphin Osborne

Abril 1791–Fevereiro 1801
  Grenville, Lord William Wyndham Grenville
  (Ver British Library, p. 110)

Fevereiro 1801–Maio 1804
  Hawkesbury, Lord, posteriormente 2o Marques de Liverpool, Robert Banks Jenkinson

Maio–Dezembro 1804
  Harrowby, 2o Lord, posteriormente 1° Marquês de Harrowby, Dudley Ryder

Janeiro 1805–Fevereiro 1806
Mulgrave, 3o Lord, posteriormente I° Marquês de Mulgrave, Henry Phipps

Fevereiro–Setembro 1806
Fox, Charles James

Setembro 1806–Março 1807
Howick, Lord, posteriormente 2° Marquês de Grey, Charles Grey

Março 1807–Outubro 1809
Canning, George
(Ver Leeds District Archive, pp. 79–80)

Outubro–Dezembro 1809
Bathurst, 3° Conde, Henry Bathurst

Dezembro 1809–Janeiro 1812
Wellesley, I° Marquês, Richard Cofley
(Ver British Library, p. 114)

Fevereiro 1812–Setembro 1822
Visconde Castlereagh, posteriormente 2° Marquês de Londonderry, Robert Stewart
(Ver Public Record Office of Northern Ireland. p. 7)

Setembro 1822–Abril 1827
Canning, George
(Ver Leeds District Archive, pp. 79–80; British Library, p. 111)

Abril 1827–Maio 1828
Dudley and Ward, 4° Visconde, posteriormente Conde de Dudley, John William Ward
(Ver British Library. p. 111)

Maio 1828–Novembro 1830
Aberdeen, 4° Conde de, George Hamilton-Gordon
(Ver British Library, pp. 105–7)

Novembro 1830–Novembro 1834
Palmerston, 3° Visconde, Henry John Temple
(Ver Hartley Library, Southampton pp. 239–41)

Novembro 1834–Abril 1835
Wellington, I° Duque de, Arthur Wellesley
(Ver Hartley Library; Southampton, pp. 242–43)

Abril 1835–Agosto 1841
Palmerston, 3° Visconde, Henry John Temple
(Ver Hartley Library, Southampton. pp. 239–41)

Setembro 1841–Julho 1846
Aberdeen, 4° Conde de, George Hamilton-Gordon
(Ver British Library, pp. 105–7)

Julho 1846–Dezembro 1851
Palmerston, 3° Visconde, Henry John Temple
(Ver Hartley Library, Southampton, pp. 239–41)

Dezembro 1851–Fevereiro 1852
Granville, 2° Conde, George Leveson Gower

Fevereiro–Dezembro 1852
Malmesbury, 3° Conde de, James

Dezembro 1852–Fevereiro 1853
Russell, Lord John, posteriormente 1° Conde
(Ver National Archives, pp. 158–59)

Fevereiro 1853–Fevereiro 1858
Clarendon, 4° Conde de, George Villiers
(Ver National Archives, p. 157; Bodleian Library, pp. 222–23)

Fevereiro 1858–Junho 1859
Malmesbury, 3° Conde de, James Harris

Junho 1859–Outubro 1865
Russell, Lord John, posteriormente 1° Conde
(Ver National Archives, pp. 158–59)

Novembro 1865–Julho 1866
Clarendon, 4° Conde de, George Villiers
(Ver National Archives, p. 157; Bodleian Library; pp. 222–23)

Julho 1866–Dezembro 1868
Stanley, Lord, Edward Henry, posteriormente 15° Conde de Derby
(Ver Liverpool Record Office. p. 00)

Dezembro 1868–Julho 1870
Clarendon, 4° Conde de, George Villiers
(Ver National Archives, p. 157; Bodleian Library, pp. 222–23)

Julho 1870–Fevereiro 1874
Granville, 2° Conde, George Leveson Gower

Fevereiro 1874–Abril 1878
Stanley, Lord, Edward Henry, posteriormente 5° Conde de Derby
(Ver Liverpool Record Office, p. 86)

Abril 1878–Abril 1880
Salisbury, 3° Marquês de, Robert Cecil
(Ver Hatfield House, pp. 73–74)

Abril 1880–Junho 1885
Granville, 2° Conde, George Leveson Gower

Junho 1885–Fevereiro 1886
Salisbury, 3° Marquês de, Robert Cecil
(Ver Hatfield House, pp. 73–74)

Fevereiro–Julho 1886
Rosebery, 5° Conde de, Archibald Primrose

Agosto 1886–Janeiro 1887
Iddesleigh, I° Conde, Stafford Northcote

Janeiro 1887–Agosto 1892
Salisbury, 3° Marquês de, Robert Cecil
(Ver Hatfield House. pp. 73–74)

Agosto 1892–Março 1894
Rosebery, 5° Conde de, Archibald Primrose

Março 1894–Junho 1895
Kimberley, I° Conde de, John Wodehouse
(Ver Bodleian Library, p. 223)

Junho 1895–Novembro 1900
Salisbury, 3° Marquês de, Robert Cecil
(Ver Hatfield House. pp. 73–74)

Novembro 1900–Dezembro 1905
Lansdowne, 5° Marquês de, Henry Petty-Fitzmaurice

Dezembro 1905–Dezembro 1916
Grey, Sir Edward, posteriormente Visconde Grey de Fallodon

Dezembro 1916–Outubro 1919
Balfour, Arthur James, posteriormente I° Conde de Balfour

Outubro 1919–Janeiro 1924
Curzon, Conde, posteriormente I° Marquês de Kedleston

Janeiro–Novembro 1924
MacDonald, James Ramsay

Novembro 1924–Junho 1929
Chamberlain, Sir Austen

Junho 1929–Agosto 1931
Henderson, Arthur

Agosto,16–Novembro 1931
Reading, I° Marques de Rufus Isaacs

Novembro 1931–Junho 1935
Simon, Sir John, posteriormente I° Visconde

Junho–Dezembro 1935
Hoare, Sir Samuel, posteriormente I° Visconde TempleWood

Dezembro 1935–Fevereiro 1938
**Eden, Anthony, posteriormente Sir Anthony Eden (1954)
e 1° Conde de Ávon**
(Ver University of Birmingham Library, p. 11; National Archives, p. 157)

Março 1938–Dezembro 1940
Halifax, 3° Visconde, posteriormente 1° Conde

Dezembro 1940–Julho 1945
**Eden, Anthony, posteriormente Sir Anthony Eden (1954)
e 1° Conde de Ávon**
(Ver University of Birmingham Library, p. 11; National Archives, p. 157)

ANEXOS II:
Diplomatas Britânicos e o Brasil

A maior parte da correspondência existente dos diplomatas britânicos, pode ser encontrada nos arquivos do Foreign Office mantido pelo Public Record Ofice (PRO). Existem também algumas coleções de documentos particulares que foram depositadas no PRO e em outras instituições arquivistas britânicas ou irlandesas. Os documentos particulares relativos ao Brasil, aqui indicados neste guia, foram identificados pelas datas correspondentes aos anos em que os diplomatas serviram no Brasil. Quando o serviço diplomático foi feito em outro país, os anos se referem ao período da correspondência relativa ao Brasil.

Visconde Strangford (1807–10 e 1828–30) – *(Ver Leeds District Archive, p. 79; British Library, p. 88)*

Henry Chamberlain (1816–18) – *(Ver British Library, p. 113)*

Edward Thronton (1819–24) – *(Ver Leeds District Archive, p. 80 e National Archives, p. 159)*

Richard Pitt Amherst (1823) – *(Ver India Office Library, p. 128)*

William A'Court (1824–28) – *(Ver Leeds District Archive, p. 80; British Library, p. 111)*

Charles Richard Vaughan (1825–26) – *(Ver All Souls College, p. 219)*

Robert Gordon (1826–28) – *(Ver Leeds District Archive, p. 80; British Library, p. 111)*

John Ponsoby (1826–29) – *(Ver Durham University Library pp. 48–50; British Library, pp. 106 e 111)*

Arthur Aston (1826–33) – *(Ver National Archives, p. 157)*

Woodbine Parish (1828) – *(Ver National Archives, p. 158)*

Robert Belgrave Hoppner (1831–33) – *(Ver Hartley Library, Southampton, p. 240)*

Goerge Jackson (1832–41) – *(Ver National Archives, p. 158)*

Henry Stephen Fox (1833–36) – *(Ver Hartley Library, Southampton, p. 240)*

William Gore Ouseley (1833–45) – *(Ver Hartley Library. Southampton, p. 241)*

John Hobart Caradoc (1841–48) – *(Ver British Library, p. 106)*

Henry Ellis (1842–43) – *(Ver British Library, p. 106)*

Charles James Hamilton (1842–46) – *(Ver British Library, p. 106)*

James Hudson (1845–51) – *(Ver Hartley Library, Southampton, p. 240)*

William Christie (1863) – *(Ver British Library, p. 112; National Archives, pp. 158–59)*

Edward Thornton, Jr (1865–67) – *(Ver National Archives, p. 159)*

George Buckley Mathew (1867–79) – *(Ver Glamorgan Record Office. p. 26; Liverpool Record Office, p. 85)*

Richard Burton (1868) – *(Ver Royal Geographic Societ,. p. 202)*

Hugh Guion Macdonell (1885–88) – *(Ver British Library, p. 113)*

Henry Beaumont (1897–99) – *(Ver Imperial War Museum, p. 123)*

Roger Casement (1906–13) – *(Ver National Library of Ireland, pp. 40–41; National Archives, pp. 171–72)*

Daniel O'Sullivan (1907–21) – *(Ver Trinity College Dublin, p. 42)*

Harold Beresford Hope (1914) – *(Ver Imperial War Museum, p. 123)*

Maurice De Bunsen (1919) – *(Ver Bodleian Library, p. 223)*

Leslie Fry (1963–66) – *(Ver India Office Library, p. 128)*

ANEXOS III:
Ferrovias financiadas ou de propriedade dos britânicos no Brasil

A documentação relativa às ferrovias do Brasil de propriedade ou financiadas pelos britânicos, com poucas exceções, pode decepcionar o pesquisador. As companhias se fundiram ou foram extintas, e os seus registros foram muitas vezes destruídos, ou desapareceram nos cofres dos advogados ou simplesmente se perderam. Para algumas companhias, no entanto, ainda existem os documentos relativos à sua construção, operação e finanças. O material técnico – não específico do Brasil, mas relativo ao desenvolvimento das locomotivas e vagões – pode ser consultado nas coleções dos arquivos do National Railway Museum em York [www.nrm.org.uk].

Bahia and São Francisco Railway *(Ver Institution of Mechanical Engineers, p. 130, Rothschild Archive, p. 191; p. 205; University College London, p. 205)*

Bahia & Timbó Railway *(Ver Rothschild Archive, p. 191)*

Brazil Railway Company *(Ver Bank of England, p. 95; National Archives, p. 168)*

Brazil Victoria Minas Railway *(Ver Baring Archive, p. 99; Rothschild Archive, p. 193)*

Ceará, ferrovias no *(Ver Royal Geographic Society, p. 202)*

Central Bahia Railway *(Ver Guildhall Library, p. 119)*

Conde D'Eu Railway *(Ver Rothschild Archive, p. 189)*

Great Northern Railway of Brazil *(Ver National Archives, p. 143)*

Great Southern Railway of Brazil *(Ver Staffordshire Record Office, p. 245)*

Hunslet Engine Ltd *(Ver Leeds District Archive, p. 80)*

Leopoldina Railway *(Ver National Archives, p. 145)*

Madeira–Mamoré Railway *(Ver National Library of Ireland, p. 41; National Archives, p. 150, Royal Geographic Society p. 200)*

Manaus para Boa Vista, concessão da ferrovia *(Ver National Archives, pp. 146 e 161)*

Mogyana Railway *(Ver Lloyds TSB Group Archive, p. 133)*

Northern Mato Grosso Railway *(Ver National Library of Scotland, p. 58)*

Porto Alegre and New Hamburg Railway *(Ver National Archives, p. 151)*

São Paulo e Goyaz Railway *(Ver India Office Library, p. 127)*

São Paulo Railway *(Ver National Archives, pp. 164 e 168; Rothschild Archive, pp. 189 e 191)*

Triângulo Mineiro Railway *(Ver National Library of Scotland, p. 58)*

União Mineira Railway *(Ver Institution of Mechanical Engineers, p. 130)*

Victoria e Natividade Railway *(Ver National Library of Scotland, p. 58)*

ANEXOS IV:
História Natural

Existem muitas coleções de história natural descritas no *Guia* que contêm manuscritos relativos à exploração, etnografia e economia botânica. Muitos destes itens encontram-se no Royal Geographic Society Archives (p. 000–00). Os pesquisadores devem também considerar os documentos dos seguintes exploradores, colecionadores e cientistas:

Elizabeth Agassiz *(Ver Natural History Museum, p. 186)*

David Angus *(Ver National Library of Scotland, pp. 57–8)*

Joseph Banks *(Ver British Library, p. 115)*

Henry Walter Bates *(Ver British Library, p. 115, Natural History Museum, p. 186)*

Wiliam Burchell *(Ver Royal Botanical Gardens, Kew, p. 195)*

Charles Carlisle *(Ver Royal Botanical Gardens, Kew, p. 194)*

Robert Cunningham *(Ver Royal Botanical Gardens, Kew, pp. 195–96)*

Charles Darwin *(Ver University of Cambridge Library, pp. 19–20)*

Robert FitzRoy *(Ver University of Cambridge Library, pp. 20–21)*

George Gardner *(Ver Royal Botanical Gardens, Kew, p. 195)*

Victor Gärtner *(Ver Royal Botanical Gardens, Kew, p. 196)*

Rupert Gordon *(Ver University of Liverpool Library, p. 91)*

William Hooker *(Ver Royal Botanical Gardens, Kew, pp. 195–96)*

John Miers *(Ver Natural History Museum, p. 186)*

Fritz Müller *(Ver Royal Botanical Gardens, Kew, p. 196)*

David Charles Solander *(Ver British Library, p. 115)*

Richard Spruce *(Ver Royal Botanical Gardens, Kew, p. 194)*

Wolferston Thomas *(Ver University of Liverpool Library, pp. 90–91)*

H.M. Tomlinson *(Ver National Library of Scotland, p. 00)*

James W.H. Trail *(Ver University of Aberdeen Library, p. 1)*

Alfred Russel Wallac *(Ver Natural History Museum, pp. 186–87)*

Henry Wickham *(Ver Royal Botanical Gardens, Kew, p. 196; Wolverhampton Archives, p. 250)*

Fontes Adicionais

As seguintes fontes impressas e *on line* são importantes instrumentos para ajudar na identificação dos documentos, livros, manuscritos e fotos relativas ao Brasil na Grã-Bretanha e na Irlanda e o grande número de catálogos eletrônicos acessíveis pela internet.

Guias impressos:

- Biggins, Alan, e Valerie Cooper, *Latin American and Caribbean Library Resources in the British Isles* (Londres: Institute of Latin American Studies, 2002)

Mais de duzentas coleções nas bibliotecas da Grã-Bretanha e Irlanda estão listadas e descritas. O índice por país permite ao pesquisador usuário identificar os documentos relativos ao Brasil e os itens mais importantes, tais como livros, jornais e periódicos, manuscritos ou fotografias.

- Bloomfield, B.C., *A Directory of Rare Book and Special Collections in the UK and Republic of Ireland* (Londres: Library Association, 1997)

Um guia útil para os livros antigos e outros livros raros, e, especialmente útil, para entender as coleções da British Library, que possui muito material sobre o Brasil.

- Bridson, Gavin D.R., Valerie Phillips e Anthony Harvey, *Natural History Manuscript Resources in the British Isles* (Londres: Mansell, 1980)

A documentação relativa à história natural é descrita na tentativa de listar individualmente os manuscritos. O índice permite a identificação de itens relativos ao Brasil ou à América do Sul.

- Foster, Janet, e Julia Sheppard, *British Archives: A Guide to Archive Resources in the United Kingdom* (Basingstoke: Palgrave, 2002)

Descreve as principais áreas de especialização e as informações de contato de centenas de arquivos nacionais, regionais e locais no Reino Unido.

- Helferty, Seamus, e Raymond Refaussé, *Directory of Irish Archives* (Dublin: Four Courts Press, 1999)

    Descreve as principais áreas de especialização e as informações de contato de 249 arquivos na Irlanda. Embora o índice não forneça nenhuma ajuda na identificação do material relativo ao Brasil, o catálogo lista nomes de pessoas, companhias e organizações que podem ser úteis.

- Orbell, John, e Alison Turton, *British Banking: A Guide to Historical Records* (Aldershot: Ashgate, 2001)

    São fornecidas descrições gerais dos manuscritos depositados nas instituições arquivistas britânicos relativas aos bancos. Este volume é especialmente útil para identificar as histórias de cada banco aí indicado e a localização de documentos de bancos menores, que se fundiram ou que, por alguma razão, deixaram de existir.

- Walne, Peter, ed., *A Guide to Manuscript Sources for the History of Latin America and the Caribbean in the British Isles* (Londres: Oxford University Press, 1973)

    Embora tenha sido cuidadosamente organizado na década de 1960, esta tentativa de indicar, em inventário, cada um dos arquivos que contêm manuscritos continua, a ser um instrumento útil para historiadores da região. Algumas entradas importantes estão desatualizadas, devido à transferência, perda ou fusão de documentos e/ou arquivos.

Recursos Web:

- **A2A: Access to Archives**
    www.a2a.org.uk

    A2A: Access to Archives é um banco de dados que permite a busca por vários catálogos de mais de 130 instituições arquivistas além do National Archive (Public Record Office). Os arquivos vinculados ao banco de dados incluem um número cada vez maior de registros locais, sejam museus, bibliotecas de universidades, e instituições nacionais e especializadas da Inglaterra. Para alguns destas instituições, os catálogos listam coleções inteiras que podem ser pesquisadas, mas para muitos outros o vínculo com o A2A está em um estágio inicial de desenvolvimento.

- **Archives Hub**
  www.archiveshub.ac.uk

  O *Archives Hub* fornece um ponto de acesso para as descrições de arquivos das universidades e faculdades do Reino Unido. Existe um instrumento que permite aos usuários pesquisar os documentos nos catálogos eletrônicos utilizando esse recurso.

- **Archives Network Wales**
  www.archivesnetworkwales.info

  Archives Network Wales é um projeto com recursos *web* que permite fácil busca *online* de coleções relevantes de documentos mantidas por arquivos municipais, universidades, museus e bibliotecas no País de Gales, possibilitando ao usuário identificar quais as instituições arquivistas que possuem informações relevantes para a sua pesquisa ou interesse . Buscas sobre "Brasil" e "Rio de Janeiro" revelam documentos que não aparecem também através de outros catálogos eletrônicos mais gerais.

- **British Association of Picture Libraries and Agencies**
  www.bapla.org.uk

  A British Association of Picture Libraries and Agencies (BAPLA) é uma associação de comércio para bibliotecas de fotografias, representando mais de quatrocentas companhias. O *website* da BAPLA tem um instrumento de busca que permite aos usuários identificar as bibliotecas de fotografias que devem possuir as imagens na área que se está procurando (por exemplo, "história social"). Seguindo os *"links"* é possível acessar os membros do *website*. Muitas das coleções – inclusive, por exemplo, aquelas do National Maritime Museum (p. 180) e da Mary Evans Picture Library – possuem catálogos *online*.

- **Exeter Local Maritime Archives Project (ELMAP)**
  www.centres.ex.ac.uk/cmhs/ELMAP

  ELMAP é um banco de dados *online* no qual é possível pesquisar referências a documentos de importância marítima e naval que são mantidos em instituições arquivistas locais e outros arquivos da Inglaterra no País de Gales. Pesquisas sobre "Brazil", e "Rio de Janeiro" revelam documentos que não aparecem também através de outros catálogos eletrônicos mais gerais.

- **The National Register of Archives**
  www.hmc.gov.uk/nra

  O *National Register of Archives* (*NRA*) foi criado pela Comissão dos Manuscritos Históricos (HMC), órgão central do Reino Unido para arquivos e manuscritos. Fundado em 1869, o HMC é a principal fonte de informação sobre a natureza e a localização dos registros no Reino Unido.

  Os índices do NRA podem ser pesquisados no *website* pelo nome do indivíduo, família ou organização para identificar uma instituição e o número no HMC da coleção.

  Embora os catálogos das coleções individuais não estejam *online*, eles estão disponíveis para consultas nas estantes da sala de pesquisa do HMC. A utilidade dos catálogos varia imensamente, pois existem desde detalhados inventários de arquivos até descrições gerais.

- **Scottish Archive Network**
  www.scan.org.uk

  O *Scottish Archive Network* foi fundado em 1999, para criar um sistema eletrônico e uma sala de pesquisas associando os catálogos de mais de 50 arquivos da Escócia. Os catálogos estão disponíveis via Internet.

Índice geral

Os nomes das instituições que possuem documentos estão impressos em letras maiúsculas. O nome das séries de arquivos estão impressos em negrito – em alguns casos duas coleções dividem o mesmo nome. As referências de página em itálico indicam o documento encontrado na coleção que é relacionado à série de arquivo indicada.

abastecimento de água: Ceará, 169; São Paulo, 168
Aberdeen Papers: 105–7; ver também em "Gordon, George Hamilton"
Abrolhos, arquipélago de: 123–24
Açores, arquipélago de: 24, 137, 156, 165
A'Court, Sir William, 1º Barão de Heytesbury: 80, 111
Admiralty: ver em "Almirantado"
África do Sul: 3, 125, 162
água: 127, 168, 169
açúcar: 63, 69, 70, 71, 73, 111, 114, 120, 127, 131, 133, 141, 192, 193, 196, 197, 207, 213, 222,
Addington, Henry, 1º Visconde de Sidmouth: 60–61
Addis (Sir Charles Stewart) Papers: *117*, 203–4
Almirantado: *66*, 164–67, *171*, *233–34*, *240*
África: Brasileiros na, 228; contrabando, 137; tabaco, exportações, 245; ver também em "Elmina", "Nigéria", "escravos e escravidão", "Sta. Helena", "Sierra Leone Slave Trade Commission" e "África do Sul"
Agassiz, Elizabeth: 186
Agricultura: ver em produtos individuais e "Ministry of Agriculture and Food"
Air Ministry: 174
Alagoas: 58, 184
Alemanha: 85, 145, 176, 209–11; ver também em "imigrantes", "Primeira Guerra Mundial" e "Segunda Guerrra Mundial"
algodão:12, 73, 192, 212; ver também em "tecidos"

ALL SOULS COLLEGE: 219–20
Allen, Charles: 228
Alliance Life & Fire Assurance: 118
Allison (James) & Sons (Sailmakers) Ltd: 46
Almeida, Chevalier d': 80
Alto Paraná Development Co. Ltd: 118
Alwaez *[sic]*, João: 126
Amapá: ver em "Counani"
Amazonas: século XII (geral), 107–9, 224; século XVII (Inglaterra e Irlanda apenas), 40, 88, 103, 107, 109, 160, 221; século XX, descrições, 58–59; investigações médicas e científicas, 90–91, 163; história natural, 1, 58–59, 115, 194–96; ferrovias, 41, 146, 150, 161, 200; borracha, 91, 126, 141, 196, 250; navios, 83–85, 89; ver também em "Guiana Britânica/Guiana–Brasil fronteiras", "Counani", "Manaus", "Pará", "Santarém" e "rios"
Amazon Telegraph Co. Ltd: 232
Ameríndios: geral, 91, 104, 109, 225, 227; Mayapepemã, 108; Waurá, 4
Amherst, William Pitt, 1º Conde de: 128
Amirauté: 67
Amnesty International: xvii
Anglicanos, capelarias e cemitérios: 11, 119, 134, 154, 155, 164
Anglo-Brasileira de Juta, Cia.: 45
Anglo-Brazilian Commercial Agency: 131
Anglo-South American Airlines Ltd: 87
Angus, David: 57–58
Anti-Slavery Society: 227–29
Aracati (Ceará): 3
Arciszewski, Maj. Gen. Francizek: 188

Argentina: relações com o Brasil, 21, 49, 90, 156, 157, 158, 163, 165, 239, 243
Armstrong Whitworth: 22, 180
Ascensão, Ilha da (Ascension Island): 30, 152
Association of Brazil Nut Importers: 33–34
Aston (Sir Arthur) Papers: 157
Atomic Energy Authority, United Kingdom: 177
Austrália: 55, 125, 162
Avon Papers: *11*, 157
bacalhau (salgado): 68, 71, 160, 162
Bahia: bancos, 132, 133, 207, 208, 209; borracha, 197; comerciantes, 68, 120; consulado britânico, 152–53; Corte Naval, 153; descrições, século XVII, 42; descrições, século XIX, 58, 114, 118, 184, 201; descrições, século XX, 182; dominação holandesa, 104, 109; escravos e escravidão, 152, 156, 165, 229; ferrovias, 119, 130, 191, 192. 205; Igreja Anglicana, 119; imigrantes, 40, 228; mineração, 31, 98, 200, 216; missionários, 52
Bahia and San Francisco Railway Co. Ltd: *130, 191, 192,* 205
Bahia & Timbó Railway Co.: 191
baleias: 54, 82, 159, 181
bambu: 197
Banco do Brasil: 93, 94, 96, 191
Bancos e banqueiros: 92–96, 97–99, 119, 130–33, 189–93, 204, 205, 207–9; ver também nos nomes de cada um dos bancos
Banda Oriental: ver em "Uruguai"
BANK OF ENGLAND: 92–96
Bank of London & South America: *130,* 132–33, 207–9
Banks, Sir Joseph: 115
Banque de Paris et des Pays-Bas: 119
BARING ARCHIVE: 97–99
Barlow's (Edward) Journal: 183
Barnard (G.W.) Letters: 27
Barry, Sir Francis Thornhill: 240
Bates, Henry Walter: *115,* 186
Beaumont, Sir Henry: 123
Beeswing Sailing Ship Co.: 16–17
Belém: ver em "Pará"

Benario, Olga: 210
Beresford (Almirante Sir John P00) Papers: 215
Bienal de São Paulo: 178
BIRMINGHAM ARCHDIOCESAN ARCHIVES: 9
BLACK COUNTRY LIVING MUSEUM: 43–44
Blumenau: 196
Boa Vista (Roraima): 146, 161
Board of Trade: 168–70
BODLEIAN LIBRARY: 220–24
Bolívia: 28, 200, 202
BOLTON ARCHIVE AND LOCAL STUDIES SERVICE: 12–13
Bonaparte, Napoleão: 113
bondes: 41, 120
Booth Steamship Co. Ltd: 83–85, 89
Boothby (Sir Brooke) Papers: 19
borracha: 40, 83, 91, 126, 141, 196–97, 250
Bowring, George Augustus: 3
BP Archive: 34
BRADFORD DISTRICT ARCHIVE: 14–15
Brazil Iron Ore Project: 99
Brazil Railway Company: 95, 168
Brazil Submarine Telegraph Co.: 206, 230, 231
Brazil Victoria Minas Railway: 99, 193
Brazilian and Portuguese Bank, Ltd: 131, 207
Brazilian Coaling Co. Ltd: 17
Brazilian Emigrants Relief Committee: 14–15
Brazilian Liaison Detachment: 174
Brezet, Adolph: 171
brigadas de incêndio: 118
British and Brazilian Claims Commission: 155
British and Foreign Bible Society: 19
British and Portuguese Mixed Commission: 156
British Bank of South America: 131, 208
British Council: 178–79
British Guiana Papers: 107–9
British Jute Trade Association: 46
BRITISH LIBRARY: 100–15

British Motor Industry Heritage Trust: 34
BRITISH POSTAL MUSEUM & ARCHIVE: 115–16
Broadway Damask Co. Ltd: 8
Brougham (Henry Peter, 1º Barão de Brougham e Vaux) Manuscripts: 205
Buckle, Claude Henry Mason: 29–30
Burchell, William: 194–95
Burton, Sir Richard: 31, 202
Bute Papers: 2–3
Buxton, Sir Thomas Fowell: 229
Byrne-Newell, John J.: 40
Cable & Wireless: 206, 230–32
CABLE & WIRELESS ARCHIVE: 230–32
Cabo da Boa Esperança, ver em "África do Sul"
CAERNARFON RECORD OFFICE: 16–17
café e comércio de café: xviii, 68, 69, 71, 87, 94, 95, 96, 98, 99, 119, 120, 126, 131, 177, 192, 193, 197, 206, 207, 213; ver também em "valorização do café"
caju, castanha de: 34
CAMBRIDGE UNIVERSITY LIBRARY: 18–22
Campbell, Almirante D.: 60
Canadá: 162, 201; ver também em "Newfoundland"
Canning (George) Papers: 48, 49, 78, 79–80, 111, 128, 243
Caradoc, John Hobart: 106
Cardoso, F.D.: 202
Carlisle, Charles: 194, 196
carne: ver em "gado" e "Ministério da Agricultura"
Carter, Thomas and Charles: 36
Carteret Priaulx Commerce Papers: 71
carvão (e abastecimento de): xviii, 16–17, 26, 84, 120, 123, 204
Casement (Sir Roger) Papers: 40–41, 171–72
castanha de caju: 34
castanha do Pará: 34
Cata Branca, Escravos de: 168
Ceará: xv, 3, 85, 141, 170, 202, 222
Ceará Water Company Ltd: 141, 170

Central Bahia Railway Trust: 119
Central British Fund for the Relief of German Jewry: 210
Central Verein deutscher Staatsbürger jüdischen Glaubens: 209
CENTRE FOR BUCKINGHAMSHIRE STUDIES: 5
CENTRE FOR THE STUDY OF CHRISTIANITY IN THE NON-WESTERN WORLD LIBRARY: 51–52
Chamberlain, Henry: 112
chapéus: 213
Checoslováquia: 118, 172
Chile: 28, 53, 65, 89, 163
Christie, William Dougal: 112, 158–59
Churchill & Sim Ltd: xvi
CHURCHILL ARCHIVE CENTRE: 22–24
Churchill Papers: 23–24
Churchill, Sir Winston: 22–24
Church Missionary Society: 11
Clarendon (Edward Hyde, 1st Earl) Manuscripts: 221–22
Clarendon (George Villiers, 4th Earl) Papers: 222–23
Clive, Robert: 3
cochonilha: 125
Cochrane (Thomas, 10th Earl of Dundonald) Papers: 53–54, 90
Coke Papers: 109
Colfox Manuscripts: 36
Colman (J. & J.): 75
Colonial Office: 159–62
comerciantes e casas de comércio: xv, xvi, xviii, 6, 19, 36, 55, 63, 67, 68, 69, 71, 98, 119, 120, 131, 136, 150, 155, 159, 183, 206, 212–13, 245
comércio: geral, 3, 25, 38, 60, 63–64, 67–71, 75, 97–99, 110, 114, 115, 117, 121, 131, 132, 137–38, 143, 146, 152, 153, 160, 162, 168–70, 170, 177, 189–93, 217, 221, 235; séculos XVI e XVII, 73, 222, 248; acordo de 1808, 61; "comerciantes e casas de comércio" e com Índia e os domínios britânicos, 125, 159–62; ver também em "escravos e esvravidão"
Comitê Brasileiro de Emancipação (Nigéria): 228
Communist Party of Great Britain: 214

Companhia Holandesa das Índias Ocidentais: 109, 139
comunismo: 145, 214
Conde D'Eu Railway: 189
Confidential Print: 140–41
Conway e Kilulta, Visconde: 109
Cook, Capitão James: 103
CORNWALL RECORD OFFICE: 247–48
correios: 115–16
Cottingham, Francis, Lord: 109
Cottam, John: 235–36
Cotton Manuscripts: 103
Counani, Estado de: *143*, 171
Council for Foreign Bondholders: *96*, 121
couro: 6
Cramm, Cornelius J.: 41
Cunningham, Robert: 195–96
Czechoslovak Refugee Trust: 172
D'Abernon Mission: 193
D'Eyncourt (Sir Eustace Tennyson) Papers: 180
damasco: 8
Darwin (Charles) Papers: 19–20, *244*
Davidson, Cecilia Razovsky: 210
Davidson, Pullen and Co.: 94
Dawson, Tenente A.C.: 6
De Bunsen (Maurice William Ernest) Papers: 223
Desterro: ver em "Santa Catarina"
DEVON RECORD OFFICE: 60–61
diamantes: 42, 98, 200
Dinamarca: 164
diplomatas (Britânicos): ver no "Apêndice 2", 256–57
Doan (J.W.) & Co.: 119
Dobrée, Peter: 69
Dobrée, Samuel: 69
Dominions Office: *38*, 162; ver também nos países de forma individual
DORSET RECORD OFFICE: 36
Dropmore Papers: 110
Dudley, Visconde de: ver em Ward, John William, Visconde de Dudley
DUNDEE CITY ARCHIVE AND RECORD CENTRE: 45
DURHAM UNIVERSITY LIBRARY: 48–50

East India Company: *3*, 124–25
Eden, Anthony: 11, 157
Eden (Anthony) Papers: 11, *157*
Edible Nuts in Shell Association: 33–34
Egerton Manuscripts: 103–4
Eire: ver em "Irlanda"
eletricidade: 120, 170
Elizabeth II, Rainha, viagem ao Brasil: 163
Elizabeth College, Guernsey: 60–70
Elliot, Gilbert, 2º Conde de Minto: ver em "Minto Papers"
Ellis, Henry: 106
Elmina (Costa do Ouro): 245
Embassy and Consular Archives: 149–56
emigrantes: ver em "imigrantes"
Emigration: South America: Secretary for Scotland's Correspondence: 54–55
energia nuclear: 177
Engels, Albrecht Gustav: 175
engenharia, equipamentos: 45, 57–58, 62–63, 80, 99, 129–30
English Bank of Rio de Janeiro: 208
erva mate: 118
escravos e escravidão: abolição, 168, 227–29, 239, 240, 241; condições, 55–56, 227–29; importação, 2–3, 50, 165, 229; supressão do tráfico de escravos, 2–3, 29–30, 55, 66, 76–77, 105–7, 113–15, 128, 141, 148, 152, 158, 165, 166–67, 168, 227, 239–43; ver também em "Nigéria", "Sierra Leone Slave Trade Commission" e nomes de cidades brasileiras
Espírito Santo: 57–58, 99, 123, 197, 209
Esquadrão Brasileiro de Combate Aéreo: 174
ESSEX RECORD OFFICE: 27–28
Estados Unidos: 71, 83, 113, 176, 182, 219
Estcourt, Walter Grimston Bucknall: 65
Evangelical Union of South America: 52
Evans and Reid Coal Company Ltd: 26
Exército Polonês: 121, 157
Família Real, Portuguesa: transferência para o Brasil, x, xiii, 7, 21, 28, 71, 79, 110, 142, 165; vida na corte (década de 1810), 58

faróis: 57
Farquhar, Percival: 99
Fawcett, Coronel Percy Harrison: 155, 201, 202
febre amarela: 17, 90
Fernando de Noronha, Ilha: 183, 233
finanças ver em "bancos e banqueiros" e em "comércio"
ferrovias: ver "Appendix 3", 258–59
Finkler, Max: 211
FitzRoy (Capitão Robert) Papers: 20–21
Força Expedicionária Brasileira: 11, 24, 122, 174
Foreign Affairs (Irlanda), Department of: 38–39
Foreign and Commonwealth Office: 163–64
Foreign Office: 140–59
Foreign Secretaries (Britânicas): ver no "Apêndice 1", 251–55
Fox, Henry Stephen: 240
França: 104, 139–40, 157, 171, 176, 200, 223, 228; ver também em "Counani"
Fraser (Douglas) & Sons: 46–47
Freeson, Reg: 211
fronteiras: Bolívia, 200, 202; Guiana Britânica/Guyana, xiv, 11, 107–9, 141, 160–61, 182, 200–1; Guiana Francesa, 171, 200, 223; Uruguai, 143, 155, 158, 246; Venezuela, 145, 163, 164; ver também em "Counani"'
Frumentum Shipping Company: xvi
Fry (Sir Leslie) Collection: 128
gado: 27, 113, 126, 202
Gardner, George: 194, 195
Gardner, Lycett: 123
Gartner, Victor: 196
gás: 56, 120
German Foreign Ministry Archives: 176
German "Russens": 238
Giddings & Lewis-Fraser Ltd: 46–47
Gladstone Papers: 110–11
GLAMORGAN RECORD OFFICE: 25–26
GLASGOW UNIVERSITY ARCHIVE: 62–64
Glenfield & Kennedy Ltd: 62–63
GLOUCESTERSHIRE ARCHIVES: 65–66

Goeldi, Museu: 195
Goiás: 127, 195
Gongo Soco: 248
Goodall, E.A.: 109
Gordon, George Hamilton, 4º Conde de Aberdeen: 105–7
Gordon (Sir Robert) Papers: 49, 80, 106, 111
Gordon, Dr Rupert 'Tim': 91
Government Communications Headquarters (GCHQ): 175–76
Grant, John: 55
Great Northern Railway of Brazil: 143
Great Southern Railway of Brazil: 245
Greffe, The: 67
Grenfell (John Pascoe) Papers: 89–90
Grenville, William Wyndham, Barão: 110
Griffiths, Capitão Robert: 16–17
Grigg, Frederick: 2–3
Grut, Alfred: 69
guarda-chuvas: 213
guaraná: 197
Guerin, Elias, Accounts ledger: 69
Guerra do Paraguai: 21, 59, 86, 184, 190
Guerra Mundial, Primeira: 123; ver também em "Abrolhos, arquipélago de"
Guerra Mundial, Segunda: 23–24, 122–23, 155, 168, 172, 174, 175, 176, 187–88, 209–11; ver também em "Forças Expedicionária Brasileira"
Guiana Britânica/Guyana: 11, 85, 104, 107–9, 141, 160–61, 163, 201, 221
Guiana Francesa: ver em "Counani" e "fronteira"
Guild, W.S. and J.E.B.: 69–70
GUILDHALL LIBRARY: 117–121
Guyana: ver em "Guiana Britânica"
Hadden (J & J) & Co. Ltd: 217–18
Hambros Bank Ltd: 119
Hamilton, Charles James: 106
Hammond (Sir Graham Eden) Papers: 181
Hardy, Admiral Sir Thomas Masterman: 234
Harley Manuscripts: 104
Hart (Judith) Papers: 214
Harwood (Richard) & Son Ltd.: 12
HATFIELD HOUSE: 72–74
Hathorn, Davey & Co. Ltd: 80

269

Help for Brazil Mission, 52
Henderson and Campbell, mercadores, Pará: 55
Henderson Family Papers: 129
Henderson, James: 55
Heytesbury Papers: 111
High Court of the Admiralty: 166–67
historia natural: ver no "Appendix 4", 260
Hodgson, Robinson and Co.: 212–13
Holanda: 243, 245; ver também em "Holandeses no Brasil" e "imigrantes"
Holandeses no Brasil: 103, 104, 107, 109, 137–39, 183, 222, 243
Holland House Papers: 112
Home Office: 170–72
Hooker (Sir William) Correspondence: 195–96
Hope, Harold Beresford: 123
Hôpital de St Pierre Port (Guernsey): 68
Hoppner, Richard Belgrave: 240
Hotham, Sir Charles: 76–77
Hotham Family Papers: 76–77
Hudson, James: 240
Hunslet Engine Co. Ltd: 80
Hyde, Edward: ver em "Clarendon (1º Conde de) Manuscripts"
imigrantes: geral, 143, 146, 169, 182; alemães, 172, 176, 228, 237–38, 243; antilhanos, 161; britânicos, 9, 50, 150; chineses, 228; escoceses, 54–55, 57, 82, 181; franceses, 113; galeses, 4; guernesiais, 68; holandeses, 103, 243; indianos, 126–27, 143; ingleses, 9, 14–15, 183; irlandeses, 9, 38, 40, 41, 111, 183; japoneses, 74, 126; judeus, 11–12, 103, 118, 172, 209–11; poloneses, 172, 186–89; portugueses, 54, 137; russos, 237–38; tchecoslovacos, 118, 172; ver também em "comerciantes e casas de comércio" e "mercenários"
Igreja Anglicana: 11, 119, 134, 154
Igreja Fluminense: 52
Imperial Brazilian Mining Association: 228, 247
IMPERIAL WAR MUSEUM: 122–24
independência: 53, 70, 79–80, 89, 128, 142, 181, 192, 193, 234, 239, 243
Índia: 124–27, 197
INDIA OFFICE LIBRARY: 124–28
Índios: ver em "Ameríndios" e "imigrantes: Indianos"
indústrias britânicas no Brazil: 34–35, 45, 46–47, 75
INSTITUTION OF MECHANICAL ENGINEERS: 129–30
Irlanda: 6–7, 38–42, 162; ver também em "Amazonas", "imigrantes" e "mercenários"
ISLAND ARCHIVES: 67–70
Itabira Iron Ore Company: 99, 193
Itajaí: 196
Itália: 11, 12, 74, 112, 157, 174, 175, 176; ver também em "Força Expedicionária Brasileira"
jabuticaba: 198
Jackson (Sir George) Papers: 158, 229
Jardim Botânico (Kew): ver em "Royal Botanical Garden, Kew"
Jardim Botânico (Rio de Janeiro): 195, 197, 198
Jersey Archives: 68
João VI, Dom, príncipe regente: 215
JOHN RYLANDS UNIVERSITY LIBRARY OF MANCHESTER: 212–13
Johnston (Edward) & Co Ltd: 206
Judeus no Brasil: ver em "imigrantes"
juta: 45, 46
Kalley, Dr Robert Reid: 19, 52
Kenrick (Archibald) & Sons Ltd: 43
Kaye Family Documents: 211
Kimberley (John Wodehouse, 1º Conde de) Papers: 223
Kingsborough Papers: 112
Kleinwort Sons & Co.: 119–20
Koenraat, Albert: 139
labour attaches: 157–58
LABOUR HISTORY ARCHIVES AND STUDY CENTRE: 213–14
Lachlan (Capitão J.M.) Letters: 204
Lagos: ver em "Nigéria"
Lamport and Holt Line: 87
LANCASHIRE RECORD OFFICE: 235–36
Land Rover: 34

laranjas: 177
Lavradio, Francisco de Almeida Portugal: 241
Layard Papers: 112–13
LEEDS DISTRICT ARCHIVE: 78–80
Legge Family Papers: 245
Leopoldina Railway Co. Ltd: 145
Leuzinger & Co.: 193
linho: 7, 46
Lisbôa, Marques José: 106
Liston Papers: 58
Liverpool, Brazil & River Plate Steam Navigation Co.: 87
LIVERPOOL RECORD OFFICE: 83–86
Liverpool School of Tropical Medicine: 90–91
Livesey (James) and Company: 129
LLOYDS TSB GROUP ARCHIVES: 130–33
Loch, Comandante Francis Erskine: 55–56
London & Brazilian Bank Ltd: 131–32, 207
London & River Plate Bank: *131*, *132*, *207*, 208
London Chamber of Commerce: 121
London Stock Exchange: 121–22
Lowe Papers: 113
Ludlow Papers: 21
Lynch, Sir Henry: 94, 192
Maceió (Alagoas): 58, 184
madeira: ver em "pau-brasil"
McClintock (Almirante Sir Leopold) Papers: 184
McDonald, Major Alexander: 49
Macdonell (Sir Hugh Guion) Papers: 113
MacFarlane (Walter) & Co.: xv
Mackinnon, Sir William: 204
MacLellan (P. & W.) Ltd: 63
McOnie (W. & W.): 63
madeira: xvi, 26, 41, 70, 118
Madeira, Ilha: 5, 19, 52, 137, 156–57
Madeira-Mamoré, ferrovia: 41, 150, 200
Madeira, Rio: 59
malária: 90
Maldivas, Ilhas: 126
Manáos [sic] Tramways and Light Company Ltd: 120
Manaus: xv, 84, 85, 87, 149; ver também em "Amazonas" e "Booth Steamship Co. Ltd"
Manaus Harbour Company: *84*, 87
Manaus Research Laboratory: 90–91
Manaus–Boa Vista, ferrovia: 146, 161
Mansell, John: 69
Mansfield, Charles B.: 21
manteiga: 28
Maranhão: 85, 107, 108, 155
Marinha Brasileira: 22, 50, 53–54, 82, 89–90, 171, 180, 181, 182
Marinha Britânica: ver em "Almirantado", "escravos e escravidão", "navegação" e "navios, nomes de"
Martin, Thomas, Mine Captain: 247–48
Mathew, George Benvenuto Buckley: 26, 85, *86*, *167*
Mato Grosso: 4, 58, 155, 201, 202
Maurício de Nassau: ver em "Nassau, João Maurício de"
Maurícios, Ilha: 126–27, 143
Mayapepema: 108
pesquisa médica: 90–91
Mee, Margaret: 194
meias: 217–18
Mengele, Josef: 211
mercadores: ver em "comerciantes e casas de comércio"
mercenários: 40, 82, 111, 171, 181, 243
MERSEYSIDE MARITIME MUSEUM: 86–88
Miers, John: 186
Miers, Mrs S.M.: 81–82
Milne (Almirante Sir Alexander) Papers: 184
Minas Gerais: 31, 58, 99, 173, 193, 195, 228, 247–48
mineração: xvii, 32, 42, 98, 99, 108, 168, 173, 200, 216, 222, 247–48
Ministros de Estado das Relações Exteriores: ver no "Apêndice 1', 251–55
Ministry of Agriculture and Food: 177
Ministry of Labour: 173–74
Minto (Elliot, Gilbert, 2º Conde de) Papers: 59, 181
MISSION TO SEAFARERS: 134
missionários: 4, 11, 19, 51–52, 107, 134
Mogg (William) Papers: 244

Mogyana Railway Company: 133
Montagu Mission: 95, 203–4
Montgomery, Father George: 9
Montgomery's Register, Rev. G.: 9
Moore, Sir Graham: 21
Moraes, Sgt. Maj. Belchior Mendes de: 108
Moreira, Luís da Cunha: 53
Morganson (William) & Co.: 71
mosquitões: 90
Müller, Fritz: 196
Museu Goeldi: 195
musselina: 8
Nabuco, Joaquim: 228
Nassau, João Maurício de: 109, 139
NATIONAL ARCHIVES (KEW): 135–79
NATIONAL ARCHIVES OF IRELAND: 37–39
NATIONAL ARCHVES OF SCOTLAND: 52–56
NATIONAL LIBRARY OF IRELAND: 39–41
NATIONAL LIBRARY OF SCOTLAND: 56–59
NATIONAL LIBRARY OF WALES: 3–5
NATIONAL MARITIME MUSEUM: 179–84
National Railway Museum: 258
NATURAL HISTORY MUSEUM: 185–87
navegação: xvi, 16–17, 67, 69, 70, 83–85, 87–88. 98, 114, 120, 121, 125, 134, 153, 154, 180–84, 204, 229, 237, 238; ver também em "Almirantado". "navios, nomes de" e "passageiros de navio, lista de"
navios, nomes de:
  Achilles, HMS, 183
  Argyle, 000
  Alert, 116
  Beagle, HMS, 19–21, 244
  Beeswing, 16–17
  Brecon, HMS, 184
  Bristol, HMS, 123
  Briton, HMS, 65
  Cadmus, HMS, 184
  Canada, 159
  Canopus, HMS, 123
  Centaur, HMS, 30
  Columbine, HMS, 181
  Conway, HMS, 184
  Cornwall, HMS, 123
  Crown, 85
  Cyclops, HMS, 30
  Devastation, HMS, 76
  Dryad, HMS, 184
  Eclair, HMS, 66
  Endeavour, HMS, 115
  Europa, 126
  Kelbergen, 123
  Gorgon, HMS, 76
  Marlborough, HMS, 21
  Margaret Richardson, 55
  Minas Gerais, 180
  Minho, 237–38
  Narcissus, HMS, 184
  Quito, 5
  Reindeer, HMS, 130
  Republic, 17
  Rio de Janeiro, 180
  Saphire, HMS, 201
  Sirena, 30
  Spartan, HMS, 6
  Spiteful, HMS, 184
  Star of the West, 70
  Tigris, HMS, 6
  Thetis, HMS, 20
  Veloz, 30
  Winchester, 3
Newdigate (A.L.) Diary: 249
Newfoundland: 68, 160, 162
Niemeyer, Sir Otto: *93*, 95–96
Nigéria, Brasileiros na: 228
NORFOLK RECORD OFFICE: 216
North, Marianne: 194
North Brazilian Sugar Factories Ltd: 133
NORTH YORKSHIRE COUNTY RECORD OFFICE: 215
Northern Mato Grosso Railway: 58
Nova Zelândia: 162
Oliveira, Dom Saturnino Souza: 90
Olympia (São Paulo): 127
Orkney, Ilhas: 82, 181
Orkney Archive: 82
O'Sullivan, Daniel Robert: 42
O'Sullivan-Beare Papers: 42
ouro: 98, 108, 173, 193, 216, 247–48

Ouseley, William Gore: 241
Owen, Capitão John: 17
Owen Owens and Son: 213
OXFAM ARCHIVE: 224–25
Pacific Steam Navigation Co.: 88
Palestina: 160
Palmerston, Henry John Temple, 3º Visconde de, Papers: 79–80, 181, 239–42
Palmes Family Papers: 77
Palmes, William Lindsay: 77
Pará: 1, 3, 6, 11, 40, 41, 55, 56, 85, 89, 107–8, 115, 120, 141, 155, 171, 186–87, 195, 200, 209, 230
Pará Electric Company: 120
Pará Gas Company: 120
Pará New Gas Company: 56
Paraguai: ver em "Guerra do Paraguai"
Paraíba: 54
Paraná: 95, 118, 150, 172, 200, 237–38, 244
Paraná Plantations: 95
Paranaguá (Paraná): 244
Parish (Sir Woodbine) Papers: 158
Paroissien (James) Papers: 27
Partido Comunista do Brasil: 214
passageiros de navio, lista de: 86, 168, 169
pau-brasil: xvi, 73, 191
Pedro I, Imperador do Brasil: 49, 240, 243
Pedro II, Imperador do Brasil: 112
Peel (Sir Robert) Papers: *105*, 113–14
Pelotas (Rio Grande do Sul): 118, 132
Penralley Papers: 3
Pernambuco: bancos, 131–33, 207; comerciantes e casas de comércio, 63, 70, 159, 213; Consulado Britânico, 153, 154; descrição do século XVII, 139, 222; descrição do século XVIII, 3; descrição do século XIX, 5, 118, 183, 170; empresas de serviços públicos, 130, 133, 189; igrejas e missionários, 61, 52, 119; porto, 63 comerciantes e casas de comércio, 63, 70, 159, 213;
pesca de baleia: 54, 82, 159, 181
Pessoa, Manoel Rodrigues Gameiro: 106
Petrópolis (Rio de Janeiro): 52, 112, 179

Phillips, Admiral O.W.: 123
Phillips, T. Benbow: 4
Phipps (Charles) Diary and Letters: 31–32
Pinder, Joseph: 81
Pitt, William: 128
planejamento urbano: 118
Platt Saco Lowell: 236
Polícia Metropolitana (Londres): 171
POLISH INSTITUTE AND SIKORSKI MUSEUM: 187–89
Legação Polonesa (Rio de Janeiro): 188
Polish Ministry of Foreign Affairs: 188
Polônia: 121, 157, 172, 187–89
Ponsonby (John, Viscount) Papers: 48–50, *106*, *111*
Porto Alegre (Rio Grande do Sul): 118, 132, 154, 209
Porto Alegre and New Hamburg (Brazilian) Railway Co. Ltd: 151
Porto Velho (Amazonas/Rondônia): 58, 85
Portugal: geral, 103–4, 137, 142, 156; comércio (século XVI) com o Brasil, 103–4; ocupação do nordeste do Brasil, 107–8; relações com o Brasil independente, 111, 164, 181, 243; rivalidade com a Espanha, 103, 112; transferência da corte para o Brasil, 7, 21, 27–28. 80, 110, 165; ver também em "independência" e "escravos e tráfico de escravos"
Powis Papers: 3
prata: 222
Presbiterianos: 19, 52
Prestes, Olga: ver em "Benario, Olga"
Priaulx & Le Quesne: 71
PRIAULX LIBRARY: 70–71
Priaulx, Tupper & Co.: 69, 71
Price, David: 49
Províncias Unidas do Rio da Prata: ver em "Argentina"
Public Record Office: ver em "National Archives (Kew)"
PUBLIC RECORD OFFICE OF NORTHERN IRELAND: 6–8
Ramsay, George, 12º Conde de Dalhousie: 21
Ransome & Co. Ltd, A: 218

Rawlinson Papers: 223–24
Recife: ver em "Pernambuco"
Recife and San Francisco (Pernambuco) Railway Company: 189
Recife Drainage Company Ltd: 133
Reckitt & Sons Ltd: 75
RECKITT'S HERITAGE: 5
Reed, Reverendo G.V.: 5
Reed Family Papers: 5
refugiados: ver em "imigrantes"
Reis, Alfredo: 175
Republic Ship Co.: 17
RHODES HOUSE LIBRARY: 226–29
Rice (Willian McPerson) Papers: 184
Richards, Dr Joan: 4
Rio de Janeiro: açúcar, 127; bancos, 97, 131, 133, 207, 208, 209; brigada de incêndio, 118; comerciantes e casas de comércio, xvi, 6, 8, 17, 50, 69, 71, 98, 119, 120, 125, 193, 238; consulado britânico, 40, 113, 155, 171; descrições do século XVII e XVIII, 55, 115, 155, 183; descrições do século XIX, 5, 20, 21, 27, 28, 32, 36, 56, 58, 81, 118, 184, 195, 244, 249; descrições do século XX, 41, 42; escravos e escravidão, 3–4, 50, 158, 228, 229, 241; igrejas protestantes e missionários, 19, 52, 119; ver também em "mercenários" e "Petrópolis"
Rio de Janeiro City Improvement Co. Ltd: 145
Rio de Janeiro Flour Mills and Granaries Ltd: xvi
Rio de Janeiro Harbour & Dock Co. Ltd: 192
Rio de Janeiro Lighterage Co.: 120
Rio Doce Company: 32
Rio Flour: xvi
Rio Grande (Rio Grande do Sul): 118, 132, 207
Rio Grande do Sul: xviii, 3, 4, 70, 90, 118, 132, 151, 154, 192, 193, 206, 207, 209, 215, 230; ver também em "Pelotas", "Porto Alegre" e "Rio Grande"
rios: Amazonas, 59, 104, 108, 109, 186–87, 201, 224, 230; Branco, 108, 160; Madeira, 59; Negro, 108, 187–88, 201;
Quarahim, 246; Tacutú, 108; Tocantins, 108; ver também em "Booth Steamship Co. Ltd"
Robertson, Capt. William: 218
Roraima: ver em "Boa Vista" e "Guiana Britânica/Guyana"
Rothschild (N.M.) & Sons 94, 95, 189–93
ROTHSCHILD ARCHIVE: 189–93
Rover Co. Ltd: 34
ROYAL BOTANIC GARDENS, KEW: 194–98
ROYAL GEOGRAPHIC ARCHIVES: 198–202
Royal Mail: 115–16
Royal Mail Line: 182
Royal Mail Steam Packet Company: 182
ROYAL NAVAL MUSEUM: 233–34
Rubber Corporation of Brazil Ltd: 170
Russell (Lord John) Papers: *113*, 158–59
Russens: 238
Rússia: 151, 237–38
Saco-Lowell: ver em "Platt Saco Lowell"
St. Andrew's Society (Rio de Janeiro): 128
St John d'El Rey Mining Company: xvi–xvii, 168
St. Paul's School (São Paulo): 178
Salazar, Antonio de Oliveira: 24
Salisbury Papers: 1º Marquês: 72–73
Salisbury Papers: 3º Marquês, 73–74
Salvador: ver em "Bahia"
Samuel, Phillips & Co.: 193
Santa Catarina: 9, 20, 28, 54, 82, 110, 181, 196, 244
Santa Cruz (Rio de Janeiro): 28
Sta. Helena, Ilha de: 77, 105, 113, 148, 160
Santa Isabel do Paraguaçu (Bahia): 200
Santarém: 55, 196
Santos (São Paulo): 20, 31, 40, 88, 118, 133, 134, 155, 171, 202, 206, 244
Santos–Jundiaí, ferrovia: 164
São Paulo: agricultura, xviii, 126, 206; água, 168; bancos, 133, 208, 209; Bienal, 178; brigada de incêndio, 118; comércio e indústria, 13, 44, 45; consulado britânico, 155; descrições do século XIX, 20, 118, 127, 206, 244;

imigração, 14, 54–55, 126, 127, 172, 211; ferrovias, 133, 155, 164, 168, 171, 189, 191; ver também em "Olympia" e "Santos"
São Paulo e Goyaz Railway: 127
São Paulo Railway Company: 164, 168, 189, 191
sapatos: 46
Saracen Foundry: xv
Schomburgk, Sir Robert H.: 11, 109, 201
Scott, Col. J.: 224
Scottish & Mercantile Investment Co. Ltd: 118
SCHOOL OF ORIENTAL AND AFRICAN STUDIES LIBRARY, 203–4
Security Services: 175
seguro: 118
Seixas, Isabel Bezarra de: 58
Seixas Brothers & Co.: 26
serraria, técnicos: 218
serviços públicos: ver em "água", "eletricidade", "gás", "bondes", etc.
Seychelles, Ilhas: 127
Seymour, Sir George Francis, Papers: 249
SHETLAND ARCHIVES, 82
Shetland, Ilhas: 82, 181
Sierra Leone, Comissão de Tráfico de Escravos de: 148, 158, 229
Sikhs: 127
Sison (Tenente James) Papers: 184
Smyth, Percy Clinton Sydney, ver em "Strangford, Visconde"
Smyth, Capitão William: 201
Solander, Dr Daniel Charles: 115
SOUTHAMPTON ARCHIVES OFFICE: 237–38
Southern Gold Trust Ltd: 216
Spruce, Richard: 194, 195, 200
STAFFORDSHIRE RECORD OFFICE, 245–46
Standard Motor Co.: 34
Strangford, Visconde: 79, 88
Staples, McNeile & Co.: 6
Stapleton, Augustus: 78
Stanley, Edward Henry, 15º Conde de Derby: 86
State Papers Foreign: 136–37

State Papers (França): 139–40
State Papers (Holanda): 137–39
State Papers (Portugal): 137
Stevenson (Robert) and Sons: 57
Stewart, Robert, Visconde de Castlereagh, 2º Marquês de Londonderry Papers: 7
Stringer & Richardson: 120
Stuart, Sir Charles, Baron de Rothsay: xvii, 181
Sturm, Filippe: 108
Sturza, John James: 98
Supreme Court of Judicature: 167
Swiatpol: 188–89
tabaco: 245
Tait (Almirante Sir William Eric Campbell) Papers: 182
Taoiseach, Department of the: 38
Teatro José de Alencar (Fortaleza): xv
tecidos: 7–8, 12–13, 46, 235–36
telefones: 116, 130
telégrafo: 116, 206–7, 230–32
Telephone Company of Pernambuco: 130
Temple, Henry John: ver em "Palmerston Papers"
teuto-brasileiros: 176
Textile Machinery Makers Ltd.: 236
Thomas, Edward: 4
Thomas, Dr Wolferston: 90
Thornton, Sir Edward: *80*, 159
Thornton (o jovem), Sir Edward: 159, *167*
Thornton, Richard: 221
Thornycroft (Brazil) Ltd: 238
Tomlinson, H.M.: 58
Trail, James W.H: 1
Treasury: 168
trigo: 71, 192
Triâgulo Mineiro Railway: 58
Trinidade, Ilha: 74, 171, 233
TRINITY COLLEGE LIBRARY, DUBLIN: 41–42
Tríplice Aliança, Guerra da: ver em "Guerra do Paraguai"
Turnball, Peter Evan: 61
Tweedales & Smalley Ltd.: 236
União Mineira Railway: 108
United Commission of Arbitration: 2

UNIVERSITY COLLEGE LONDON
LIBRARY: 204-9
UNIVERSITY OF ABERDEEN
LIBRARY: 1
UNIVERSITY OF BIRMINGHAM
LIBRARY: 10-11
UNIVERSITY OF DUNDEE
ARCHIVES: 46-47
UNIVERSITY OF HULL: 76-77
UNIVERSITY OF LIVERPOOL
LIBRARY: 88-91
UNIVERSITY OF NOTTINGHAM:
217-18
UNIVERSITY OF SOUTHAMPTON:
238-44
UNIVERSITY OF WARWICK
LIBRARY: 249-50
Uruguai: 28, 47, 143, 155, 158, 240, 246
U.S. & Brazil Mail Steamship Company:
204
valorização do café: 95, 99, 189
Vaughan (Sir Charles Richard) Papers:
219
veículos a motor: 34-35
velas: 46
Venezuela: 145, 163, 164, 201, 149
Vereker, Comandante EC.P.: 201
Vernon (Capitão George) Narrative: 183
Vestey Group: xviii
Vickers Papers: 22
Victoria-Natividade, ferrovia: 47
Villiers, George: ver em "Clarendon (4º
Conde de) Papers"
Villiers, John Charles: 80
Vitória: ver em "Espírito Santo"
Wallace, Alfred Russel: 186-87
War Office: 174-75
Ward, John William, Visconde de
Dudley: 111
WARWICKSHIRE COUNTY RECORD
OFFICE: 249
Waurá: 4
Webb, Henry Bellamy: 98
Wednesbury: 9
Weerdenbuch, Col. Gen.: 139
Weil, Bruno: 210
**Wellesley (Richard Colley, 1º Marquês
de) Papers:** 114
Wellesley, Capitão W.: 201

**Wellington (Arthur Wellesley, 1º Duque
de) Papers:** 242-43
Welsh in South America: 4
WEST SUSSEX RECORD OFFICE:
29-30
West Yorkshire Archive Service: ver em
"Bradford District Archive" e "Leeds
District Archive"
Western Telegraph Co. Ltd: 206-7, *230,
231, 232*
Whitehead, J.J.: 201
Wickham, Lady, Diário: 250
Wickham, Sir Henry Alexander: 196,
250
WIENER LIBRARY, THE: 209-11
WIGAN ARCHIVE SERVICE: 81
Wilberforce, William: 227, 229
**Wilson (General Sir Robert Thomas)
Journals:** 114
WILTSHIRE AND SWINDON
RECORD OFFICE: 31-32
Wodehouse, John: ver em "Kimberley
(1º Conde de)"
WOLVERHAMPTON ARCHIVES: 250
Workman (R & J): 8
**World Association of Poles Abroad
(Swiatpol):** 188-89
Wylie, John, 63-64
Xingu: 4
Young Men's Christian Association
(YMCA): 10
Young, Comandante Richard Travers:
124

www.ingramcontent.com/pod-product-compliance
Lightning Source LLC
Chambersburg PA
CBHW031251230426
43670CB00005B/133